Rosemarie Wild

AUFZUCHT
JUNGER HUNDE

Rosemarie Wild

Aufzucht junger Hunde

Von der Geburt bis zur Welpenspielstunde

Das Handbuch für Züchter und Halter

Müller Rüschlikon

Einbandgestaltung: Iris Hachtroudian

Titelbild: Prof. Dr. Bernd Günter

Die Illustrationen stammen von Cathérine Grimm.

Gewidmet ist dieses Buch allen »Toopines«.

Die in diesem Buch enthaltenen Ratschläge und Angaben der Autorin wurden von ihr sorgfältig ausgewählt und geprüft. Das Treffen von Zucht- und/oder Aufzuchtentscheidungen ist allerdings allein Sache des Lesers. Ebenso sind alle juristischen Sachverhalte im Einzelfall vom Leser sorgfältig zu prüfen. Eine Haftung der Autorin oder des Verlages und seiner Beauftragten für Personen-, Tier-, Sach- und Vermögensschäden ist ausgeschlossen. Dieser Ausschluss bezieht sich ausdrücklich auch auf in diesem Buch abgedruckte Anleitungen, Vorschläge und Rezepturen.

ISBN 3-275-01468-4

1. Auflage 2003

Innengestaltung: Satz & mehr, Reinhard Günl, 74354 Besigheim
Druck: Maisch & Queck, 70839 Gerlingen
Bindung: IBB-GmbH, 74078 Heilbronn
Printed in Germany

Inhaltsverzeichnis

Vorwort

Lieber Züchter, lieber Hundebesitzer,
über die Hundezucht wurden schon viele Fachbücher veröffentlicht. Allerdings wendeten sich die bisherigen Erscheinungen in erster Linie an den Züchter und seine speziellen Anforderungen. Die Aufzucht eines jungen Hundes liegt aber – wie wir wissen – keineswegs nur im Verantwortungsbereich von uns Züchtern. Da die entscheidende prägesensible Phase beim Hund von der ersten bis zur sechzehnten Lebenswoche reicht, und ein Welpe zwischen der achten und zehnten Lebenswoche vom Züchter abgegeben wird, ist sie fast zur Hälfte auch Sache des künftigen Halters. Genau diese Tatsache berücksichtigt nun

■ Züchterstolz! (Foto: Lefeivre)

dieses Buch. Es soll beiden Parteien, Züchtern und Haltern, Hilfen an die Hand geben, diese faszinierende, aber auch anstrengende und anspruchsvolle Zeit erfolgreich zu bestehen, aber auch intensiv zu erleben.

Ziel des Buches ist es also, auch dem neuen Besitzer die Chance zu geben, an diesem »Wunder der Natur« Teil zu haben, das das Aufwachsen der Welpen zweifellos ist. Es soll ihm Gelegenheit geben, sich lückenlos über die Geschehnisse während der ersten Lebenswochen seines vierbeinigen Freundes zu informieren. Er soll vom Großeinsatz, von den Freuden und Nöten des Züchters erfahren, damit er noch besser erkennt, wie einmalig und kostbar sein Hund ist. Nur mit diesem Wissen kann er sinnvoll die Arbeit des Züchters gerade hinsichtlich der Prägung, Sozialisierung und Erziehung seines neuen Freundes fortsetzen.

Vor allem aber soll das Buch das Hand-in-Hand-Arbeiten beider Seiten fördern und eine möglichst reibungslose Übergabe des Welpen an seinen neuen Besitzer sicherstellen.

Im *ersten Teil* dieses Buches werden die Voraussetzungen der Hundezucht kurz erläutert.

Der *zweite Teil* setzt bewusst bei der Trächtigkeit und der Stunde null ein, d. h. mit der Geburt des Welpen, und endet mit dessen Abgabe an den neuen Besitzer. Dieser Teil wendet sich vor allem an den Züchter und führt ihn Schritt für Schritt durch die ersten zehn (in Deutschland acht) Lebenswochen seines Welpen und hilft, schwierige Klippen zu umschiffen und viel Sonne in die Hundekinderstube zu bringen.

Der Geburtsvorgang selbst wird dabei nur kurz skizziert, da seine Komplexität den Rahmen dieses Buches sprengen würde. Es existieren gute Geburtshandbücher, die kompetent durch dieses einschneidende Ereignis führen (z. B.: Inge Hansen, *Handbuch der Hundezucht mit homöopathischem Ratgeber*, Müller Rüschlikon Verlags AG; Dr. h. c. Hans Räber, *Brevier neuzeitlicher Hundezucht*, Paul Haupt Verlag).

Verantwortungsbewusste Züchter wissen, dass die wichtigste Prägungsphase des Hundes die ersten 16 Lebenswochen sind. Zwei Drittel dieser Zeit befinden sich die Welpen in ihrer Obhut. Sie werden also nicht nur füttern und putzen, sondern ein abwechslungsreiches Umfeld schaffen, damit ihre Hundekinder gut gerüstet sein werden für das Leben in der großen, weiten Welt.

Hinweis

»Es ist nicht das Erbgut allein, dass das Wesen des Hundes bestimmt, sondern es ist das Zusammenspiel zwischen dem Angeborenen und der Umwelt, das die Verhaltensentwicklung bestimmt. Die ›inneren Antriebe‹ oder die ›angeborenen Lehrmeister‹ (= das Angeborene) werden je nach Zustand der Umwelt während der Prägungsphase gefordert, resp. nicht gefordert und entscheiden schlussendlich über die endgültige Wesensform des einzelnen Hundes.« (aus: Heinz Weidt, *Der Hund, mit dem wir leben, Verhalten und Wesen*)

Auf der Basis meiner mehr als zwanzigjährigen Erfahrung in der Aufzucht junger Hunde und nach Rücksprache mit vielen anderen Züchtern führe ich in diesem Teil den Leser durch spannende zehn Wochen, in denen jeder Züchter mit »Natur pur« konfrontiert ist. Von ihm wird während dieser Zeit viel gefordert, vor allem gesunder Menschenverstand und viel Zeit. Er wird in dieser intensiven Periode seine persönlichen Bedürfnisse in den Hintergrund stellen müssen und viel, sehr viel investieren, um seinen Welpen und der Mutterhündin jederzeit beizustehen. Dabei wird er auf der einen Seite wunderbare, friedliche Stunden erleben, auf der anderen Seite aber auch bereit sein müssen, weniger Schönes, ja Trauriges zu akzeptieren.

Die heutige Medizin kann vieles, aber Wunder kann auch sie nicht immer vollbringen, und manchmal muss man sich von einem kranken Welpen trennen, damit Ruhe in den Wurf eintritt. Diesen Problemfällen widmet sich der *dritte Teil*.

Ein wichtiger Faktor des Unternehmens Welpenaufzucht ist die Betreuung der zukünftigen Welpenbesitzer und deren Vorbereitung auf ihr zukünftiges Leben mit Hund. Denn der Züchter hat es in der Hand, dass seine Welpen gut vorbereitete Besitzer bekommen, die sich ihrer Verantwortung bewusst sind und über das Wesen des Hundes Bescheid wissen. Der *vierte Teil* dieses Buches vermittelt Hilfen und Anregungen, wie Züchter den zukünftigen Welpenbesitzer vorbereiten können und begleitet diese durch die ersten Tage und Wochen mit dem neuen Hundekind. Dieser Abschnitt befasst sich vor allem mit seiner Integration in die neue Menschenmeute und endet praktisch in der Welpenspielstunde.

In *Teil fünf* habe ich eine Reihe von bewährten Erziehungstipps zusammengestellt, die dem frisch gebackenen Welpenbesitzer die Hauserziehung erleichtern sollen.

Im *sechsten Teil* sind Merkblätter zusammengetragen, die als Hilfen für den Züchter bei der Aufzucht, aber auch als Information und Unterstützung für den zukünftigen Welpenbesitzer dienen sollen.

■ In der Hundekinderstube: Afghane ... (Foto: Rohrer)

Teil I: Voraussetzungen für das Zuchtgeschehen

Die Rolle des Züchters

Ein Zuchtvorhaben muss sorgfältig geplant sein und unterliegt in den meisten Fällen den Zuchtvorschriften des Rasseclubs. Daneben sind aber noch viele andere Bereiche gründlich zu prüfen, um einen gesunden Wurf aufziehen zu können:

Kleine Checkliste für ein Zuchtvorhaben

- Faktor Zeit: Die Trächtigkeit der Hündin beträgt im Schnitt 63 Tage (neun Wochen), die Aufzucht der Welpen beansprucht nochmals zehn Wochen. In dieser Zeit (ca. vier Monate) müssen Sie für Ihre Hündin und die Welpen da sein, immer, 24 Stunden am Tag. Sollten Sie berufstätig sein und Ihrer Arbeit auswärts, also nicht zu Hause, nachgehen, müssen Sie ein Zuchtvorhaben vergessen, außer Sie haben jemanden, der Sie in Ihrer Abwesenheit vertritt und dem Sie vertrauen können. Sie müssen aber bedenken, dass Sie Ihrer Stellvertretung eine große Verantwortung aufbürden. Kinder sind für diese schwere Aufgabe nur bedingt geeignet, die Gefahr der Überforderung ist sehr groß. Vergessen Sie dabei die zukünftigen Welpenbesitzer nicht, denn nur bei gut vorbereiteten Haltern werden Ihre Welpen das Umfeld finden, das ihrer Andersartigkeit entgegenkommt. Was nun die Zuchthündin direkt betrifft: In einer für sie sehr anspruchsvollen Zeit (Trächtigkeit, Wurfgeschehen, Brutpflege) benötigt sie zusätzlich Zuneigung und Respekt. Sie braucht Sie in dieser Zeitspanne ganz besonders.
- Beantragen Sie die Mitgliedschaft beim zuständigen Rasseclub und lesen Sie die Zuchtvorschriften genau durch.
- Viele Rasseclubs verlangen einen Wesenstest, eine Formwertbegutachtung und Resultate über den Gesundheitszustand Ihrer Hündin, wie HD-, ED- und Patella-Röntgenbefunde (Hüftgelenks- und Ellenbogendisplasie), Atteste über vererbbare Augenkrankheiten sowie DNA-Analysen über verschiedene Erbkrankheiten. Zudem soll sich Ihre Hündin in einem allgemeinen gesundheitlichen Top-Zustand befinden.
- Um Ihre Welpen im Hundestammbuch eintragen zu können, müssen Sie bei Ihrem Landesverband oder dem Rassezuchtverein einen Zwingernamen beantragen.
- Besorgen Sie vor dem Decken Ihrer Hündin alle offiziellen Formulare wie Deckbescheinigung, Wurfmeldung und Ahnentafelantrag, Namensgebung der Welpen und Eintragungsantrag in das Stammbuch. Die Landesverbände und Rassezuchtvereine haben alle ihre Vorschriften. Erkundigen Sie sich beim Zuchtwart rechtzeitig.
- Erst wenn Ihre Hündin die geforderten Kriterien in allen Punkten erfüllt, können Sie die nächste Hürde angehen: Suchen Sie mittels sorgfältigen Studien der Ahnentafeln und wenn möglich auch mittels Nachzuchtkontrollen einen passenden Rüden. Sehr oft wohnt dieser nicht gerade in Ihrer unmittelbaren Nachbarschaft – stellen Sie sich von Anfang an darauf ein, dass Sie möglicherweise mit Ihrer Hündin eine weite Reise machen müssen. Verfallen Sie nicht dem Irrtum, dass der nächstbeste Rüde in der Nachbarschaft eigentlich gut genug wäre, sondern streben Sie immer nur das Beste an. Vergessen Sie nie, dass Mittelmäßigkeit höchstens Mittelmäßigkeit bringen wird. Damit erweisen Sie sich und Ihrer Rasse langfristig gesehen keinen guten Dienst, das Gegenteil wird der Fall sein – Sie

entfernen sich sukzessive vom eigentlichen Ziel, rassetypische Hunde zu züchten.

- Die Aufzucht junger Hunde setzt ein gewisses Raumangebot voraus: Wurf- und Welpenzimmer (kann ruhig im Wohnzimmer oder Schlafzimmer sein, wenn das Ruhebedürfnis der Mutterhündin und der Welpen gewährleistet ist). Fernseher, Kinderpartys, dicke Rauchschwaden u. Ä. sind schlechte Partner und gewährleisten keinen optimalen Start für Ihre Hundekinder. Der ideale Ort ist ein gut einsichtbarer, abschließbarer, beheizbarer Raum, der über Tageslicht verfügt.
- In den ersten zwei Lebenswochen der Welpen übernimmt die Mutterhündin im Normalfall den wichtigsten Part bei der Aufzucht junger Hunde. Die Aktivitäten sind vorerst auf die Wurfkiste beschränkt. Planen Sie aber vorsichtshalber unvorhergesehene Vorkommnisse ein. In dieser Zeit ist auch im Normalfall eine »Rund-um-die-Uhr-Überwachung« eine Selbstverständlichkeit. Daher ist es von Vorteil, dass Sie genügend Ablösungen für die Nachtwachen organisieren, denn nicht jede Hündin ist dermaßen instinktsicher, dass sie nicht einmal aus purem Versehen auf einem Welpen zu liegen kommt oder ihn tritt.
  Sobald die Welpen hören und sich ihre Augen öffnen, kommt Leben in die Bude. Die Unterstützung durch Sie als Züchter gewinnt an Bedeutung, denn von nun an sind Sie für die sukzessive Prägung der Welpen mit der Umwelt verantwortlich. Dabei werden Sie von der Mutterhündin, die sich in dieser Zeit von der rein pflegenden Mutter zur Spielkameradin und Erzieherin wandelt, unterstützt. Die Entwicklung der Welpen schlägt in den folgenden sieben Wochen ein Riesentempo an und Ihr Zeitaufwand nimmt proportional zu.
- Der Verkauf der Welpen ist eine subtile Angelegenheit, die viel Fingerspitzengefühl, ein gesundes Maß an Menschenkenntnis und großes Verantwortungsbewusstsein den Welpen und ihren zukünftigen Besitzern gegenüber voraussetzt. Ich empfehle dringend, dass Sie sich dieses Kriteriums bewusst sind, denn nur Sie haben es in der Hand, ob Ihr Welpe sein weiteres Leben in Liebe und Zufriedenheit verbringen darf oder ob er auch zu einer dieser geschundenen Kreaturen gemacht wird, denen man tagtäglich viel zu oft begegnet. Dies bedeutet für Sie ganz konkret, dass Sie sehr viel Zeit für die Vorbereitung der zukünftigen Besitzer Ihrer Welpen investieren müssen (s. S. 19, »Die Rolle des zukünftigen Besitzers« und »Merkblätter Teil VI«). Dass Sie nach Abgabe des Welpen an seinen neuen Besitzer auch weiterhin immer mit Rat und Tat zur Verfügung stehen sollten, ist für einen guten Züchter eine Selbstverständlichkeit.

Die Rolle der Mutterhündin

Hündinnen, die zur Rassehundezucht eingesetzt werden, müssen den drei Kriterien Gesundheit, Schönheit und Wesensfestigkeit im höchsten Maße entsprechen. Dass sie mit entsprechenden Partnern gepaart werden, sollte heute selbstverständlich sein. Sobald man seine Ansprüche diesbezüglich senkt, weil eines der erwünschten Kriterien von der Hündin nicht mehr erfüllt werden kann, sollte man von einem Wurf besser absehen, denn der Mangel wird an die Nachkommen weitergegeben und mittelmäßige Rassehunde gibt es zuhauf. Die Mutterhündin steht sozusagen am Drücker (Heinz Weidt) und bestimmt mit Ihren Erb- und erworbenen Anlagen, ob die nächste Generation optimal aufgezogen und geprägt sein wird, um den hohen Anforderungen unserer hoch-technisierten Welt zu bestehen. Daher muss sie belastbar und instinktsicher sein. Sie wird mit ihrem Verhalten bereits während der Trächtigkeit, sicher aber bei der Geburt und der Pflegephase die ganze Verantwortung zu tragen haben. Der Züchter kann in dieser Phase nur unterstützend mitmachen, er steht dabei im zweiten Glied. Die Hündin wird vom Zeitpunkt, wo die Welpen sehen und hören, bis zu deren Abgabe an den neuen Besitzer bei der Sozialisierung und Prägung

■ Die Anforderungen an die Zuchthündin sind groß: Sie muss erbgesund und wesenssicher sein sowie vom Formwert her gesehen dem Rassestandard in höchstem Maße entsprechen. Sie steht sozusagen am »Drücker« (Weidt) und bestimmt mit ihren Erb- und erworbenen Anlagen, ob die nächste Generation optimal aufgezogen und geprägt sein wird, um den hohen Anforderungen in unserer hochtechnisierten Welt gerecht zu werden. (Foto: Wild)

durch ihr Verhalten und ihre Führung den Grundstein der Lebenstüchtigkeit ihrer Nachkommen legen.

Die Rolle des Rasseclubs

Die Aufgaben des Rasseclubs sind vielfältig. Er ist dem Landesverband angeschlossen und dieser wiederum ist in den Weltverband FCI (Fédération Cynologique Internationale) eingegliedert.
Die wichtigste Aufgabe eines jeden Rassezuchtvereins ist die Förderung und Erhaltung der Zucht von Rassehunden und die Ahndung von Widerhandlungen gegen das Tierschutzgesetz. Als Basis der weltweiten Rassehundezucht dienen die Zuchtvorschriften der FCI. Die Landesverbände wiederum haben, den Gepflogenheiten ihres Landes entsprechend, die Zuchtvorschriften erweitert, überwachen das Zuchtgeschehen von über 400 Rassen und führen das Stammbuch (in Deutschland sind es die Rassezuchtvereine). Die meisten Rassen sind von Rasseclubs betreut, die ihre Zuchtordnungen auf Grund des Rassestandards und der Gesundheitskriterien, die immer wieder dem neusten Stand der Forschung und den Forderungen des Tierschutzes angepasst werden, aufgebaut haben und ihrem Landesverband unterstellt sind.

Beispiel Retriever Club Schweiz:
Das gesamte Zuchtgeschehen innerhalb dieses Clubs wird von einer Zuchtkommission, die aus mehreren Personen besteht, überwacht. Ihr angeschlossen sind Wesens- und Formwertrichter. Für die Gesundheitskriterien (Hüftgelenks- und Ell-

RETRIEVER CLUB

Zuchtkommission
Commission d'élevage

Zuchtbewilligung
Admission à l'élevage

erteilt / accordée
7.12.2002

Glenmore Golden Day

SHSB Nr. / LOS no.	**SHSB 591 732**	Geb. / Né(e)	**11.07.2000**
Kennzeichnung / Identification	**Chip Code 756098100149920**		
Rasse / Race	**Labrador Retriever**		
Geschlecht / Sexe	**Hündin** *Rüde=Mâle Hündin=Femelle*	Farbe / Couleur	**gelb**
Vater / Père	**Poolstead Part and Parcel**		
Nr. / No.	**LOI RC 150236**		
Mutter / Mère	**Dream Ey's Larissa**		
Nr. / No.	**SHSB 528 736**		
Züchter / Éleveur	**Anne Vittone** **Glenmore 1418 Vuarrens**		
Halter 1 / Propriétaire 1	**Alex Brechtbühl** **Hintere Gasse 35 3285 Galmiz**		
Halter 2 / Propriétaire 2			

1. Gesundheitskriterien / Critères de la santé

1.1. Hüftgelenkdysplasie / Dysplasie de la hanche

HD Befund / Résultat DH **HD A/A** Ausgewertet / Délivré par **Zürich, 25.10.2001**

1.2. Ellbogendysplasie / Dysplasie du coude

ED Befund / Résultat DC **ED 0/0** Ausgewertet / Délivré par **Zürich, 25.10.2001**

1.3. Patellaluxation / Luxation de la rotule

PL Befund / Résultat LR Ausgewertet / Délivré par

1.4. Gebiss / Denture **Schere komplett**

1.5. Hoden / Testicules —

1.6. Augenuntersuchung / Examen ophthalmologique

Augenarzt / Ophthalmologue **Bolliger J. Dr.**

Befund / Résultat **HC/PRA/RD-neg.**

Attest Nr. / Attestation no. **007668** Datum / Date **29.09.2002**

Seite / page 1/2

■ Zuchtzulassung.

RETRIEVER CLUB

Zuchtbewilligung
Admission à l'élevage

erteilt / accordée

7.12.2002

Zuchtkommission
Commission d'élevage

Glenmore Golden Day

SHSB 591 732

2. Wesensbeurteilung / Appréciation du caractère

Qualifikation / Qualification **bestanden** Punkte / Points **97** (max. 99)

Aufgestellte, freundliche und total wesenssicher Hündin mit allen guten Retrieverqualitäten

Ort Datum Richter
Lieu Date Juge **Däniken** **27.10.2002** **Schlupp Barbara**

3. Formwertbeurteilung / Appréciation de la qualité du type

Qualifikation /Qualification **vorzüglich**

Ort Datum Richter
Lieu Date Juge **Lumino** **19.08.2001** **Taylor P.**

Qualifikation /Qualification **vorzüglich**

Ort Datum Richter
Lieu Date Juge **Moudon** **29.09.2002** **Verrees J.**

4. Zuchtauflagen / Restrictions pour l'élevage

keine / aucune

Seuzach, 7.12.2002

für die Zuchtkommission RCS
pour la Commission d'élevage RCS

Sam Kneubühler

Seite / page 2/2

bogendysplasie, Patellaluxation (Kniegelenk), vererbte Augenkrankheiten) gelten die Auswertungen der Fachgremien der vet. med. Fakultäten der Universitäten Bern und Zürich. Für ausländische Hunde sind entsprechende Ausweise ihres Landesverbandes vorzulegen.
Retriever, mit denen gezüchtet werden soll, müssen eine Zuchtzulassung vorweisen, die aus den drei Kriterien: Gesundheit, Wesenssicherheit und Schönheit, besteht. Der Club führt deshalb Zuchtzulassungsprüfungen durch.
Weitere Aufgaben des Clubs sind:

- Die Ausbildung von Wesens- und Schönheitsrichtern
- Die Beratung der Mitglieder in allen Belangen, die die Zucht tangieren
- Die Durchführung von Züchter- und Weiterbildungsseminaren
- Die Durchführung von Zuchtschauen
- Die Bearbeitung von Deck- und Wurfmeldungen und deren Weiterleitung an Welpeninteressenten
- Zwingeranlagen- und Wurfkontrollen
- Ausstellen von Ahnentafeln in Zusammenarbeit mit dem Landesverband.

Auf den ersten Blick scheinen diese Ausführungen aus der Sicht des Laien beindruckend. Trotzdem darf der Welpenkäufer dies nicht als Garantie betrachten, denn kein Rasseclub kann die alleinige Verantwortung übernehmen, dass sich der durch ihn geprüfte Welpe sicher zu einem Top-Hund entwickelt. Wesentliches zu diesen Anforderungen steuert der Züchter in den ersten zehn Lebenswochen des Hundes bei. Das Weitere hingegen, lieber zukünftiger Hundebesitzer, liegt ausschließlich bei Ihnen, denn, wie schon der bekannte Kynologe Urs Ochsenbein sagte: »Ein Hund kann nur so gut werden wie das, was man aus ihm macht«.

Die Rolle des Tierarztes

Nicht alle Tierärzte sind Zuchtspezialisten. Als Züchter sind Sie aber auf einen versierten Tierarzt angewiesen. Erkundigen Sie sich also frühzeitig (noch vor dem Decken) nach einer geeigneten Praxis.
Früher berechnete man den Decktermin der Hündin anhand eines Scheideabstriches. Heute wird ein Hormontest (Progesteron) angewendet, der viel genauere Aussagen macht. Dies ist vor allem eine große Hilfe, wenn die Reisedistanz zum Rüden einige hundert Kilometer ausmacht. Praxen, die diesen Test machen, werten selber aus oder arbeiten mit einem Labor zusammen, das Erfahrung mit solchen Tests hat. Die von Ihnen gewählte Praxis sollte auch Ultraschall- und Röntgendiagnosen stellen können. Es ist ebenfalls von Vorteil, wenn Ihr Tierarzt die nötige Erfahrung für einen Kaiserschnitt mitbringt. Wichtig für Sie und Ihre Hündin ist die Gewissheit, dass der Tierarzt oder sein Stellvertreter während des errechneten Geburtstermins innerhalb kürzester Zeit erreichbar ist. Diese Gewissheit brauchen Sie unbedingt, denn sie beeinflusst Ihr Verhalten während des Geburtsverlaufes in entscheidender Weise. Eine werfende Hündin braucht eine umsichtige, Ruhe ausstrahlende Betreuung und sollte nicht durch eine nervöse, unsichere Person unnötig gestresst werden.
Eine Tierarztpraxis ist trotz peinlichster Sauberkeit ein Ort, wo sich viele Krankheitserreger tummeln können. Daher erachte ich es als ein dringendes Gebot, dass Ihr Wurf, wenn immer möglich, nicht in die Praxis gebracht wird, sondern der Tierarzt zu Ihnen nach Hause kommt (Impfen, Mikrochip setzen oder Tätowieren). Er wird eine Wegpauschale verlangen, aber diese Mehrausgabe ist immer noch der billigere Weg, als einen oder alle Welpen durch eine ansteckende Erkrankung zu verlieren.

Die Rolle weiterer Hunde im Haushalt

Bei einem Züchter leben meistens weitere Hunde im gleichen Haushalt. Die Zusammensetzung dieser Meute kann vielfältig sein. Sehr oft sind

■ Weitere Hunde im Haushalt sind tolle Spielkameraden und bringen der Jungmannschaft schnell und rigoros den »hündischen Knigge« bei. (Foto: Rohrer)

ehemalige Zuchthündinnen (Großmütter, Tanten usw.) oder Zuchtrüden zugegen. Die Toleranzgrenze im Verhalten innerhalb der Gruppe ist von Rasse zu Rasse sehr verschieden. Meine Labradors sind grundsätzlich friedfertig. Aber ich habe öfters Warnsignale wie Lefzenblecken und Knurren bei der Mutterhündin beobachtet.

Bei mir sind die anderen Hündinnen während der Geburt in einem Nebenraum zum Welpenzimmer untergebracht. Die Türe ist durch ein Absperrgitter gesichert. Auf diese Weise nehmen sie von Anfang an an der neuen Situation teil und gehen relativ schnell wieder zur Tagesroutine über. Erst wenn es die Mutterhündin erlaubt, dürfen sie dann auch in die Wurfkiste hineingucken.

Sobald die Welpen sich draußen im Welpengehege aufhalten, sind die Großmütter und Tanten tolle Spielkameraden und bringen der Jungmannschaft schnell und rigoros den »hündischen Knigge« bei. Auf diese Weise lernen die Welpen sofort zu differenzieren, dass neben der toleranteren Mutter anderswo strengere Sitten herrschen. Diese wichtige Erfahrung wird ihnen später bei der Begegnung mit fremden Hunden eine große Hilfe sein.

Die Rolle des zukünftigen Besitzers

Hier spreche ich nun vor allem als Züchterin Ihres zukünftigen Hundes zu Ihnen, denn ich trage ja ausschließlich die Verantwortung für die Welpen, die bei mir aufwachsen. Deshalb ist es für mich ein MUSS, dass ich mich sehr eingehend mit dem zukünftigen Besitzer eines meiner Hundekinder befasse und ihn eingehend vorbereite auf »das Leben mit Hund«.

Der Wunsch nach einem Hund kommt früher oder später bei den meisten Menschen irgendwann auf. Durch die Veränderung unserer Lebensformen, durch Hektik und Stress sucht man sich als Gegenpol wieder etwas mehr dem »Natürlichen« zu nähern. Dazu bietet sich der Hund geradezu an, weil er eines der anpassungsfähigsten Tiere überhaupt ist.

Neben jenen Hundehaltern, die immer einen Hund um sich hatten, sind die häufigsten Gruppen, die auf den Hund kommen:

- junge Familien mit Kindern
- kinderlose Partner (oft Kinderersatz)
- allein stehende Menschen verschiedener Altersgruppen
- In-Leute, die leider Hundehaltung mit Prestige verwechseln (Probleme sind hier vorprogrammiert).

Hinweis
Viele Hundekäufer entschließen sich spontan, einen Hund zu kaufen und springen unvorbereitet ins Abenteuer, das dann sehr oft im Desaster endet. Um dem vorzubeugen, ist es unbedingt die Aufgabe des Züchters, den zukünftigen Hundehalter aufzuklären, worauf er sich hier einlässt. Wenn dieser Schritt von den Züchtern sorgfältig nachvollzogen würde, wären die Tierheime nicht so überfüllt mit »Wegwerfhunden«, die nichts als Opfer einer Konsum- und Wegwerfgesellschaft sind, welche den Respekt vor der Kreatur vermissen lässt.

Als Züchterin erwarte ich vom zukünftigen Hundebesitzer ebenfalls eine Standortbestimmung, indem er sich vorher umfassend informiert und seine Situation ehrlich und objektiv analysiert, ob er überhaupt dazu imstande sein wird, einem vierbeinigen Kameraden das zu bieten, worauf dieser unbedingt ein Recht hat. Zu diesem Zweck habe ich einen kleinen Fragenkatalog ausgearbeitet, der jedem Züchter und jedem zukünftigen Besitzer eine Hilfe sein soll. Des Weiteren begleite ich den neuen Hundebesitzer durch die ersten Stunden, Tage und Nächte mit dem neuen Hundekind, bis es Zeit für die Welpenspielstunden wird (s. Teile IV & V).

Klimatische Bedingungen und Aufzucht

Die Natur ist so eingerichtet, dass Jungtiere im Frühjahr/Sommer, wenn die Tage lang und die Nächte kurz sind, geboren und aufgezogen werden, um dann für die kalte, karge Jahreszeit punkto Kraft und Körpergröße gerüstet zu sein. Mit unserer modernen, komfortablen Lebensweise ist man längst von diesem Rhythmus abgekommen – heute bestimmt eher der biologische Zustand der Hündin den Zeitpunkt, wann ein Wurf kommen soll. Ich persönlich finde das ganze Drum und Dran eines Wurfes in der wärmeren Jahreszeit mit dem längeren Tageslicht einfacher, als in der sonnenärmsten Zeit. Trotzdem muss auch ich manchmal in den sauren Apfel beißen und bei Kälte, Eis und Schnee viel Zeit mit meinen Welpen im Auslauf verbringen und dem lockenden Kaminfeuer entsagen. Natürlich spielen die verschiedenen Rassedispositionen ebenfalls eine wichtige Rolle, wann ein Wurf aufgezogen werden soll. Die Witterungsbedingungen spielen heute mit unseren modernsten Einrichtungen auch nicht mehr die entscheidende Rolle wie früher, und mit der ausgewogenen Ernährung sind wir technisch absolut in der Lage, in jeder Jahreszeit Welpen aufzuziehen. Bei meiner Rasse sehe ich aber trotzdem Unterschiede zwischen Sommer- und Winterwürfen: Als wasserfreudige Rasse nehmen Sommerwelpen Wasser als Tummelfeld und Spielelement viel spontaner an als Winterwelpen, die im leeren Welpenbad im Auslauf nur Trockenübungen machen konnten!

An Wasserspielen herrscht in der kalten Jahreszeit leider Mangel. (Foto: Wild)

Teil II: Trächtigkeit, Geburt und Aufzucht des Welpen bis zu seiner Abgabe an den neuen Besitzer

Die Entwicklungsstufen des Hundes

(Als kopierbares Merkblatt auch in Teil VI)

1. und 2. Lebenswoche

Hunde sind Nesthocker. Ihr Nervensystem ist bei der Geburt noch nicht vollständig ausgebildet. Von den Sinnesorganen sind nur der Geruchs- und der Tastsinn entwickelt und sein Thermoausgleich funktioniert noch nicht. Der Welpe sieht und hört noch nicht. Mit seiner erstaunlich kräftigen Stimme kann er aber bereits Stimmungen ausdrücken, wie Unbehagen, Hunger oder Zufriedenheit. Seine Aktivitäten in der Geborgenheit der Mutterhündin und der Geschwister in der Wurfkiste beschränken sich auf Ernähren, Schlafen und Ausscheiden.

3. Lebenswoche

Der Welpe hört. Die Augen öffnen sich. Wackelige erste Gehversuche, Spielversuche und Ansätze von Kampfspielen sind erkennbar. Das Milchgebiss bricht durch. Erste bewusste Kontaktaufnahmen mit der nächsten Umwelt (Muttertier, Geschwister, Züchter) finden statt.

4. bis 16. Lebenswoche

Die intensivste Prägungszeit hat begonnen. Die Wurfkiste wird verlassen, das Welpengehege wird bezogen. Verfolgungs- und Kampfspiele; Entwicklung der Beißhemmung beginnt; körperliche Kräfte nehmen rasant zu. Sozialisierung mit Artgenossen, anderen Tieren und Menschen (Erwachsene und Kinder); Eingliederung in unsere hoch technisierte Welt. Erweitere Umwelterfahrung auch außerhalb des Welpengeheges.

Mit 10 Wochen

hat der Welpe je nach Rasse sein Geburtsgewicht vervielfacht. Beispiel Labradorwelpe: Geburtsgewicht 400 g, mit 10 Wochen 8–10 kg.

Mit 1 1/2 bis 2 Jahren

ist ein Hund ausgewachsen, kleinere Rassen schon mit 12 Monaten.

Mit 8 Jahren

setzt der Alterungsprozess ein (kleinere Rassen etwas später).

Ab 10 Jahren

spricht man vom alten Hund. Von nun an ist jedes weitere Jahr ein Geschenk.

Trächtigkeit

Nun ist es so weit, Sie und Ihre Hündin haben alle erdenklichen Hürden, die ein Zuchtvorhaben erfordert, genommen, Ihre Hündin wurde vom passenden Rüden gedeckt. Nun sind Sie sicher gespannt, ob es geklappt hat und Ihre Hündin trächtig ist.

Vorgeburtliche Betreuung der Hündin

Das erste Anzeichen, das ich bei meinen Hündinnen beobachten konnte und das auf eine Trächtig-

■ Die trächtige Hündin drei Tage vor dem errechneten Geburtstermin. (Foto: Wild)

keit hinweisen kann (aber nicht muss), ist das vermehrte Bedürfnis nach Schlaf, Aufmerksamkeit und Streicheleinheiten. Ab ca. der dritten Woche (manchmal auch erst später) kann ich ein leichtes Anschwellen der Zitzen feststellen. Aber alle diese Anzeichen sind trotzdem nicht hundertprozentige Indikatoren; erst mit einer Ultraschall-Untersuchung (frühestens ab 21. Tag, spätestens am 35. Tag) kann man sich Gewissheit verschaffen. Hingegen ist es bei dieser Methode nicht möglich, die genaue Anzahl der Welpen festzustellen. Auch mittels einer Röntgenaufnahme (frühestens ab 50. Tag) kann anhand der Skelette die ungefähre Anzahl festgestellt werden, denn es besteht immer die Möglichkeit, dass ein oder zwei Welpen z. B. hinter dem Rippenbogen der Hündin liegen.

Ein weiteres Indiz für eine mögliche Trächtigkeit ab ca. der dritten Woche ist ein glasklarer, zähflüssiger Ausfluss, der bei scheinträchtigen Hündinnen im Gegensatz nie festgestellt wurde (Dr. h. c. Räber).

Anfangs der fünften Woche verändern sich die Konturen Ihrer Hündin. Ihr Magen scheint voluminöser und ihr Bauch wirkt aufgefüllter. Manchmal geschieht diese Veränderung quasi »über Nacht«. Gegen Ende der siebten Woche (oft auch etwas später) kann man die Bewegungen der Welpen bei der entspannt auf der Seite liegenden Hündin ertasten. Das Gesäuge füllt sich, und drei, vier Tage vor der Geburt klatscht es beim Gehen der Hündin an die Innenseite der Oberschenkel. Das Hormon Relaxin wird freigesetzt und bewirkt, dass die Bänder langsam erschlaffen und sich die Muskulatur entspannt. Der Bauch hängt jetzt tiefer und die Sitzbeinhöcker treten deutlich hervor. Viele Hündinnen stehen in dieser Phase mit der Hinterhand X-beinig (kuhhessig). Nun ist der Zeitpunkt gekommen, dass die Wurfkiste und das Welpenzimmer vollständig eingerichtet sind.
Verbringen Sie so viel Zeit wie möglich mit der Hündin in diesem Raum, damit er für sie, wenn die Geburt einsetzt, eine vertraute Umgebung darstellt. Ich installiere mich ab dem 59. Tag mit

der Hündin im Wurfzimmer, denn die Vorbereitungsphase beginnt meistens in der Nacht.

Die Entwicklung des Welpen im Mutterleib

(Als kopierbares Merkblatt auch in Teil VI)

Nach der Befruchtung beginnt sich die Zelle zu teilen und es entsteht ein Zellhaufen (Morula), der sich langsam Richtung Gebärmutter (Uterus) bewegt. Der Gebärmutterkörper des Hundes besteht aus dem Uterushals und den beiden paarig angelegten Uterushörnern. Die Morula, die sich langsam in eine Keimblase (Blastula) wandelt, nistet sich bis kurz vor der dritten Woche in der Schleimhaut der Gebärmutterhörner ein (Nidation).

Ein geübter Tierarzt könnte die zu diesem Zeitpunkt etwa Erbsen- oder Haselnuss-großen Keimlinge ertasten. Sie fühlen sich wie eine Perlenkette an. Dazu ist aber großes Fingerspitzengefühl erforderlich. Bitte, drücken Sie jetzt nicht an Ihrer Hündin herum, streicheln Sie sie nur sanft, vielleicht haben Sie Glück.

Man muss sich nun die weitere Entwicklung der Welpen fließend vorstellen.

Es bildet sich aus der Gebärmutterschleimhaut bei jedem Keimling ein Mutterkuchen (Plazenta), der mit feinsten Blutgefäßen gefüllt ist. Jeder Fötus hat einen eigenen Blutkreislauf und ist nicht direkt mit dem Kreislauf der Mutter verbunden. Er ist in eine dünnwandige, mit Flüssigkeit (Fruchtwasser) gefüllte Haut eingepackt (Amnion), die wiederum durch eine zweite Hülle (Chorion) umgeben ist. Die Plazenta umhüllt dieses Gebilde gürtelförmig. Der Zwischenraum der beiden Hüllen (Allantois) füllt sich allmählich mit den vom Keimling ausgeschiedenen Körperflüssigkeiten. Der Welpe »schwimmt« und ist auf diese Weise wunderbar »stoßsicher« eingebetet. Seine Ernährung erfolgt von der Gebärmutterschleimhaut über die Nabelschnur, resp. die Plazenta.

Die Entwicklung des werdenden Hundes geht rasant vorwärts. Bereits in der zweiten, dritten Woche sind die Anlagen von Kopf (Auge, Gehirn), Körper (Rückenmark, Herz, Blutgefäße) und Glieder zu erkennen. Die Knochen sind als Gewebe vorhanden, aber die Verkalkung des Skelettes beginnt erst ab der siebten Trächtigkeitswoche.

Lebensfähigkeit der Welpen

Statistisch gesehen beträgt die Trächtigkeit 63 Tage. Je nach Rasse und Disposition des individuellen Tieres ist mit Abweichungen nach oben und nach unten zu rechnen. Dr. h. c. Räber bezeichnet Welpen, die vor dem 57. Tag geboren wurden, als Frühgeburten. Weiter empfiehlt er, nicht länger als bis zum 66. Tag zu warten, um einen Kaiserschnitt einzuleiten, sollte die Hündin bis zu diesem Zeitpunkt noch keine Anzeichen einer bevorstehenden Geburt zeigen.

Die Ernährung der trächtigen Hündin

Mit unseren heute hochwertigen Futtermitteln, die alles Notwendige in ausgewogener Form enthalten, bleiben sich die Art der Ernährung und das Quantum für die Hündin grundsätzlich gleich wie vor ihrer Belegung. Vitamin- und Spurenelemente enthaltende Zusatzgaben sollten Sie unterlassen, da das Gleichgewicht der Stoffwechselprodukte gestört werden könnte. Die »Zwischendurch-Häppchen« sind zu unterlassen. Den wohl gemeinten Rat: »Sie muss ja jetzt auch für ihre Kinder sorgen«, müssen Sie unbedingt ignorieren, denn der Geburtsverlauf einer schlanken Hündin verläuft viel einfacher als bei einem zu fetten Tier.

Als abschreckendes Beispiel erwähne ich hier die Geschichte einer viel zu fetten Hündin: Die Labradorhündin »Danger« wurde wohl meinend mit größeren Futterportionen »aufgefüttert« und zusätzlich vom zweijährigen Kind der Besitzerfamilie mit allerlei Naschzeug versorgt. Die Hündin setzte beängstigend viel Fett an, was ihr dann fast zum Verhängnis wurde. Die Geburt kam nicht voran, ein Kaiserschnitt war die Folge. Trotz

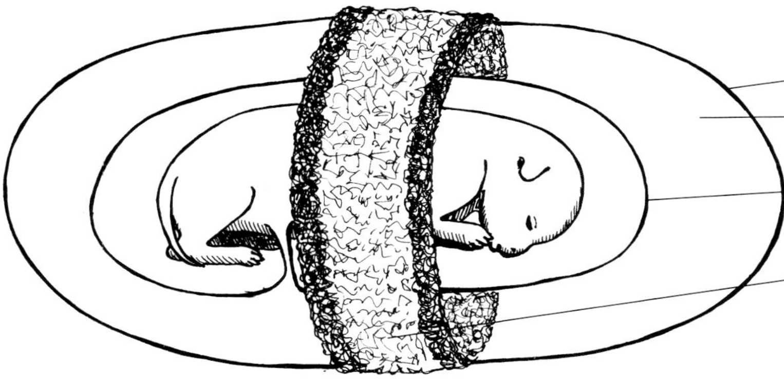

■ Im Mutterleib ist der Welpe in seinen Fruchthüllen durch das Polster des Fruchtwassers wunderbar geschützt.

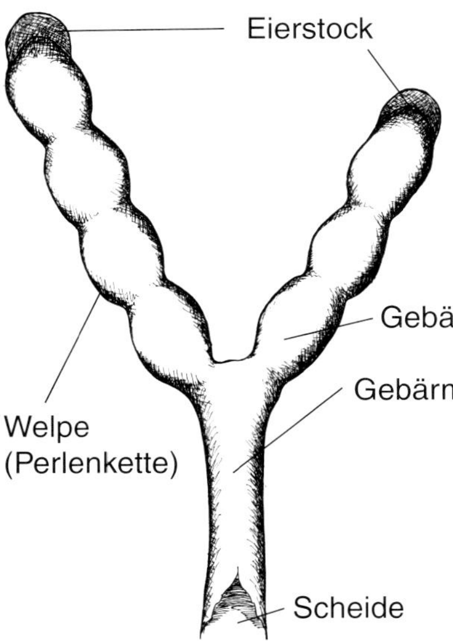

■ Die Gebärmutter.

größter Sorgfalt des erfahrenen Chirurgen wurde in der fünf Zentimeter dicken Fettschicht ein wichtiges Blutgefäß verletzt. Irgendwie gelang es dank Bluttransfusionen (eine Spenderhündin war Gott sei Dank noch rechtzeitig zur Stelle) die Hündin zu retten. Von den sechs Welpen überlebten nur drei. Dies hätte mit etwas mehr Vernunft und Einsicht verhindert werden können.

In den beiden letzten Trächtigkeitswochen meiner Hündinnen verteile ich die Tagesration auf mehrere Portionen, da sie mit zunehmender Leibesfülle Mühe bekunden, sich den »Bauch voll zu schlagen«! Frisches Trinkwasser soll immer bereitstehen, denn der Flüssigkeitsbedarf der trächtigen Hündin ist größer.
Züchter, welche die Mahlzeiten der Hündin individuell zusammenstellen und kein Vollfutter abgeben, müssen die Zusammensetzung der Nahrung im Hinblick auf Vitamine, Mineralstoffe und Spurenelemente sorgfältig berechnen, damit der Hündin alle notwendigen Stoffe zugeführt werden.

Bewegung während der Trächtigkeit

Eine trächtige Hündin braucht weiter, wie vor dem Decken, regelmäßige Bewegung, damit sie für die Geburt fit ist. Ich reduziere die Distanzen und das Tempo erst ab der siebten Woche sukzessive, da die Belastung des Kreislaufes wegen des sich vergrößernden Leibesumfanges zunimmt. Ihre tägliche Bewegung hat sie aber, bis sich die Anzeichen einer bevorstehenden Geburt ankündigen.

Spezifische medizinische Maßnahmen

Solche Maßnahmen während der Trächtigkeit sind nicht erforderlich, da anzunehmen ist, dass Sie nur mit einer gesunden und topfiten Hündin

■ Für die Überwachung »rund um die Uhr« ist es sinnvoll, die Wurf- und Welpenkiste im Wohnbereich aufzustellen. (Foto: Rohrer)

einen Wurf machen und deren Impfschema und Entwurmungsplan (vor dem Decken) auf dem neuesten Stand war.
Lassen Sie sich von Ihrem Tierarzt beraten, ob Sie während der Trächtigkeit Ihre Hündin nochmals entwurmen sollen.
Da ich, wenn immer möglich, auf die Homöopathie zurückgreife, wende ich bei meinen Hündinnen zwei Wochen nach der Belegung die »Eugenische Kur« an (Sulfur D200, drei Tage später Calcium carbinicum D200, je als einmalige Gabe), um die Konstitution der Hündin und der Welpen zu verbessern (s. Inge Hansen, *Handbuch der Hundezucht*). Zudem gebe ich acht Tage vor dem errechneten Geburtstermin zweimal täglich fünf Globuli Pulsatilla D6, das Einfluss auf die Geburtsorgane nimmt und die Geburtsvorbereitung in sanfter Form einleitet.
Einen Tag vor dem Wurftermin erhalten meine Hündinnen eine Gabe Immuninducer (z. B. Baypamun). Mit diesem System habe ich während der Aufzucht von über 20 Würfen beste Erfahrungen gemacht.
Von vielen Züchtern, vor allem den älteren, weiß ich, dass sie Himbeerblättertee einige Tage vor dem errechneten Geburtstermin verabreichen. Das heißt jetzt aber nicht, dass das der einzige Weg ist. Vielmehr empfehle ich, dass Sie sich aus den beiden Büchern *Handbuch der Hundezucht mit homöopathischem Ratgeber*« von Inge Hansen und *Brevier neuzeitlicher Hundezucht* von Dr. h. c. Hans Räber detailliert informieren. Sammeln Sie zusätzlich Informationen von anderen Züchtern, die Ihnen sicher bereitwillig weiterhelfen werden, und lassen Sie sich zusätzlich von Ihrem Tierarzt beraten.

Das Wurf- und Welpenzimmer

Die Zuchtverbände haben in den Zuchtordnungen Mindestanforderungen an Zuchtstätten festgelegt. Der Wurfraum soll zugfrei und beheizbar sein und Tageslicht aufweisen. Bei meinen vielen Wurfkontrollen habe ich die unterschiedlichsten Wurfräume gesehen, die z. T. sehr fantasievoll und praxisnah eingerichtet waren. Sehr oft sind die Wurfkisten in einem ruhigen Raum auf der Wohnebene des Züchters untergebracht. Recht häufig war es das Schlafzimmer. Dies ist sinnvoll, da ja in den ersten Tagen eine »Rund-um-die-Uhr-Überwachung« des Wurfes gewährleistet sein soll.

Bei mir wird jeweils ein Gästezimmer umfunktioniert und der Zugang durch ein Kindergitter gesichert. Dies ist eine Maßnahme, damit die anderen Hündinnen im Hause die Mutterhündin nicht stören. Bei vielen noch so friedlichen Hündinnen entwickelt sich der Bruttrieb so ausgeprägt, dass in den ersten Tagen die ansonsten heiß geliebten Artgenossinnen absolut unerwünscht sind. Bei verschiedenen Rassen kann ein ungesichertes Wurfzimmer ernsthafte Keilereien auslösen und die möglichen Konsequenzen (bis zu getöteten Welpen) sind nicht auszudenken.

Das Kindergitter ist in lebhaften Familien – Stichwort Kinder – eine Hilfe, um das Ruhebedürfnis der Mutterhündin und ihrer Welpen zu unterstützen.

Die Positionierung der Wurfkiste sollte so nahe wie möglich bei einem Ausgang ins Freie sein, denn in der Geburtsvorbereitungsphase ist die Hündin sehr unruhig, hat vermehrten Harndrang und muss den Enddarm entleeren. Aus meiner Erfahrung kann dieses Ritual über mehrere Stunden dauern, umso mehr auch die Vorbereitungswehen einsetzen und die Hündin immer wieder nach draußen treiben. Ich trenne jeweils den übrigen Garten (außer einem kleinen einige Quadratmeter großen, aus »grab-freundlicher« Bodenbeschaffenheit bestehenden Stück) vom mit einer guten Lichtquelle ausgestatteten Versäuberungsplatz ab. Instinktmäßig wollen die Hündinnen eine Wurfhöhle vorbereiten – und dies oft schon Tage vor dem errechneten Wurftermin. Dieses »Graben dürfen« gehört in die Vorbereitungsphase der Geburt und ich bin sicher, dass Hündinnen, die das dürfen, entspannter werfen. Erfahrungsgemäß werfen die meisten Hündinnen nachts (jedenfalls bei meinen Hündinnen war das fast immer der Fall). Wenn sie zudem noch Zugang zum ganzen Grundstück haben, kann es vorkommen, dass Welpen unter den Büschen geboren werden. In der warmen Jahreszeit bei guten Wetterverhältnissen mag das ja noch angehen, aber es ist sicher nicht jedermanns Sache, bei Dunkelheit, Schnee oder Regen und Nässe mit der Taschenlampe unter Büsche zu kriechen, um neugeborene, wenn möglich noch nicht von den Fruchthüllen befreite Hundekinder einzusammeln. Mit meiner Vorrichtung hingegen darf sich die Hündin in dem ihr zugewiesenen Stück »Natur« auf das Bevorstehende vorbereiten. Es ist ganz klar, dass ich sie nach jedem Versäuberungsversuch wieder in die Wurfkiste komplimentiere und bei ihr bleibe. Natürlich lasse ich sie zwischendurch an ihrer Wurfhöhle weiterbauen, aber dann muss sie wieder in die Kiste.

Viele Züchter schlafen neben der Wurfkiste mehr oder weniger unbequem auf einem Provisorium. Ich empfehle hier ein gutes Bett. Viel Schlaf werden Sie sowieso nicht bekommen, weil Sie ja bei jedem Pieps nachschauen, aber wenigstens liegen Sie bequem und schonen auf diese Weise Ihre müden Glieder. Müde ist man meistens schon vor der eigentlichen Geburt, da die Vorbereitungsphase einige Stunden dauern kann und sehr oft schon in der Nacht vor der eigentlichen Geburt einsetzt. Um den Bodenbelag des Wurfzimmers zu schonen, lege ich eine Linoleummatte unter die Wurfkiste und den Bereich, wo später der Erweiterungsauslauf hinkommt. Ein ganz wichtiges Kriterium sind die Lichtverhältnisse der Umgebung der Wurfkiste. Sie werden gutes Licht benötigen, wenn Sie z. B. Geburtshilfe leisten müssen und bei einem zappelnden Hundewinzling den ersten Gesundheitscheck machen.

Die Wurfkiste

Die Größe der Wurfkiste ist von Rasse zu Rasse sehr verschieden, sollte aber so bemessen sein,

■ Mit Stäben oder Leisten ausgestattete Wurfkisten verhindern, dass das Muttertier seine Welpen erdrückt. (Fotos: Wild (o), Spiess (u))

dass sich die Hündin darin gut ausstrecken kann. Sie soll aus einem strapazierfähigen, pflegeleichten, gut zu reinigenden Material angefertigt sein. Sehr gut eignen sich beschichtete Holzbretter (für Küchenmöbel im Do-it-yourself-Verfahren). Diese Bretter garantieren eine gewisse Stabilität. Dies ist vor allem während des Geburtsvorganges wichtig, damit sich die Hündin an den Seitenwänden abstemmen kann. Bei meiner Kiste sind die Seitenwände und die Rückwand mit Winkeleisen zusammengefügt. Der Kistenboden ist ebenfalls aus beschichtetem Pressholz. Die Vorderseite hat links und rechts Führungen für mehrere Bretter, die nach Bedarf (Alter der Welpen) eingelegt werden. Für den Geburtsvorgang kann man sie vollständig entfernen. So sind für die Hündin der Einstieg in die Kiste und meine Bewegungsfreiheit bei der Geburtshilfe nicht eingeschränkt. Damit die Gefahr gebannt ist, dass ein Welpe, der zwischen dem Muttertier und den Wänden der Kiste zu liegen kommt und elendiglich erdrückt werden könnte, wird die Wurfkiste mit Stäben ausgestattet, die kreuzweise an den Seitenwänden auf der Höhe der Wirbelsäule der liegenden Hündin befestigt sind (s. Bild Seite 28 oben).

Sobald die Welpen hören, sich ihre Augen geöffnet haben und sich ihr Bewegungsradius vergrößert, befestige ich einen aus dem gleichen Material gefertigten Laufpark an der Wurfkiste. Für die Hündin muss eine Fluchtmöglichkeit gewährleistet sein, indem ihr ein Übersichtslagerplatz außerhalb der Kiste, aber in unmittelbarer Nähe der Kiste bereitgestellt wird.

Die Ausstattung der Wurfkiste für den Geburtsvorgang ist sicher von Rasse zu Rasse verschieden. Da kleine Rassen im Vergleich zu großen Rassen nicht proportional viel kleinere Welpen werfen, ist die Gefahr bei größeren (Labrador) und großen Rassen (Neufundländer) viel größer, dass das schwere Muttertier so einen Winzling erdrücken könnte, wenn sie auf ihn zu liegen käme. Daher ist in meiner Wurfkiste eine gut gepolsterte Basisunterlage. Bei meiner Rasse (Labrador) hatte ich zu diesem Zweck früher immer ein mit Heu oder Stroh gefülltes Kissen. Dieses Material gibt es leider nicht mehr überall. Heute behelfe ich mir mit einer modernen, aus Kunstfaser gefertigten pflegeleichten Kingsize-Steppdecke, die ich mehrfach falten kann. Darauf kommen dann verschiedene Schichten alter Leintücher. Somit ist immer genügend saugfähiges Material in der Kiste, auch wenn die Hündin in der Vorbereitungsphase alles durcheinander scharrt.

Nach erfolgter Geburt wird der beschmutzte Bettinhalt komplett ausgewechselt und in ein aus den gleichen Bestandteilen bestehendes Welpenlager umgewandelt.

Administratives vor der Geburt

Besorgen Sie sich alle Formulare, die Sie zur Aufzucht des Wurfes benötigen, spätestens jetzt. Befassen Sie sich jetzt schon mit der Namensgebung Ihrer Welpen. Jeder Wurf wird nach einem Buchstaben des Alphabetes eingetragen. Die Zuchtverbände haben je nach Land verschiedene Vorschriften. Viele Züchter besprechen die Namensfrage mit dem zukünftigen Welpenbesitzer.

Geburtsvorbereitungen

(Checkliste, Teil VI)

Ich nehme mir immer genügend Zeit mit den Vorbereitungen, wenn wieder einmal ein Wurf ansteht.

- Zehn Tage vor dem Wurftermin und für die zwei Wochen danach, nehme ich keine Verpflichtungen an. Frisör, notwendige Zahnarzt- oder Arzttermine werden vorverlegt oder auf später verschoben.
- Alle wichtigen Arbeiten in Haus und Garten werden erledigt.
- Tätigen Sie den Großeinkauf rechtzeitig, resp. organisieren Sie zuverlässige Hilfen, denn Sie

werden in den ersten zwei Wochen nach der Hundegeburt Ihren Wurf nicht allein lassen wollen.
- Das Wurfzimmer wird eingerichtet.
- Die Wurfkiste wird installiert.
- Alle Betttücher werden gewaschen und bereitgestellt.
- Babykorb, ausgestattet mit Frotteetüchern und einer Wärmeflasche vorbereiten.
- Die Waage für die tägliche Gewichtskontrolle der Welpen bereitstellen.

Das Geburts-Set wird bereitgestellt:
- Lassen Sie sich von Ihrem Tierarzt beraten und besorgen Sie entsprechende Medikamente.

Da ich wenn immer möglich Homöopathie anwende, sind es die nötigen homöopathischen Medikamente: Pulsatilla D6, das der Hündin eine Woche vor dem errechneten Geburtstermin zweimal täglich verabreicht wird, Arnica D6 zur Förderung des Heilverlaufs, Caulophyllum D6 und Secale D6 als Wehen fördernde Substanzen, Podophyllum D6 gegen Durchfall und Metrovetsan (eine Mischung aus homöopathischen Substanzen, das die Reinigung und Rückbildung der Gebärmutter fördert) oder Methergin (Apotheke).
- Muttermilchersatz (Tierarzt), die dazu benötigten Pipetten, Sonden oder Saugflaschen (Tierarzt),
- Respirottropfen (Atemhilfe, Tierarzt) (Cognac oder Whisky gehen zur Not auch).
- Das Instrumentarium (Schere, Nagelklipper, Nähfaden, Arterienklemme, verschiedenfarbiges Wachs (Drogerie) und Nagellack).
- Entwurmungsmittel für die Welpen (Tierarzt).
- Das Geburtsprotokoll wird vorbereitet.
- Mit dem Tierarzt (wenn nicht schon geschehen) wird abgeklärt, ob er immer erreichbar sein wird oder wer sein Stellvertreter ist.
- Der Tank des Autos ist gefüllt, denn man wird mitten in der Nacht, wenn es eilt zum Tierarzt zu kommen, keine Zeit haben, zuerst noch zur Tankstelle zu fahren.

Geburtsprotokoll

Für den gesamten Ablauf der Geburt führe ich ein Protokoll, auf dem ich jede Begebenheit sofort notiere. Dafür eignet sich ein stabiler Karton, auf dem ich sechs bis acht horizontale Kolonnen durchnummeriere (Zahl der zu erwartenden Welpen). Vertikal unterteile ich das Protokoll in die Kolonnen Datum, Zeit, Geschlecht, Farbe, Gewicht, Bezeichnung. Eine große Kolonne ist für Bemerkungen vorgesehen. Hier vermerke ich alle Besonderheiten, wie Normal- oder Steißgeburt, mit oder ohne Plazenta, Spontanatmer oder Nachhilfe sowie das Verhalten der Hündin und wann und wie viel eines (homöopathischen) Medikamentes abgegeben wurde.

Die Stunde Null

Die Geburt (Kurzfassung)

(Die folgenden Ausführungen über den Geburtsablauf wurden z. T. mit den Angaben aus dem Buch von Inge Hansen, *Handbuch der Hundezucht* ergänzt)

Das Geburtsgeschehen wird in vier Phasen unterteilt:
- Vorbereitungsphase
- Eröffnungsphase
- Austreibungsphase
- Nachgeburtsphase

Vorbereitungsphase:

Die ersten Vorzeichen sind bei jeder Hündin etwas anders.
- Viele Züchter messen vom 58. Tag an 3x pro Tag rektal die Temperatur (normal: ca. 38°C, Tiefststand: 12 bis 36 Stunden vor der Geburt ca. 36°C, Wiederanstieg zu normal: Geburt steht unmittelbar bevor).
- Flankeneinfall: Um die Geburtswege zu öffnen, setzt der Körper das Hormon Relaxin ein, das die Bänder erschlaffen lässt, und die Muskulatur entspannt. Der Bauch hängt nun tiefer und die Sitzbeinhöcker treten deutlich hervor.

Geburtsprotokoll

Name der Hündin.......... Datum.........

	Zeit	Gewicht	Geschlecht	Kennzeichen	Bemerkungen
1	02^{10}	350	Hündin gelb	Vorne rechts-aussen	normal, atmet spontan Nachgeburt gefressen trinkt
2	02^{35}	380	Rüde gelb	vorne rechts-aussen	keine Nachgeburt 02^{50} Nachgeburt gefressen atmet spontan, trinkt
3	02^{55}	400	Rüde schwarz	vorne rechts innen	Nachgeburt weggenommen Fruchtwasser ausgeschüttelt atmet + trinkt gut
4	03^{40}	380	Hündin schwarz	vorne rechts-aussen	Steisslage atmet spontan Nachgeburt gefressen trinkt
5	04^{55}	410	Hündin gelb	vorne rechts innen	Steisslage, keine Nachgeburt atmet spontan trinkt
6	06^{10}	380	Hündin gelb	Vorne links innen	normal Nachgeburt weggenommen trinkt.
	09^{10}				starker Ausfluss inkl. Nachgeburtsreste Geburt beendet
	11^{00}				Metrovetsan + Arnika
	12^{00}				Fieber: 38^{9}

■ So kann ein handschriftliches Geburtsprotokoll angelegt sein.

- Futterverweigerung: Dies ist ein sicherer Hinweis, dass in den nächsten Stunden etwas passieren wird.
- Wurfhöhle graben.
- Unruhe.
- Hecheln.
- Sich verkriechen wollen.
- Vermehrte Anhänglichkeit.
- Wiederholtes Kotabsetzen und Harnlösen.
- Scharren in der Wurfkiste.
- Leichter, klarer Ausfluss aus der Scheide.
- Vermehrtes Belecken der Vulva.

Eröffnungsphase:
Der Übergang von der Vorbereitungs- zur Eröffnungsphase mit den Eröffnungswehen erfolgt meist fließend, ist also nicht unbedingt sofort erkennbar. Durch die Gebärmutterkontraktionen werden die Föten langsam in Richtung Gebärmutterkörper geschoben. Im Zusammenspiel mit den Hormonen öffnet sich der Gebärmutterhals sukzessive.

Austreibungsphase:
Nun setzen die wellenförmigen Presswehen ein, die sich in immer kürzer werdenden Abständen folgen. Ein leichtes Flankenzittern kann beobachtet werden. Mit der Unterstützung der Bauchpresse tritt der erste Welpe in den Geburtsgang. Sein Weg ist beschwerlich, denn der Durchgang durch das Becken muss geschafft werden!
Die Stellung der Hündin in dieser Phase kann von seitlich liegend (sehr oft mit den Hinterläufen an der Wurfkistenwand abstemmend), bis zu liegend/sitzend oder stehend (wie zum Kotabsetzen) sein. Sie wird (bei jeder Stellung) die Rute steil

■ Während der Vorbereitungsphase der Geburt beginnt die werdende Mutter in der Wurfkiste eifrig zu scharren. (Foto: Rohrer)

aufwärts richten und damit die enge Passage durch das Becken vergrößern, damit der Welpe durchrutschen kann. Die kräftige Scheidenmuskulatur bewirkt, dass die Fruchtblase platzt und so den Geburtsweg gleitfähiger macht. Grundsätzlich spielt es keine Rolle, ob der Welpe Kopf voran oder rückwärts geboren wird. Entscheidend ist, dass er mit seinem Rücken gegen jenen des Muttertieres liegt, damit er – leicht gebogen – durch die U-förmige Beckenpassage in die Scheide gelangen und mit den nächsten Wehen ausgestoßen werden kann (siehe hierzu auch die Bildfolge auf den S. 34–36).

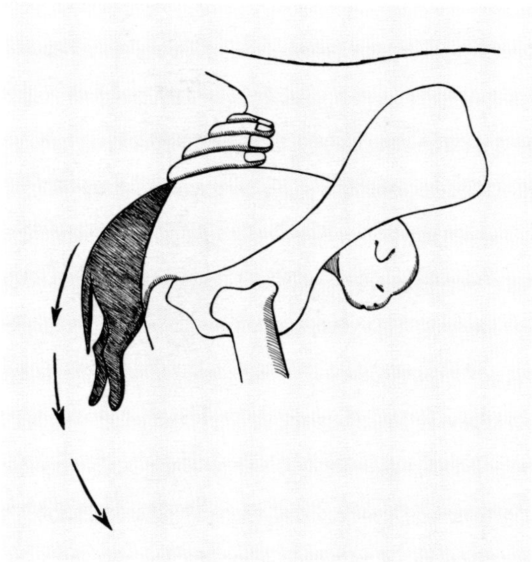

■ Der Engpass durch das Becken muss gemeistert werden und ist Schwerstarbeit für Hündin und Welpe.

Nachgeburtsphase:
Sobald der Welpe ausgestoßen ist, wird die instinktsichere Hündin eifrig die Nachgeburt und die Fruchthülle auffressen und die Nabelschnur durchbeißen. Sie wird den Welpen mit ihrer rauen Zunge nicht eben sanft lecken und so seinen Kreislauf anregen (ihn sozusagen »zum Leben erwecken«), damit er an die Zitze gelangen kann. Sie wird auch ihre Genitalregion intensiv lecken und reinigen.

Ich habe schon an anderer Stelle darauf hingewiesen, dass viele unserer Zuchthündinnen durch die Domestikation und die über jahrzehntelange oder noch länger anhaltende Zuchtüberwachung schon lange nicht mehr das Verhalten ihrer Urahnen und Vorfahren aufweisen können, sondern dass sie, wie Räber in seinem *Brevier neuzeitlicher Hundezucht* trefflich sagt, mehr oder weniger ein Kunstprodukt sind. Daher dürfen wir von einer Erstgebärenden nicht a priori erwarten, dass sie sich wie oben beschrieben verhalten wird, sondern wir müssen uns darauf einstellen, dass sie durch uns unterstützt sein muss. Es kann also durchaus sein, dass ihre Instinkte sehr wahrscheinlich mit Verzögerung erwachen werden.

Umso schöner ist es dann, wenn eine instinktsichere Hündin in der Wurfkiste arbeitet. Meine Ever war so ein Fall. Vielleicht haben bei ihr die natürlichen Lehrmeister (s. S. 42) bereits in frühester Jugend ein Zeichen gesetzt: Als sie vier Monate alt war, fand ich sie am dritten Tag emsig damit beschäftigt, die Welpen eines Wurfes, der zu dieser Zeit in der Wurfkiste lag, an der Genitalregion zu lecken, während die Mutterhündin seelenruhig weitersäugte. Von diesem Zeitpunkt an wurde die Junghündin Ever von der Mutterhündin ins Brutgeschäft mit einbezogen, bis der Wurf abgabebereit war. Sie zog später vier Würfe auf, und rückblickend kann ich sagen, dass sie meine beste Zuchthündin war. Sie hat mir einen tiefen Einblick in das Sozialverhalten unter Hunden gezeigt, das ich tagtäglich nicht nur im Umgang mit Hunden anwenden kann.

Da sicher wenige Zuchthündinnen eine Prägung wie meine Ever erfahren können (sicher gibt es noch viele andere Prägungsauslöser im Hinblick auf das Brutverhalten), ist es Pflicht eines jeden Züchters, seine Hündin zu unterstützen und Brutpflege nicht a priori einfach als gegeben zu erwarten.

Um nun Komplikationen auszuschließen, leiste ich von Anfang an Geburtshilfe, indem ich beim

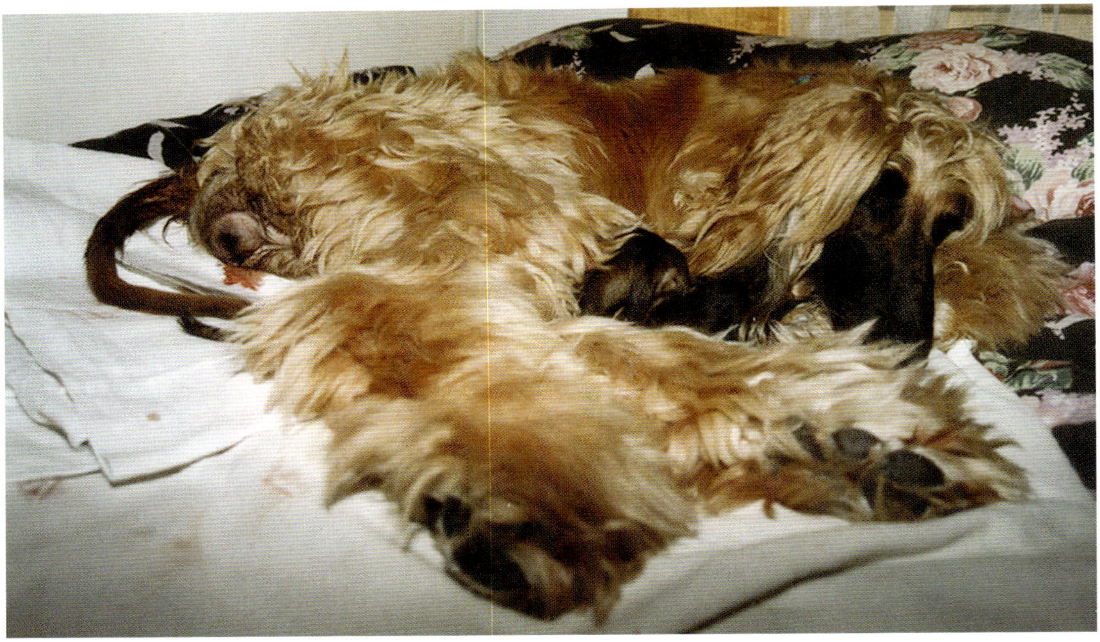

■ Austreibungsphase: Die Vulva ist stark vergrößert; es kommt zu einem blutigen Ausfluss; der Welpe kommt ...

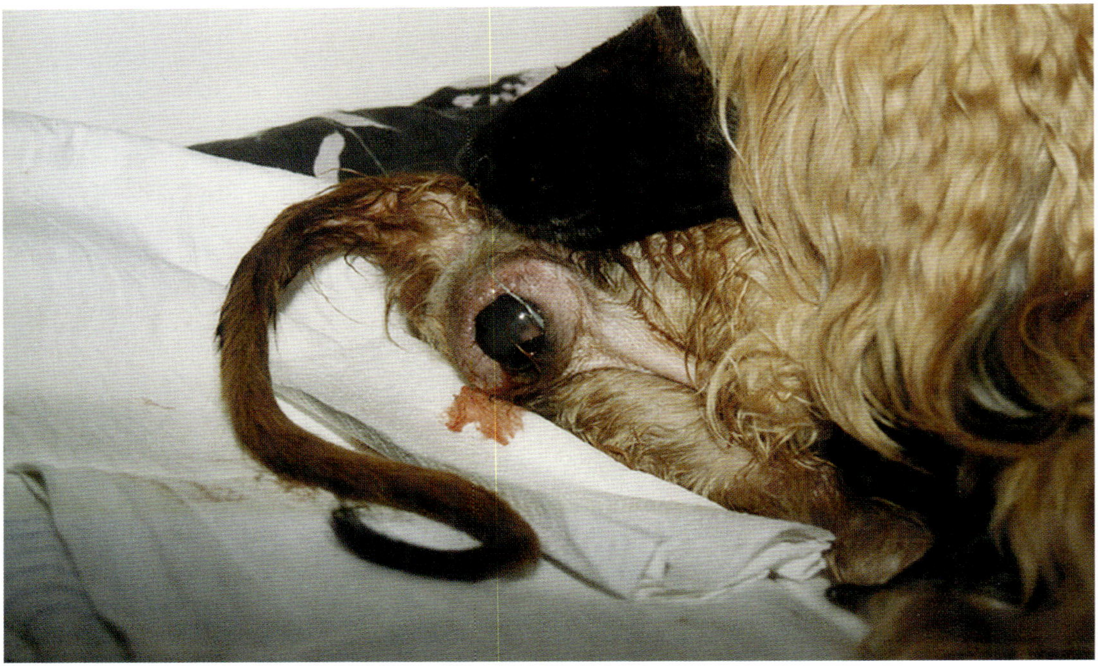

■ ... die intakte Fruchtblase wird sichtbar ...

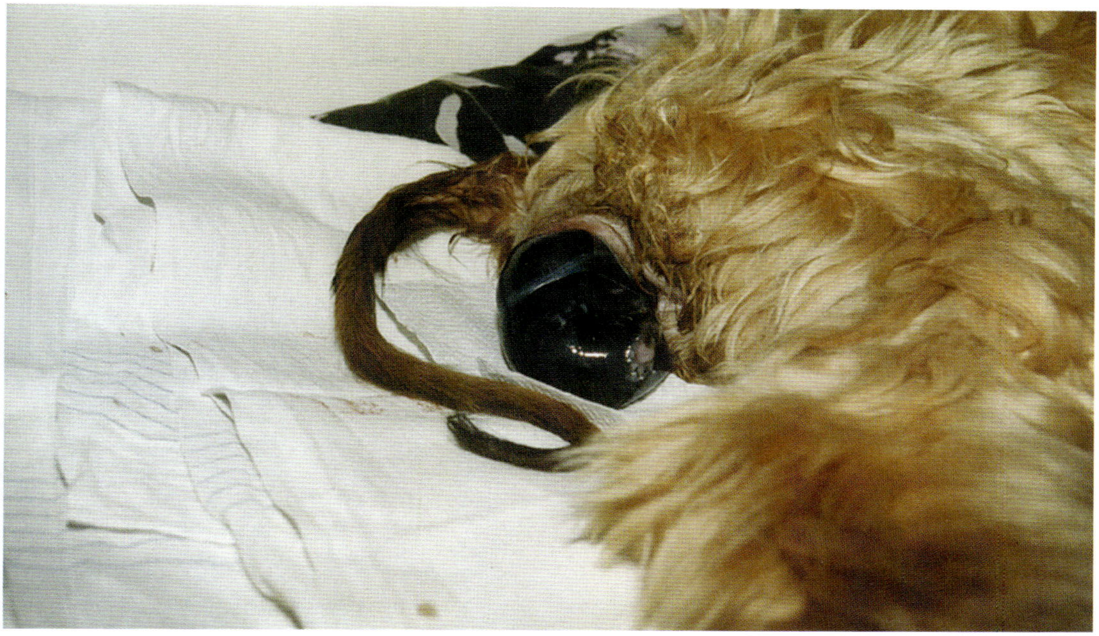

■ ... Kopf und Schulter des Welpen werden sichtbar.

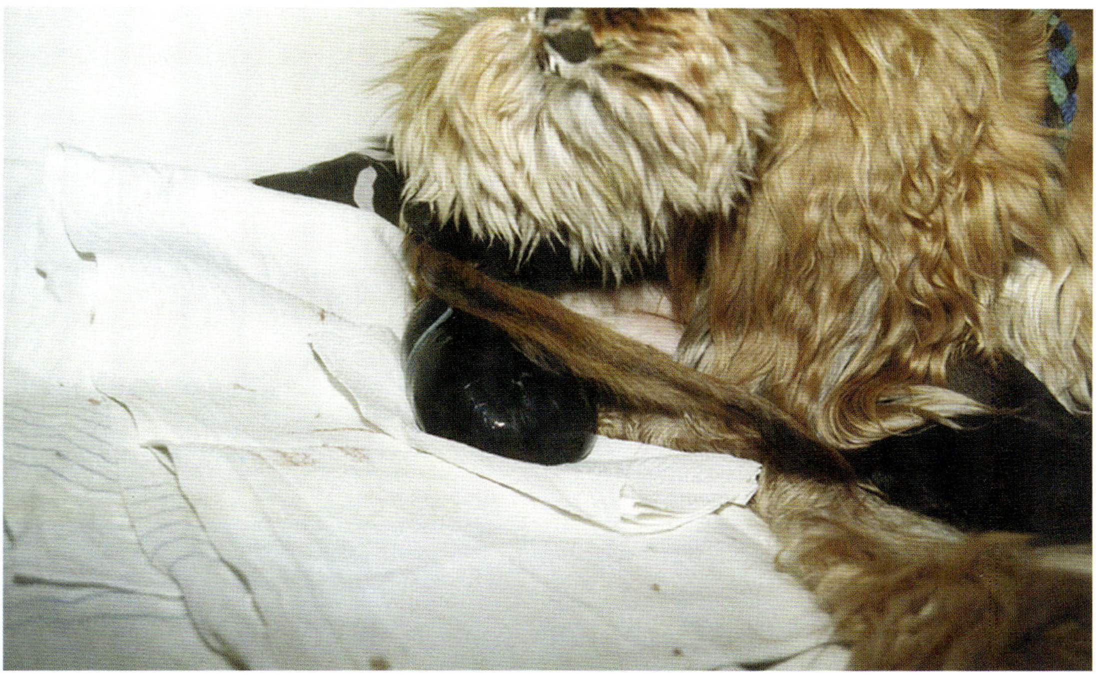

■ Geschafft: der Welpe ist da!

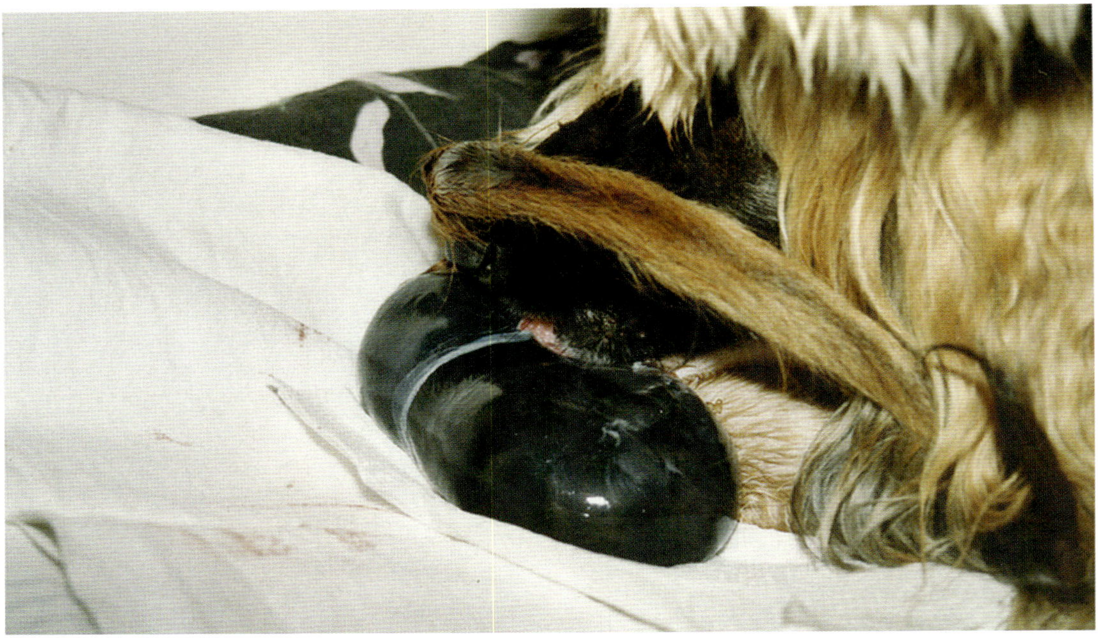

■ Die Hündin befreit den Welpen von den Eihäuten, das Chorion ist zur Hälfte schon weggefressen, das Amnion ist noch intakt.

■ Nun ist der Welpe ausgepackt und wird mit der rauen Zunge massiert und trocken geleckt. (Fotos: Rohrer)

ausgestoßenen Welpen sofort einige Zentimeter vom Bauch entfernt mit einer Arterienklemme (beim Tierarzt erhältlich) die Nabelschnur abklemme. Zugleich reiße ich mit Daumen und Zeigefinger die Fruchthülle beim Kopf des Welpen auf und mache seine Atemwege frei. Dann massiere ich den Welpen kräftig mit einem Frotteetuch, bis er seinen ersten Schrei tut. Die Hündin hat zu diesem Zeitpunkt die Plazenta aufgefressen, bearbeitet kauend nun die Nabelschnur. Durch diese Kaubewegung wird die Nabelschnur stumpf abgeklemmt und nicht, wie fälschlicherweise immer wieder angenommen, einfach durchschnitten. Bevor ich die Arterienklemme löse, massiere ich die Nabelschnur bauchwärts zum Welpen und binde sie dann etwa zwei Zentimeter von der Bauchdecke mit dem vorbereiteten Faden ab. Erst jetzt kappe ich sie mit dem Nagelklipper (wenn es nicht schon durch die Hündin geschah).

Beim zweiten Welpen benimmt sich die Hündin meistens schon viel sicherer, manche neigen sogar fast zu Übereifer und können dadurch die Nabelschnur zu nahe an der Bauchdecke des Welpen durchtrennen oder noch schlimmer, ihm die Bauchdecke aufreißen. Deshalb ist wichtig, dass Sie mit den oben beschriebenen Maßnahmen fortfahren, bis die Hündin routinierter wird. Meistens ist das beim dritten, vierten Welpen der Fall.

Was ist zu tun, wenn die Welpen nicht spontan atmen?

Sehr oft befinden sich in den Atemwegen des Welpen noch Fruchtwasserrückstände, die ihn hindern, frei zu atmen. Ich nehme ihn in beide Hände, halte ihn leicht Kopf voran nach unten, stecke ihm eine Fingerspitze in den Fang. Meistens genügt diese Maßnahme bereits und der Welpe tut seinen ersten Schrei. Wenn nicht, hebe ich ihn an den Hinterläufen (Kopf nach unten) hoch. Dabei fallen seine Eingeweide nach vorn (nach unten) und lösen einen Druck auf die Lungen aus (es presst sie zusammen). Dann mache ich die Gegenbewegung und richte den Welpen aufwärts. Dadurch löse ich den Druck auf die Lunge. Diese Auf-und-ab-Bewegung genügt in den meisten Fällen. Wenn nicht, halte ich den Welpen aufrecht und, indem ich ihn über meinen Kopf hochhalte, schwinge ihn in einem großen Bogen nach unten in Richtung meiner Knie und versuche so, seine Atemwege frei zu bekommen. Dabei fixiere ich seinen Kopf, indem ich meinen Zeigefinger über den Stopp und den Daumen an seinen Nacken lege (s. Seite 38). Zusätzlich massiere ich den Welpen kräftig mit einem groben Frotteetuch. Ich habe auch schon einen Welpen zum Atmen gebracht, indem ich kalt/warme Wechselbäder zu Hilfe nahm.

Bei einem Welpen, der nicht spontan atmet, aber eine rosarote Zunge hat, genügt manchmal, wenn man ihn ein paar Mal in die Nase zwickt.

Respirot (vom Tierarzt) oder einige Tropfen Cognac oder Whisky auf die Zunge sind wirksame Helfer, wenn die Massage nicht zum Erfolg führt.

Eine weitere Möglichkeit, den Welpen zum Atmen zu bringen, ist die Mund-zu-Mund-Beatmung. Versuchen Sie ganz vorsichtig mit Ihrem Mund das Fruchtwasser aus Mund und Nase des Welpen herauszusaugen. Blasen Sie ihm dann leicht und vorsichtig etwas Luft ein und massieren mit leichten Druckbewegungen seinen Brustkorb. Frau Hansen rät, nicht zu früh aufzugeben, sondern es bis zu 30 Minuten zu versuchen.

Ein neugeborener Welpe soll sich prall und rund anfühlen und seine Zunge ist rosafarben. Ist er schlaff, die Zunge grau und sein Kopf baumelt herunter, sind die Aussichten schlecht. Versuchen Sie aber trotzdem, ihn zu animieren. Bedenken Sie aber, dass es hie und da Todeskandidaten gibt, denen man einfach nicht helfen kann.

Spätestens beim ersten Schrei des Neugeborenen wird sich nun die Hündin um ihr Kind bemühen und es intensiv trocken lecken. Bei diesem Vorgang prägt sich bei der Hündin der Individualgeruch des Welpen ein und sie wird ihn von jetzt an immer erkennen. Dieser wiederum wird nach der Milchquelle streben und sich dort festsaugen. Ich bin jedes Mal von neuem beeindruckt, wie stark der Lebenswille des gesunden Neugeborenen ist. Ich habe Welpen gesehen, die kaum abgenabelt waren und trotzdem schon zielstrebig ihren Weg zur Leben spendenden Zitze suchten, diese sofort fanden und sich daran festsaugten, unter gleichzeitigem Einsatz eines Vorderlaufes, der die Pumpbewegungen des sog. Milchtrittes kraftvoll ausübte.

Die Hündin wird sich nun einige Minuten Ruhe gönnen können. Die Saugbewegung des Neugeborenen stimuliert zusätzlich über das Geburtshormon Oxytocin die Wehentätigkeit und die Milchproduktion.

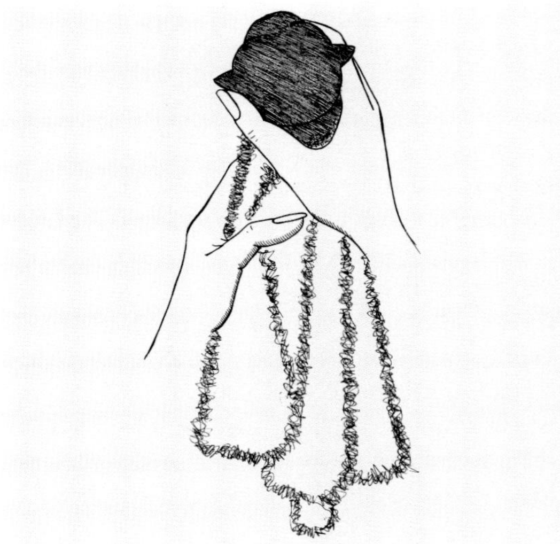

■ In den Atemwegen ist nach der Geburt Fruchtwasser verblieben: Halten Sie den Welpen mit der einen Hand gut fest und fixieren Sie ihn mit der anderen am Nacken ...

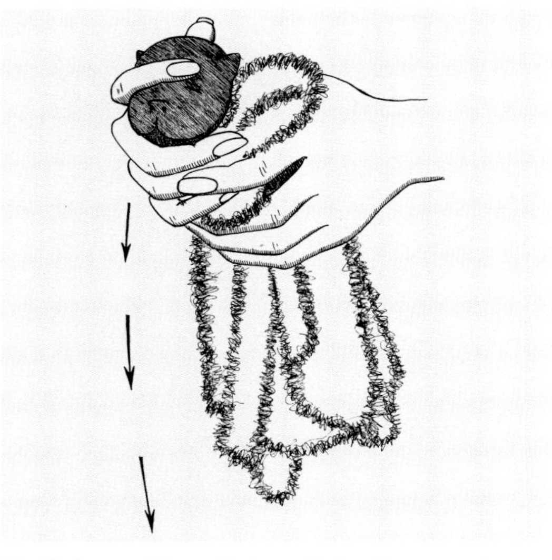

■ Fixieren Sie mit dem Zeigefinger seine Stirn ...

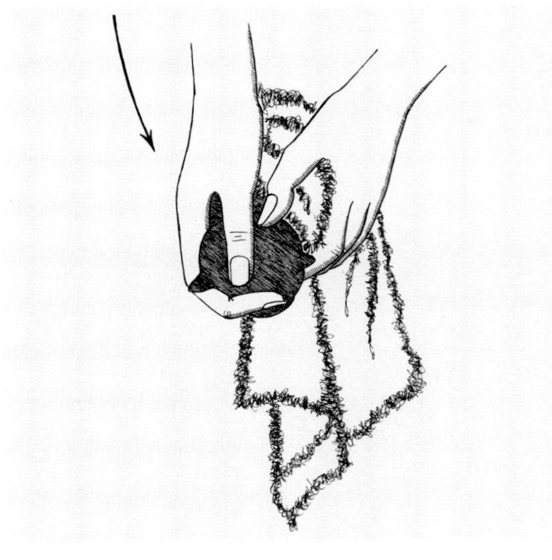

■ Die Schüttelbewegung: Halten Sie den Welpen über Ihren Kopf hoch und schwingen Sie ihn in einem Bogen bis zu Ihren Knien nach unten.

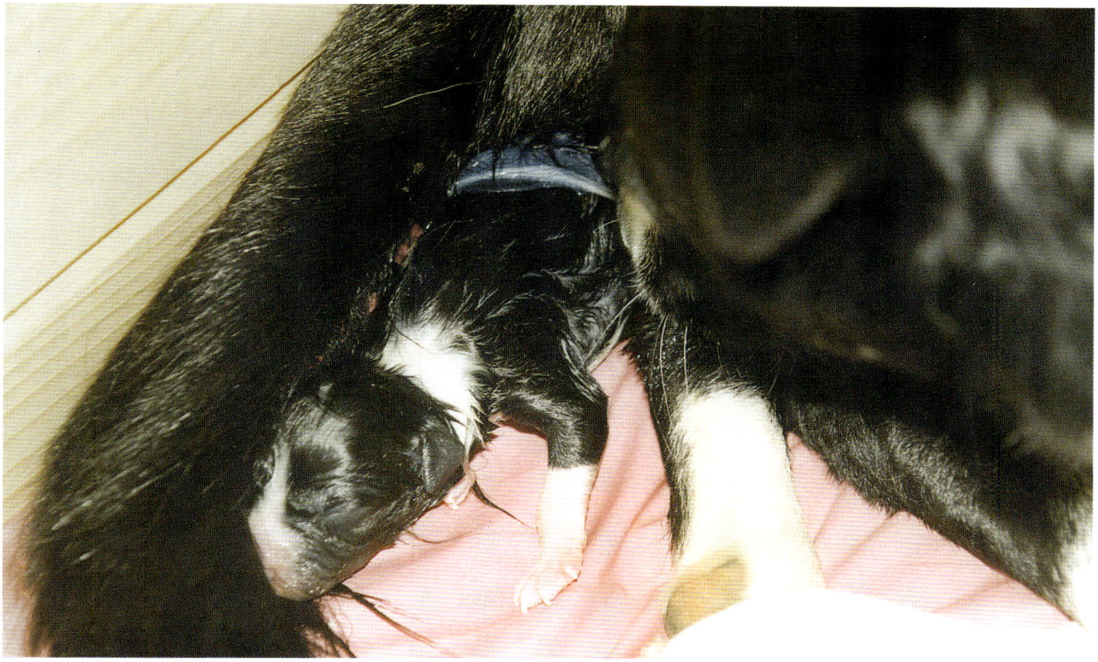

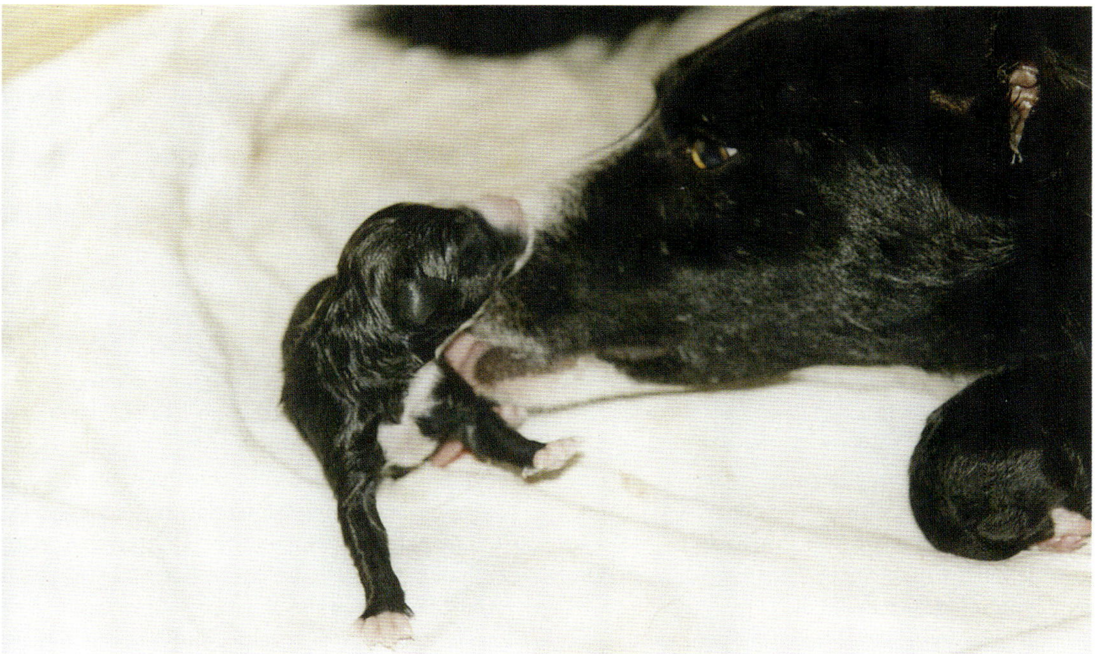

■ Sehr oft werden die Fruchthüllen bereits während der Austreibungsphase abgestreift. Dieses Neue wird liebevoll von der Mutter willkommen geheißen. (Foto: Gerber)

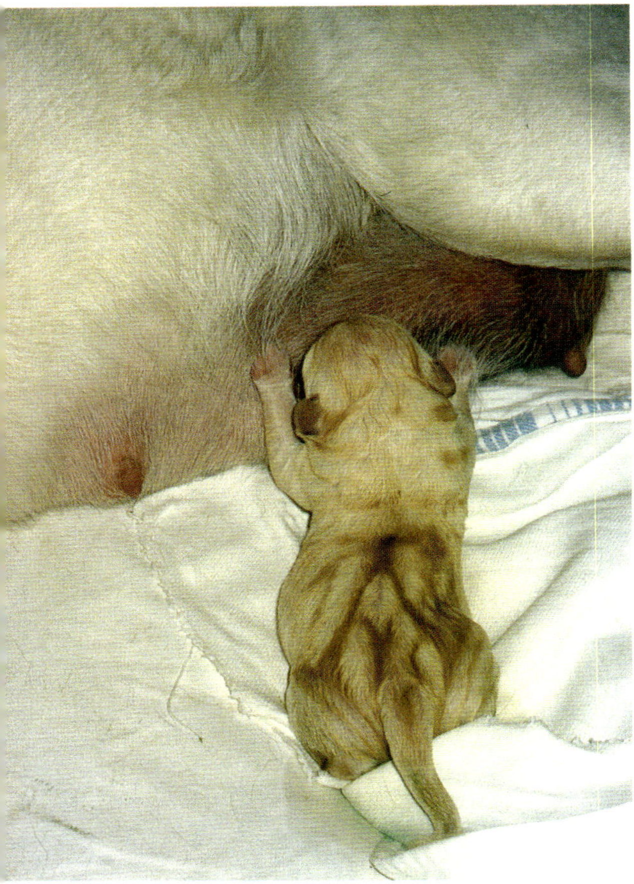

■ Einige Minuten erst alt, eben erst abgenabelt und noch nass, aber schon am Lebensquell! (Foto: Wild)

Sobald sich der nächste Welpe ankündigt, wird die Hündin wieder zu hecheln anfangen, ihr Körper wird sich, ausgelöst durch die Wehen, anspannen und sie wird pressen. Möglicherweise wird ein Schwall Fruchtwasser austreten, der sie zum eifrigen Schlecken zwingt.

Damit nun dem saugenden Welpen nichts passiert, nehme ich ihn behutsam weg, lege ihn in den bereitgestellten, mit einer Wärmeflasche ausgestatteten Babykorb und decke ihn mit einem warmen Tuch zu. Er wird sehr wahrscheinlich wimmern (protestieren), wurde er doch abrupt von der Milchquelle losgelöst. Aber er wird sich bald in der kuschelig warmen Umgebung beruhigen und wird, sobald sein Wurfgeschwister da ist, wieder ans Gesäuge der Mutter gelegt. Bei jedem weiteren Welpen, der sich ankündigt, werden die vor ihm geborenen Geschwister wieder in den Babykorb verfrachtet, usw., bis die Geburt vorüber ist.

Weil mit jedem Welpen doch beachtlich viel Geburtsflüssigkeit austritt, wechsle ich die Unterlage aus und unterlege die Hündin immer wieder mit frischen Tüchern, damit sie im Trockenen zu liegen kommt.

Wie erkenne ich, ob die Geburt beendet ist

Ob eine Geburt abgeschlossen ist, kann man sehr oft am Verhalten der Hündin sehen. Sie wird sich bequem einbetten und wirkt entspannt und zufrieden. In der Regel bleibt sie über die nächsten Stunden ruhig. Ihr Ausdruck hat sich verändert. Ich vermenschliche jetzt, weil ich mir dann jeweils einbilde, dass mich meine Hündinnen Beifall heischend anschauen, als wollten sie sagen: »Na, was sagst du jetzt?«

Wenn man das Muttertier vor der Geburt geröntgt hat, weiß man in etwa, wie viele Welpen kommen werden. Die andere Möglichkeit ist, die Hündin aufzustellen und sie gründlich abzutasten. Theoretisch sollte man einen noch ungeborenen Welpen fühlen. Ich führe in dieser Situation die Hündin nach draußen, damit sie sich die Beine vertreten und sich versäubern kann. Sicherheitshalber nimmt man bei diesem ersten »Ausgang« eine Arterienklemme und ein Frotteetuch mit. Es könnte ja sein, obwohl man beim Abtasten der Hündin keinen Welpen mehr spürte, dass trotzdem noch ein Nachzügler kommt.

Wenn Sie trotz Abtasten nicht sicher sind, wird Ihr Tierarzt dies übernehmen. Beharren Sie darauf, dass er zu Ihnen nach Hause kommt (scheuen Sie die evtl. Mehrkosten nicht). Wie ich schon anderswo erwähnt habe, ist die Gefahr von Infek-

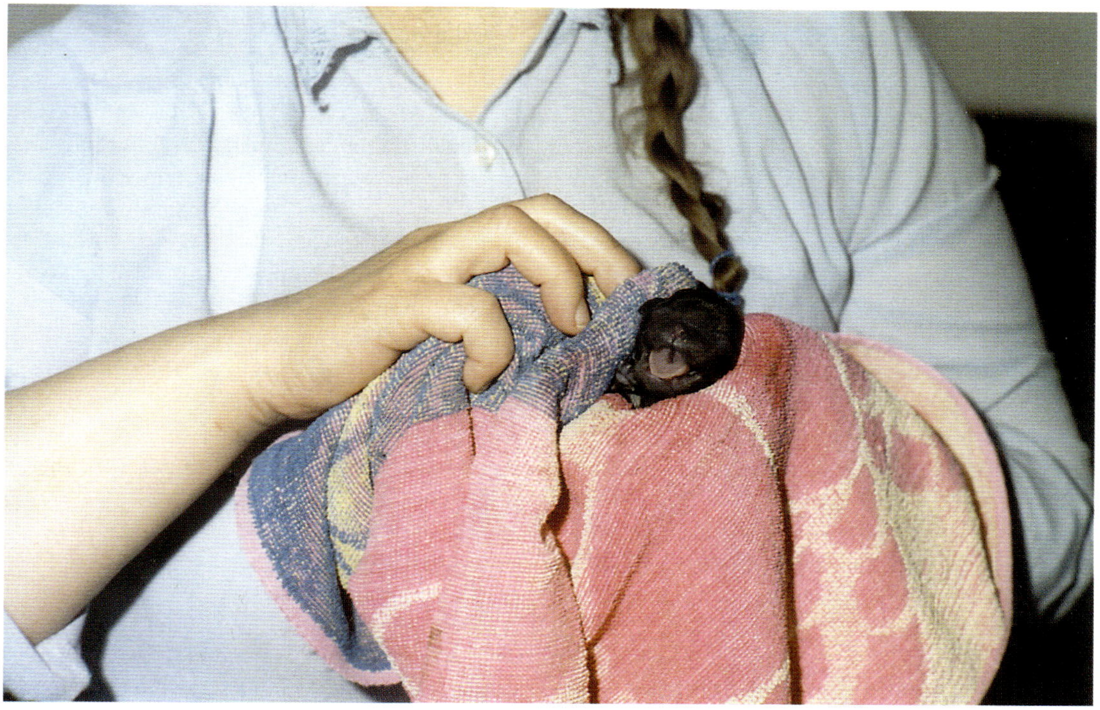

■ Der erste Schrei (Peking Palasthund). (Foto: Schweizer)

tionskrankheiten in einer Tierarztpraxis viel größer als bei Ihnen zu Hause.

Wenn Sie nicht auf Homöopathie setzen, wird er der Hündin eine Spritze verabreichen, die Einfluss auf die Gebärmutter nimmt und Nachwehen auslöst und so mithilft, einen evtl. verbliebenen Welpen und Geburtsreste auszustoßen.

Bei dieser Gelegenheit wird er den Welpen und der Hündin den Immuninducer spritzen (s. S. 54, Paraimmuninducer).

Wenn ich glaube, dass die Geburt vorüber ist und sich die Hündin entspannt dem Brutgeschäft widmet, warte ich nach dem letzten Welpen ein paar Stunden ab und gebe der Hündin durch ruhiges Verhalten meinerseits die Gelegenheit, sich ohne Störung ihren Mutterpflichten hinzugeben. Dann verabreiche ich ihr eine homöopathische Lösung (Metrovetsan). Dieses Medikament bekommt sie nun täglich während drei Wochen, um die Reinigung der Geburtswege zu unterstützen. Ich habe damit sehr gute Erfahrungen gemacht und bei keiner meiner Hündinnen sind seither Komplikationen (z. B. Gebärmuttervereiterung) aufgetreten (s. S. 54, Nachgeburtliche Reinigung der Gebärmutter).

Beispiel: Meine Hündin Sämi hatte bis um 01.00 Uhr fünf Welpen geworfen und nistete sich nun völlig entspannt mit ihren Welpen ins saubere Wurflager ein. Sie putzte und säugte und pflegte die Welpen in vorbildlicher Weise. In der Wurfkiste herrschte zufriedene Ruhe. Nach dem letzten Welpen hatte ich die Hündin sorgfältig abgetastet und war mir fast ganz sicher, dass kein Welpe mehr im Bauch war. Um 06.00 Uhr verabreichte ich ihr Metrovetsan (wie ich es bei jeder Hündin vier, fünf Stunden nach beendeter Geburt jeweils mache) und führte sie ins Freie. Nach ca. 300 Metern setzten starke Wehen ein und ein Welpe, noch vollständig eingepackt, rutschte samt Nachgeburt raus ins taufrische Gras! Der Zufall wollte es, dass während der Austreibungsphase ein Hase zwei, drei Meter vor der werfenden Hündin flüchtete – die wilde Jagd begann. Während Sämi ihrem Jagdrausch frönte, packte ich das Hundekind aus, das sich sofort lauthals meldete, und nabelte es ab. Der Schrei des Welpen drang zur eifrig jagenden Mutter durch und sie kehrte im Eiltempo zu uns zurück und »übernahm« eifrigst ihr neustes Kind. Seit diesem Ereignis nehme ich auf den ersten Kurzausgang nach erfolgter Geburt ein Frotteetuch und eine Arterienklemme mit. Sicher ist sicher!

Wenn Sie nicht auf Homöopathie setzen, wird Sie Ihr Tierarzt mit einem entsprechenden Medikament versorgen. Viele Züchter geben während der ersten fünf Tage Methergin (Apotheke).

Über das Fressen der Nachgeburten

Über das Fressen der Nachgeburten, das schlimme Durchfälle verursacht, ist man in Züchterkreisen geteilter Meinung. Ich persönlich glaube, dass der Durchfall nicht nur wegen der gefressenen Nachgeburten auftritt, sondern von Hündin zu Hündin sehr individuell auch noch andere Ursprünge haben kann. Die Nachgeburten enthalten Nährstoffe, die z. T. Wehen unterstützend und milchfördernd sind. Daher wähle ich jeweils einen Mittelweg und überlasse der Hündin zwei, drei Nachgeburten und räume dann die anderen, wenn ich schnell genug bin, weg. Nach erfolgter Geburt verabreiche ich der Hündin die homöopathische Substanz Podophyllum in der D4-Potenz. Seit ich diese Methode anwende, sind die gefürchteten Durchfälle ausgeblieben oder nur in sehr schwacher Form aufgetreten.

Das Neugeborene (s. Merkblatt, Teil VI)

Bei seiner Geburt ist der Welpe blind und taub. Einzig sein Geruchs- und Tastsinn und seine Stimme sind vorhanden. Sein Thermoausgleich funktioniert noch nicht zuverlässig. Sein Nervensystem ist erst so weit entwickelt, dass er sich vorerst nur über die Vorhand und mit pendelnder Bewegung des Kopfes robbenartig in Richtung der Mutter vorwärts bewegt, die er über ihre Wärmeabstrahlung, seinen Tastsinn und sein Riechorgan wahrnimmt. Seine Hinterhand zieht er mehr oder weniger nach. Seine Muskulatur ist ebenfalls noch nicht vollständig entwickelt. Er bewegt sich kreisförmig fort, bis er über seinen Tastsinn an einen Lauf oder an den Kopf des Muttertieres gerät, an dem er sich dann Richtung Nahrungs- und Wärmequelle (Bauchregion der Mutter) vortastet. Man kann immer wieder beobachten, dass Welpen, kaum sind sie von der Fruchthülle befreit, zielstrebig zur Milchquelle gelangen. Mit der fächerförmigen Zunge umschließen sie die Zitze und saugen sich fest. Unterstützt werden sie dabei von einem gut ausgebildeten, kräftigen Nacken. Mit den Vorderbeinen stemmen sie sich auf die Höhe der Zitze und unterstützen mit einem Vorderlauf ihre Pumpbewegung, dem sog. Milchtritt. Mit den Hinterläufen machen sie auch Stemmversuche. Zum Gehen können sie diese noch nicht einsetzen, da sie noch nicht richtig darauf hochkommen und die Muskulatur dort noch zu schwach ist. Der ganze Fortbewegungsantrieb geschieht über die Vorhand. Da die Hinterhand vorerst unvollständig enerviert ist, können die Welpen auch noch nicht selbstständig Harn und Kot ausscheiden. Hier kommt die instinktsichere Mutter zum Zuge, welche die Bauch- und Analregion der Welpen kräftig leckt, bis sie sich erleichtern. Diese Ausscheidungen frisst sie immer sofort auf. Unmittelbar nach der Geburt wird sich bei den Welpen die Blase entleeren und aus dem Enddarm wird das sog. Welpenpech ausgeschieden, später dann die verdaute Nahrung. Dieses Pflegeverhalten ist lebenswichtig, nicht nur um den Darm zu entlasten, sondern weil es typisch für alle Nesthocker ist (wie schon eingangs erwähnt, gehört der Hund dazu) und auch aus hygienischen Gründen. Das ist ein Überbleibsel aus dem Wildverhalten. Alle Spuren wurden als Schutzmaßnahme vor Feinden sofort beseitigt.

Dieses Reinhaltebedürfnis des Lagers machen wir uns später zum Erreichen der Stubenreinheit zu nutze (s. Teil IV, S. 158).
Mit dem ersten Hinstreben zur Milchquelle setzt auch schon ein erster Prägungsvorgang ein. Das Suchen nach der Nahrungsquelle und das Erreichen derselben erfordert eine große Anstrengung unseres Neugeborenen. Die Belohnung erfolgt über die Leben spendende Zitze. Mit diesem Vorgang (Hungergefühl, Suchen der Zitze, Aufnahme der Nahrung, eintretendes Wohlgefühl und anschließende Ruhephase) wird ein lebenswichtiges Bedürfnis gestillt und ein Lernprozess in Gang gebracht, der für die weitere Entwicklung des Welpen von entscheidender Bedeutung ist.
»Mit der Geburt wird beim Welpen die Entwicklung der Reifungsvorgänge und der inneren Antriebe, die angeborenen Lehrmeister, **die Lernspirale** in Gang gesetzt. (...) Jeder Welpe unterliegt von Geburt an dem ›Gesetz der Anstrengung‹. Erst durch die eigene Anstrengung wirkt der erreichte Erfolg als Belohnung. Damit nimmt das ›Lernen am Erfolg‹ und die Gefühlsentwicklung ihren Lauf« (aus: Heinz Weidt, *Der Hund, mit dem wir leben. Verhalten und Wesen*).
Über das **Gesetz der Anstrengung** lernt der Welpe also:

1. *Erster Weg zur Zitze = Anstrengung;*
2. *Erreichen des Ziels = Befriedigung eines Bedürfnisses (Nahrung);*
3. *Das Gefühl der Zufriedenheit setzt ein = Lerneffekt: Anstrengung wird belohnt (Lernen am Erfolg).*

Die meisten Welpen erreichen dieses erste Ziel auf Anhieb. Aber man findet immer wieder Spätzünder, die die Unterstützung des Züchters brauchen und beim zweiten Versuch dann Erfolg haben. Hier sei mit aller Deutlichkeit gesagt, dass wir es bei unseren Hunden unbedingt unterlassen sollten, Vergleiche mit dem Wildverhalten zu ziehen. Durch die Domestikation sind viele Instinkte nicht mehr sehr ausgeprägt vorhanden, d. h. sie sind wohl noch da, aber müssen mit einer kleinen Starthilfe aktiviert werden.
Wir wissen, dass das »innere Milieu« (Gebärmutter) nicht allen Welpen die gleichen Bedingungen bieten kann, d. h. nicht alle Welpen haben »Logenplätze« (Heinz Weidt). Somit ist hie und da der eine Welpe benachteiligt und benötigt bei seiner Geburt eine kleine Starthilfe. Dies soll in vernünftiger Weise geschehen und der Welpe sollte sich, sobald sein Defizit aufgehoben wurde, in die Lernspirale integrieren können. Unter Defizit verstehe ich äußere Einflüsse innerhalb des Geburtsvorganges und nicht angeborene Mängel und Schäden, die es dem Welpen verunmöglichen, Selbstständigkeit ohne ständige Fürsorge des Züchters zu erlangen. Hier sollte der gesunde Menschenverstand und nicht unser Bequemlichkeitsdenken, eine Begleiterscheinung unseres Wohlstandes und Konsumdenkens, entscheiden. Daher wird der gute Züchter seine Hündin und ihre Welpen nicht überfordern, sondern ihnen die bestmögliche Unterstützung gewähren.

Erste Gesundheitskontrolle der Welpen

Die erste flüchtige Gesundheitskontrolle mache ich, sobald ich die Nabelschnur abgesichert habe und der Welpe atmet. Als Erstes wird das Geschlecht und das Geburtsgewicht festgestellt und im Geburtsprotokoll eingetragen. Dann kennzeichne ich den Welpen und kontrolliere anschließend kurz, ob keine Gaumenspalte (s. Teil III, S. 116, Kieferanomalien) vorliegt. Dabei öffne ich behutsam den Fang des zappelnden Welpen und leuchte mit einer Taschenlampe hinein. Sollte ich trotzdem etwas übersehen haben, wird mir seine Trinkweise bald Aufschluss geben.
Nachdem die Hündin erstmals draußen war, wird das Wurflager gründlich gesäubert und neu ausgestattet. Nun reiche ich ihr jeden Welpen einzeln hin. Sie wird sie untersuchen und eifrig lecken und wird sich so auf dem Lager hinbüscheln, dass ihr Gesäuge für die Welpen gut zugänglich ist. Während dieser eifrigen Pflegekontrollphase nehme ich mir nochmals jeden einzelnen Welpen vor und untersuche ihn gründlich. Das Geschlecht und die Markierung werden nochmals überprüft. Das Geburtsprotokoll wird mit evtl.

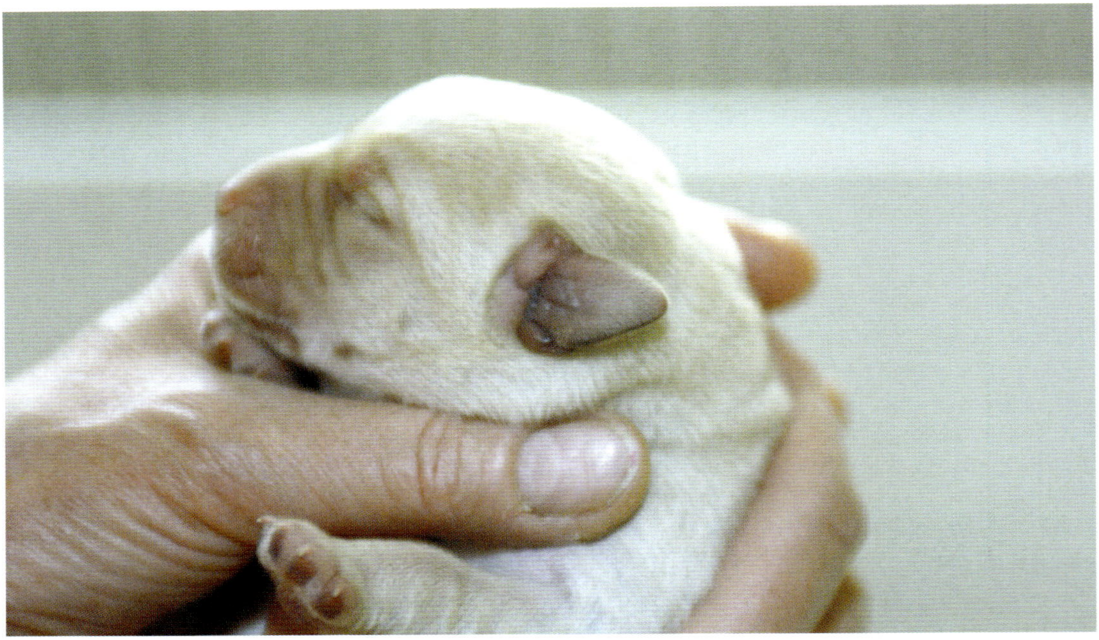

■ Neugeborene: Der Größenunterschied zwischen Zwerg- und mittelgroßen-, oder gar großen Rassen ist bei Welpen erstaunlicherweise nicht signifikant. Sie alle sehen wie kleine Seehunde oder blinde Maulwürfe aus. Hier ein Labradorwelpe ... (Foto: Ciccozzi)

■ ... und ein Peking-Palasthund. (Foto: Schweizer)

■ Beim sogenannten Milchtritt pumpt der Welpe kraftvoll mit der schon kräftigen Vorhand.

■ Die Zitze wurde sofort gefunden ...

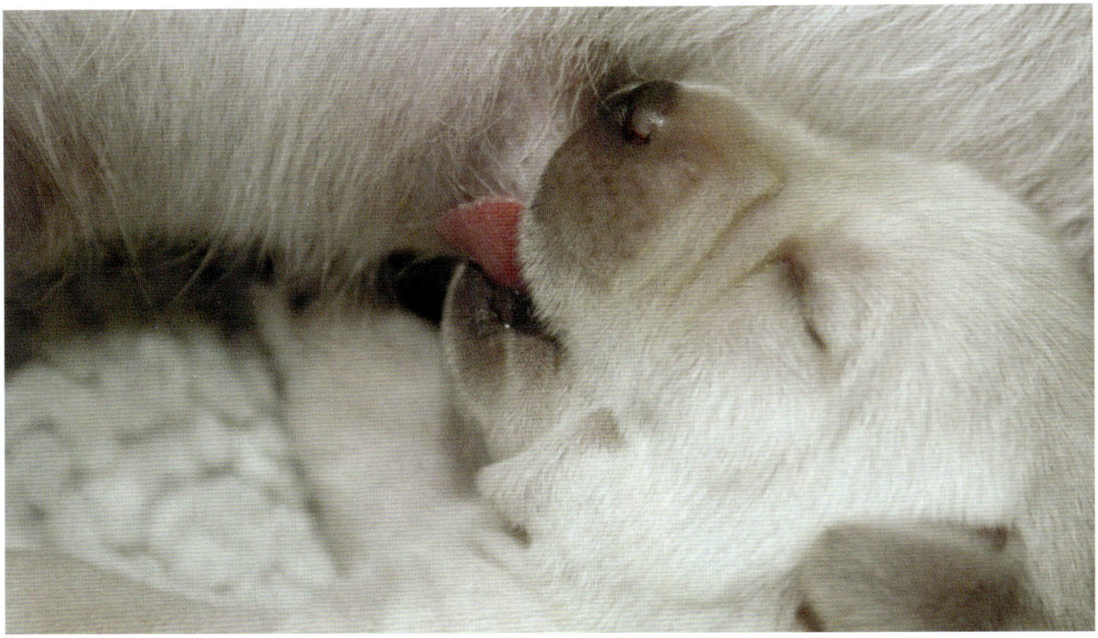

■ ... und mit der fächerförmigen Zunge umschlungen. (Fotos: Ciccozzi)

■ Intensives Lecken beschleunigt das Ausscheiden des Welpenpechs. Der Enddarm des Welpen muss davon befreit werden. Sollte die Hündin ausfallen, ist der Züchter gefordert. (Foto: Ciccozzi)

Die Bedeutung des Aufzuchtsprotokolls

So legt man ein Aufzuchtsprotokoll an und füllt es aus

Datum	Hündin grau	Zun.	Hündin schwarz	Zun.	Rüde grau	Zun.	Rüde schwarz	Zun.	Hündin grau	Zun.	Rüde schwarz	Zun.	Bemerkungen	Bemerkungen	Datum
28.12.01 / Zeit	**4.40**		**5.35**		**7.15**		**7.50**		**12.30**		**12.50**		Met. =Metrovetsan, A = Arnica		**28.12.01 / Zeit:**
Geburts-gewicht:	**405**		**405**		**390**		**400**		**350**		**400**				**Geburts-gewicht**
29.12.2001	465	60	480	75	425	35	480	80	395	45	480	80	kein Ausfluss	M. 38.69, A. 38.30, 4 x Met., 3 x Arnic	29.12.2001
30.12.2001	500	35	510	30	450	25	510	30	440	45	500	20	Ausfluss o.k., Met 1 ml, Mit. A 3 x Arnica	M. 38.47, A. 38.35, Met. 2ml M	30.12.2001
31.12.2001	560	60	570	60	500	50	570	60	495	55	555	55	3 x Arnica	M. 38.38, A. 38.38, Met. 1ml M+A	31.12.2001
01.01.2002	650	90	635	65	550	50	610	40	570	75	635	80	Medi. wie 31.12.	M. 38.50, A. 38.34, Met.	01.01.2002
02.01.2002	690	40	710	75	620	70	685	75	635	65	715	80	Medi. wie 31.12.	M. 38.20, A. 37.87	02.01.2002
03.01.2003	760	70	780	70	700	80	770	85	710	75	770	55	Medi. wie 31.12.	M. 38.24, Gewicht. verdop. außer Nr.3	03.01.2003
04.01.2002	820	60	850	70	760	60	830	60	780	70	870	100	Medi. wie 31.12.	M. 38.05, Nr. 3 Gew. verdop.	04.01.2002
05.01.2002	880	60	930	80	780	20	900	70	840	60	930	60	Medi. wie 31.12.	M. 38.04	05.01.2002
06.01.2002	980	100	1010	80	880	100	970	70	880	40	970	40	Medi. wie 31.12 Welpen entwurmt	M 37.70	06.01.2002
07.01.2002	1030	50	1040	30	950	70	1060	90	910	30	1080	110	Medi. wie 31.12, Welpen entwurmt	M 37.60	07.01.2002
08.01.2002	1090	60	1100	60	1020	70	1110	50	970	60	1110	30	Medi. wie 31.12, Welpen leicht Durchfall	M 37.80	08.01.2002
09.01.2002	1130	40	1120	20	1080	60	1170	60	1030	60	1140	30	Medi. wie 31.12., Welpen noch immer Durchfall	Hündin Durchfall, Podoph.1 x 37.75	09.01.2002
10.01.2002	1170	40	1160	40	1110	30	1220	50	1090	60	1180	40	Medi. wie 31.12., Welpen noch immer Durchfall	M. 37.85, Hündin OK	10.01.2002
11.01.2002	1210	40	1200	40	1170	60	1280	60	1150	60	1240	60	Medi. wie 31.12., Welpen OK	M. 37.75	11.01.2002
12.01.2002	1300	90	1280	80	1240	70	1330	50	1230	80	1320	80	Medi. wie 31.12.	Miel Metrovetsan bis 31.01	12.01.2002
13.01.2002	1360	60	1330	50	1290	50	1380	50	1260	30	1360	40		noch 5 Mahlzeiten seit 28.12.	13.01.2002

14.01.2002	1410	50	1380	50	1360	70	1460	80	1310	50	1420	60	1 x Welpilac, 1 x Fleisch		14.01.2002
15.01.2002	1470	60	1460	80	1410	50	1540	80	1380	70	1500	80	1 x Welpilac, 1 x Fleisch		15.01.2002
16.01.2002	1570	100	1510	50	1460	50	1590	50	1430	50	1560	60	2 x Welpilac, 1 x Fleisch		16.01.2002
17.01.2002	1660	90	1590	80	1550	90	1680	90	1470	40	1650	90	dito.		17.01.2002
18.01.2002	1660	0	1590	0	1550	0	1680	0	1470	0	1650	0	dito., nicht gewogen		18.01.2002
19.01.2002	1840	180	1770	180	1800	250	1880	200	1680	210	1860	210	dito.		19.01.2002
20.01.2002	1840	0	1770	0	1800	0	1880	0	1680	0	1860	0	dito., nicht gewogen		20.01.2002
21.01.2002	2000	160	1990	220	1980	180	2010	130	1860	180	2030	170	Dito.		21.01.2002
22.01.2002	2000	0	1990	0	1980	0	2010	0	1860	0	2030	0	entwurmt Banminth, dito		22.01.2002
23.01.2002	2000	0	1990	0	1980	0	2010	0	1860	0	2030	0	3 x Canwelp & Welpilacmix, 1 x Fleisch		23.01.2002
24.01.2002	2340	340	2260	270	2210	230	2400	390	2150	290	2290	260	dito.		24.01.2002
25.01.2002	2400	60	2340	80	2370	160	2590	190	2350	200	2400	110	dito.		25.01.2002
26.01.2002	2400	0	2340	0	2370	0	2590	0	2350	0	2400	0	dito., nicht gewogen	noch 4 Mahlzeiten, Milchleistung nimmt zusehends ab	26.01.2002
27.01.2002	2700	300	2650	310	2700	330	3020	430	2600	250	2720	320	dito.		27.01.2002
28.01.2002	2700	0	2650	0	2700	0	3020	0	2600	0	2720	0	dito & Dorisomix	Welpen 2 Stunden auf Terrasse	28.01.2002
29.01.2002	2700	0	2650	0	2700	0	3020	0	2600	0	2720	0	dito. wie 28.01.	dito.	29.01.2002
30.01.2002	2700	0	2650	0	2700	0	3020	0	2600	0	2720	0	dito.	dito.	30.01.2002
31.01.2002	2700	0	2650	0	2700	0	3020	0	2600	0	2720	0	dito.	dito.	31.01.2002
01.02.2002	2700	0	2650	0	2700	0	3020	0	2600	0	2720	0	dito.	Welpen im Auslauf	01.02.2002
02.02.2002	3300	600	3420	770	3320	620	3850	830	3250	650	3400	680	dito.	Miel noch 3 Mahlzeiten	02.02.2002
03.02.2002	-3300		-3420		-3320		-3850		-3250		-3400		dito.		03.02.2002
04.02.2002		0		0		0		0		0		0	dito., inkl.Canfit		04.02.2002
05.02.2002		0		0		0		0		0		0			05.02.2002
06.02.2002		0		0		0		0		0		0			06.02.2002

fehlenden Angaben, die im Eifer des Gefechts untergingen, nachgetragen und ergänzt.
Nun beobachte ich den Wurf vorerst einmal über die nächsten paar Stunden bis zum ersten Kontroll-Wiegen der Welpen. Dabei nimmt man jeden Welpen einzeln in die Hand und kontrolliert, ob immer noch alles in Ordnung ist.

Die Bedeutung des Aufzuchtsprotokolls und der täglichen Gewichtskontrolle

Das Aufzuchtsprotokoll dient dazu, dass Sie sämtliche Daten wie tägliche Gewichtskontrolle der Welpen, Fieberkurve der Hündin, Futtermenge der Hündin, evtl. Medikation der Welpen und der Hündin und jedes Vorkommnis, wie vorhandene Afterkrallen entfernen, Krallen schneiden, Entwurmen, Besuch des Tierarztes usw. lückenlos vermerken. Damit haben Sie eine Dokumentation über den ganzen Wurfverband bis zur Abgabe der Welpen. Jedes, auch das kleinste Vorkommnis wird vermerkt. Auch alles, was im Moment nicht von Bedeutung scheint, kann einige Tage später Aufschluss über eine aufgetretene Unstimmigkeit liefern.
Ich benutze dazu jeweils ein Schulheft, in das ich alle Daten vermerke, und übertrage diese so alle drei, vier Tage in meine definitive Aufzuchtsdatei.
Jeder Welpe und die Hündin haben ihre eigene Kolonne. Diese ist bei den Welpen zweiteilig konzipiert: einmal für das tägliche Gewicht und dann für die Gewichtszunahme zum Vortag.
Vom Geburtsprotokoll übernehme ich alle wichtigen Bemerkungen und das Geburtsgewicht sowie die erste Gewichtskontrolle ca. sechs Stunden nach der Geburt. Nun wird täglich, nach Möglichkeit immer zur gleichen Uhrzeit, gewogen.
Solange die Welpen ausschließlich durch das Muttertier ernährt werden, erachte ich es als wichtig, dass täglich gewogen wird. Die Gewichtszunahmen können schwanken: Nahm ein Welpe gestern 60 g zu, kann es durchaus sein, dass er heute nur 25 g zunimmt. Ich habe mir angewöhnt, den Durchschnitt von drei Tagen als verbindlich zu betrachten. Wenn aber ein Welpe

■ Geburtsgewichtskontrolle. (Foto: Rohrer)

auch am dritten Tag ein »Minimalist« bleibt, muss er gründlich überwacht werden. Vielleicht braucht er eine »Spezialbehandlung«, indem man ihn an einer vom Wurfgeschwister vorbereiteten Zitze ansetzt oder mit der Flasche zufüttert, usw. Diese Gewichtsschwankungen habe ich vor allem in der Periode, in der die Milch langsam vom Kolostrum zu normal wechselt, beobachtet. Dann kann es wie gesagt schon sein, dass durch mögliche Durchfälle etwas mehr Flüssigkeit verloren geht, aber das sollte sich in den nächsten ein, zwei Tagen wieder einpendeln. An Wurmbefall ist dabei unbedingt auch zu denken (s. S. 62).

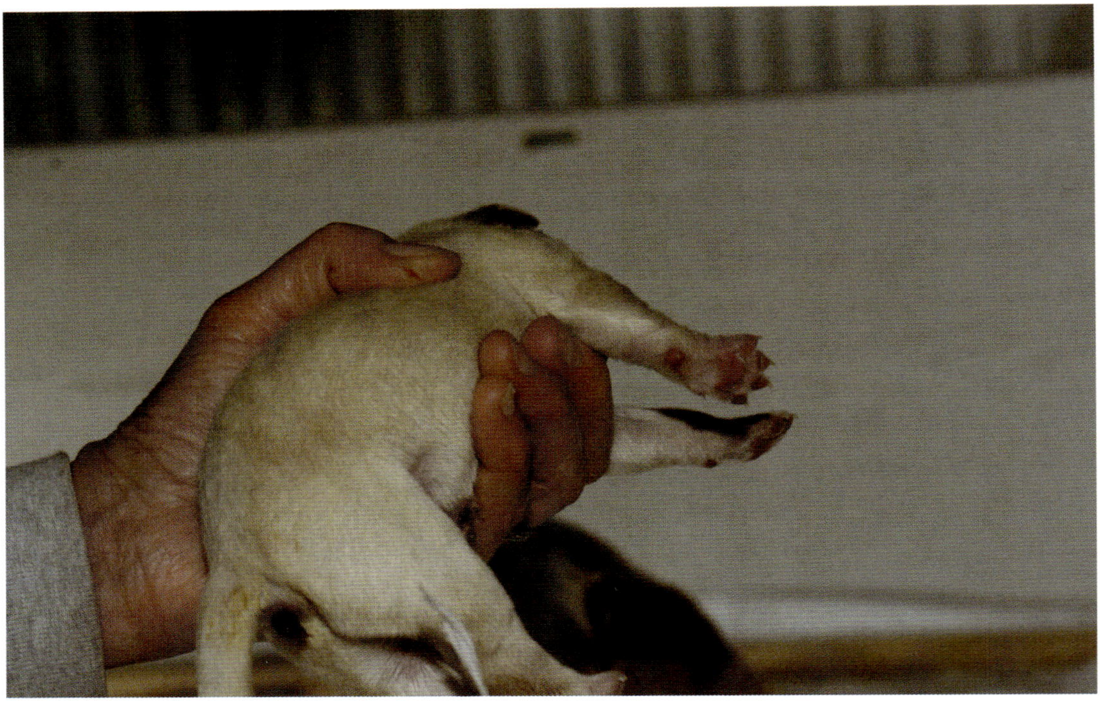

■ Beim Halten des Welpen muss man beherzt zupacken, sonst kann er entgleiten. Abstürze können tödlich enden. (Foto: Ciccozzi)

Natürlich müssen auch andere Störungen in Betracht gezogen werden. Dann braucht es möglicherweise die Unterstützung des Tierarztes.
Sobald zugefüttert wird, wiege ich am Anfang nur noch jeden zweiten Tag und gehe dann sukzessive auf einmal pro Woche über.
Durch die tägliche Gewichts- und Gesundheitskontrolle gewöhnen sich die Welpen an meinen Körpergeruch. Beim Wiegevorgang habe ich festgestellt, dass das Tragen vom Wurflager auf die Waage bei den Welpen großes Unbehagen hervorruft. Sie zappeln beträchtlich und es besteht die Gefahr, dass man sie fallen lässt. Bei mir entstand der Eindruck, dass dieses Unbehagen, das sie unmittelbar dann überfällt, wenn sie aufgehoben werden, Ähnlichkeit mit der Seekrankheit haben könnte. Ich führe das darauf zurück, dass der Gleichgewichtssinn in diesem Alter für »Höhenflüge« überfordert wird. Daher stelle ich die Waage direkt neben dem Wurflager auf den Boden. Somit verkürze ich den Weg durch die Luft erheblich und achte zusätzlich darauf, den Welpen nur ganz sanft durch die Luft zu bewegen. Dabei habe ich feststellen können, dass sich die Welpen viel weniger stressen. Die Tollerzüchterin Elsbeth Wittwer vergleicht diesen »Höhenflug« der Welpen mit unserem »Bungeejumping«.

Kennzeichnen der Welpen

Um bei einfarbigen Würfen eine lückenlose Kontrolle eines jeden Welpen zu haben, muss man sie kennzeichnen. Bei mehrfarbigen Rassen ist es viel einfacher, da die Zeichnung sehr verschieden sein kann.
Es gibt viele Methoden die Welpen zu kennzeichnen. Viele Züchter benutzen verschiedenfarbige

Halsbänder aus den verschiedensten Materialien. Da ich von einer Rasse komme, die recht aktiv und bei ihren Spielgepflogenheiten nicht gerade zimperlich ist, befürchte ich, dass diese Methode doch einige Verletzungsgefahren birgt. Andere Züchter kennzeichnen die Welpen mit Nagellack oder farbigem Wachs (Drogerie).

Ich benutze in den ersten Tagen Nagellack und später, wenn die Welpen herumkrabbeln und vornehmlich fast nur noch an Kopf und Genitalbereich von der Mutter geleckt werden, verschiedenfarbiges Wachs.

Je nach Rasse kann man mit der Schere einige Haarstellen kürzer schneiden oder die Krallen einkürzen. Mit den Krallen ist es aber ziemlich delikat. Erstens sind sie sehr klein und wachsen unheimlich schnell nach, sodass man Mühe hat, die Markierung am nächsten Tag noch zu erkennen und zweitens ist der Punkt, wo das »Leben« beginnt, vor allem bei dunklen Krallen sehr schwer auszumachen.

Mein System sieht folgendermaßen aus: Damit der Lack sichtbar einige Tage bleibt, bestreiche ich zwei nebeneinander liegende Zehen. Ich beginne beim ersten Welpen (Rüde oder Hündin) vorne rechts außen. Der zweite Welpe (gleichgeschlechtlich) wird vorne rechts an den beiden nach innen liegenden Zehen markiert. Der dritte Welpe wird vorne links innen, der vierte Welpe vorne links außen gekennzeichnet. Auf diese Weise kann ich acht gleichgeschlechtliche Welpen markieren. Sollten mehr als acht gleichgeschlechtliche Welpen gefallen sein (kommt praktisch nie vor), wird bei Welpe Nr. neun die ganze Pfote markiert. Hier würde ich auch wieder mit vorne rechts beginnen. Dann wieder vorne links, hinten rechts, hinten links.

Diese Lackgeschichte hält nicht lange an und muss von Zeit zu Zeit nachgebessert werden. Sobald die Welpen einige Tage alt sind, werden Sie an ihnen Unterschiede entdeckt haben, die Ihnen möglicherweise bei der Identifikation weiterhelfen. Bei meinen schwarzen Welpen finde ich hie und da im Bereich der Hoden oder zwischen den Ballen der Hinterpfoten kleine Büschel weißer Haare. Bei den Gelben können die Farbtöne leicht verschieden sein und das Pigment ist nicht bei allen gleich stark ausgeprägt.

Wichtig ist, dass Sie jeden einzelnen Welpen jederzeit erkennen können, um eine Verwechslung auszuschließen. Sie führen ihn dann in Ihrem Aufzuchtsprotokoll z. B. folgendermaßen:

- Nr. 1, (erstgeborener Welpe) Rüde schwarz, vorne rechts außen.
- Nr. 2, Rüde schwarz, vorne rechts innen, weiße Haare.
- Nr. 3, Hündin schwarz, vorne rechts außen, usw.

Sauberkeit in der Wurfkiste und Hygiene rund um den Wurf

Ich gehe davon aus, dass Sie die Wurfkiste, bevor sie für die Geburt hergerichtet wird, gründlich desinfiziert haben. Wichtig ist auch, dass Sie einige Tage vor dem Wurftermin Ihre trächtige Hündin nicht mehr dort ausführen, wo sich viele Hunde aufhalten. Ich habe mir angewöhnt, jedes Mal, bevor ich das Wurf- und Welpenzimmer betrete, meine Schuhe abzustreifen. Unerwartete Besucher, die regelmäßigen Kontakt zu anderen Hunden haben, müssen ihre Schuhe bei der Haustüre ausziehen oder sich mit einem Spray absprühen lassen.

Einen Tag vor und drei Wochen nach der Geburt habe ich keine Zeit für Besucher und lasse niemand Fremden ins Haus. Dies gilt auch für ungeduldige Welpeninteressenten. Die Gefahr, dass Krankheitserreger eingeschleppt werden können, ist viel zu groß. Sie mögen denken, dass dies übervorsichtig sei, aber ich kann da nur erwidern, dass ich in meiner Zeit als Zuchtverantwortliche zu viel Schlimmes gesehen habe, das mit etwas mehr Sorgfalt hätte verhindert werden können. Zudem muss man sich immer vor Augen halten, dass die Geburt und die Aufzuchtsphase enorm viel von der Hündin abverlangt und ihre Abwehr möglicherweise etwas reduziert sein könnte (s. Teil III, S. 130, Infektionskrankheiten).

Nach beendigter Geburt wird die Wurfkiste vollständig ausgeräumt, desinfiziert und komplett neu eingebettet. Bei der Hündin werden allenfalls noch an den Hinterläufen und der Rutenunterseite verbliebene Spuren von Geburtsflüssigkeit sorgfältig abgewaschen. Nun erst installiere ich die neue Hundefamilie in der sauberen Unterkunft. Jedes Mal, wenn die Hündin von nun an vom ebenfalls peinlich sauber gehaltenen Versäuberungsplatz zurückkehrt, werden ihre Pfoten abgewischt und trocken gerieben. Das Welpenlager wird je nach Ausfluss der Hündin mindestens einmal pro Tag (manchmal auch öfter) gewechselt.

Die Spaziergänge meiner anderen Hündinnen werden ebenfalls in Gegenden verlegt, wo wenig Kontakte mit anderen Hunden stattfinden können. Diese kurze Zeit von zehn bis fünfzehn Tagen können sie gut ohne regelmäßige Fremdhund-Kontakte überstehen! Dass auch ihre Pfoten abgewischt werden, bevor sie das Haus betreten, gehört einfach dazu.

Temperatur im Wurf- und Welpenzimmer

Neugeborene Welpen können ihre Körpertemperatur noch nicht selbstständig regulieren. Zudem muss man sich vorstellen, dass so kleine Wesen, die sich nur minimal bewegen können und noch relativ wenig Körperoberfläche aufweisen, sehr schnell auskühlen (zu tiefe Temperatur), vor allem wenn sie noch nicht trocken sind, aber auch überhitzt (unkontrollierte Wärmelampe) werden können. Eine – selbstverständlich nur für kurze Zeit – leicht zu kühle Umgebung ist weniger schädlich als eine Überhitzung, die unweigerlich eine Dehydration (Austrocknung) der Winzlinge zur Folge hätte.

Ich erhöhe jeweils schon während der Geburt die Raumtemperatur auf 22–24 °C. Zudem ist der Babykorb mit der Wärmeflasche im Bereich der normalen Körpertemperatur der Mutterhündin eingerichtet. Bei einem Sommerwurf halte ich eine elektrische Wärmequelle in Reserve, um die Raumtemperatur an kühleren Tagen im Bereich der Wurfkiste zu regulieren. In der kühleren Jahreszeit ist mit Unterstützung der Heizung eine gleich bleibende Wärme leichter einzuhalten.

Als warnendes Beispiel erwähne ich eine Sommergeburt bei über 30 °C im Schatten. Das Wurfzimmer war im oberen, hölzernen Teil des Hauses eingerichtet. Dort herrschte eine Temperatur von vielleicht 34 °C. Für die Welpen ideal, aber für die Hündin wurde es problematisch. Bei dieser Hitze hätte sie im Normalfall immer die Kühle des Untergeschosses aufgesucht. Jetzt konnte das instinktsichere Tier das nicht tun, weil es die Welpen nicht unbeaufsichtigt zurücklassen wollte. Sie hechelte ohne Unterlass und, obwohl die Welpen saugten und Milch da war, nahmen sie nicht zu. Erst als die ganze Gesellschaft in den kühleren Bereich des Hauses umgesiedelt wurde, kehrte Ruhe ein.

Nach beendeter Geburt unterstütze ich in den ersten paar Tagen mit einer elektrischen Wärmequelle (keine Wärmelampe) den Bereich der Wurfkiste, vor allem bei der Nachtabsenkung der Heizung.

Es ist es wichtig, dass der Boden des Lagers gut isoliert ist. Mit diesen Maßnahmen und der Körperwärme des Muttertieres, das U-förmig liegt und auf diese Weise eine wohlige Wärmebucht bildet, sind die Welpen gut untergebracht. Sobald sie einige Tage alt sind und anfangen herumzurobben, funktioniert ihr Thermoausgleich schon einigermaßen. Lagen sie bis anhin an einem dichten Haufen, um sich warm zu halten, streben sie jetzt, wenn es ihnen zu warm wird, auseinander. Sobald die Welpen aktiv werden und herumkrabbeln (meistens, wenn sie hören und ihre Augen geöffnet sind), reduziere ich die Raumtemperatur sukzessive.

Wärmelampen

Mit der Wärmelampe wird das ganze Lager gleichmäßig erwärmt. Das scheint auf den ersten Anhieb logisch, weil die Welpen keinen Temperaturschwankungen ausgesetzt sind. Sie gedeihen prächtig und Vergleiche haben gezeigt, dass Wärmelampenwelpen in den ersten Wochen schneller

In der Wärmebucht geborgen. (Foto: Ciccozzi)

wachsen und zunehmen als solche, die in der Geborgenheit der Wärmebucht (Nestwärme) der Mutterhündin sind. Diese kommen oft außerhalb der Bucht zu liegen, dort wo es weniger warm ist, wenn sich die Hündin z. B. anders lagert, um die andere Seite des Gesäuges anzubieten. Der Welpe wird sich unwohl fühlen. Sein »innerer Antrieb« wird nun geweckt und der Welpe wird die verlorene Nestwärme suchen. Dazu wird er seinen Geruchs- und Tastsinn zu Hilfe nehmen und die Wärmebucht finden. Damit ist der Lernprozess in Gang gesetzt: »Wenn ich etwas will, muss ich etwas leisten«.

Heinz Weidt in *Der Hund, mit dem wir leben. Verhalten und Wesen* meint dazu: »Durch die gleich bleibende warme, angenehme Temperatur unter der Wärmelampe wird der Welpe nicht gefordert. Er wird die Suche nach natürlicher Nestwärme durch Körperkontakt mit den anderen Wurfgeschwistern oder der Hündin, das sog. Kontaktliegen, möglicherweise für immer aufgeben. Es bedeutet, dass ein Ausbleiben entsprechender Belastung die Funktion des biologischen Systems stört, da der gesamte Organismus des Welpen von Natur aus darauf eingestellt ist, durch Anstrengung belastet zu werden. Somit bleiben solche Welpen in ihrer psycho-sozialen Entwicklung stecken. Die Folgen zeigen sich meistens erst im Erwachsenenalter.«

Eine Wärmelampe ist sicher in Notfällen vorübergehend sinnvoll. Aber es soll nicht zum Dauerzustand werden, sondern ist ein Trugschluss anzunehmen, dass solch behüteten Welpen nichts abgeht.

Erste medizinische Versorgung der Mutterhündin und der Welpen nach erfolgter Geburt

Immunitätsinducer

Grundsätzlich sollte eine Hündin, die vor dem Deckakt gut durchgeimpft wurde, einen guten Schutz (Antikörper) gegen allerlei Krankheitserreger aufgebaut haben und über die Plazenta und die Erstlingsmilch (Muttermilch in den ersten ca. fünf Tagen) an ihre Welpen abgeben. Dies ist in der Regel absolut genügend. Trotzdem kann es zu individuellen Abweichungen kommen, wo der natürliche Schutz nicht ausreicht. Meistens kündigen sich solche Ereignisse nicht unbedingt an. Es ist statistisch erwiesen, dass die Hälfte der Todesfälle bei Welpen vom 1. bis zum 15. Lebenstag auf Infektionen zurückzuführen ist (Hansen).
Um nun die Gefahren von Infektionskrankheiten zu verringern, empfiehlt sie, der Hündin einige Tage vor der Geburt einen sog. Paramunitätsinducer zu spritzen. Das ist ein Medikament zur Steigerung der unspezifischen Abwehr. Nach der Geburt (erster und zweiter Tag) werden die Hündin und die Welpen damit geimpft. In der Züchterwelt und bei den Veterinären ist man in der Anwendbarkeit dieses zusätzlichen Schutzes geteilter Auffassung. Ich habe aber von zu vielen vermeidbaren Tragödien gehört, obwohl diese Züchter sorgfältig handelten. Daher will ich nichts dem Zufall überlassen. Ich habe mit dieser Methode nur gute Erfahrungen gemacht.

Fieber messen

Vom ersten Tag der Geburt an messe ich zweimal täglich bei der Hündin die Temperatur. Es ist normal, dass diese in den ersten paar Tagen leicht erhöht ist. Sie sollte sich aber nach dieser Zeitspanne wieder auf die normalen Werte einpendeln, ansonsten der Tierarzt beigezogen werden muss.

Nachgeburtliche Reinigung der Gebärmutter

Eine sorgfältige Überwachung gehört dem nachgeburtlichen Ausfluss (Lochialfluss). Die Gebärmutter bildet sich sukzessive zurück. Es ist wichtig, dass dieser Reinigungsprozess stattfindet. Er dauert bis zu drei bis vier Wochen nach der Geburt an oder so lange die Hündin noch intensiv säugt.
Wenn man nicht mit homöopathischen Mitteln arbeiten will, gibt es verschiedene Substanzen, die Sie über Ihren Tierarzt bekommen. Auf alle Fälle sollten Sie der Hündin nach erfolgter Geburt eine sog. Reinigungsspritze verabreichen lassen.

Meine Methode:
Um die Reinigung und Rückbildung und die Wundheilung der Hündin zu fördern, gebe ich ihr täglich Metrovetsan (eine homöopathische Tropfenlösung). Sie regt die Durchblutung der Gebärmutter an.
Zusätzlich unterstütze ich die Wundheilung mit Arnica (fünf Globuli pro Gabe) in einer niederen Potenz (D6).
Die ersten acht Tage verabreiche ich ihr diese beiden Medikamente dreimal täglich (die nächsten zwei Wochen zweimal täglich). Arnica hat zudem einen günstigen Einfluss auf die Milchproduktion.
Sollte das Fieber nach einigen Tagen nicht sinken, kann das ein Indiz sein, dass sich ein Pfropfen am Gebärmutterausgang bildet und so den Abfluss verhindert. Dabei besteht die Gefahr einer Gebärmutterentzündung, die schwerwiegende Folgen nach sich ziehen könnte. Mit meiner Methode rege ich mit Metrovetsan die Durchblutung der Gebärmutter an und fördere so ihren Reinigungs- und Rückbildungsprozess.
Die Reinigungsdauer variiert von Hündin zu Hündin und von Rasse zu Rasse dermaßen, dass ich hier keine verbindlichen Angaben machen kann. Bei meinen Hündinnen dauert diese ca. drei Wochen.

■ Pekingesemutter und ihre Kinder. (Foto: Schweizer)

Kontrollröntgen

Ich habe schon eingangs erwähnt, dass mit einer Röntgenuntersuchung kurz vor dem Geburtstermin nicht mit hundertprozentiger Sicherheit die genaue Anzahl der Welpen festgestellt werden kann, aber es gibt trotzdem Aufschluss, was man in etwa zu erwarten hat. Im Normalfall ist also Röntgen vorher nicht unbedingt erforderlich. Sollte aber die Geburt nicht ohne Komplikationen verlaufen sein, ist ein Kontrollröntgen angebracht. Es kommt immer wieder vor, dass noch nicht alle Welpen ausgetrieben wurden. Der Tierarzt wird dann die nötigen Maßnahmen ergreifen. *Lassen Sie in dieser Situation nicht »die Natur walten«, spätere Vorwürfe nützen dann auch nichts mehr!*

Der erste Tag (Normalverlauf)

Die Geburt ist vorüber, alle Welpen sind da und die Hündin ist wohlauf. Als Züchter ist dieser Moment, da die neue Hundefamilie zufrieden und entspannt in der neu eingebetteten Wurfkiste liegt und obwohl man von der durchwachten Nacht »hundemüde« ist, eine Wonne und Dankbarkeit macht sich breit.

Ich lasse meine Welpen nie unbeobachtet. Schon vor der Geburt wurden die diversen »Hüterollen« im Familienverband verteilt. Es ist wichtig, dass man genügend Schlaf nachholen kann, denn gerade die Nachtwachen fordern enorm, da man wenig oder nur leichten Schlaf findet, weil jeder ungewohnte Pieps die »innere Alarmglocke« anschlagen lässt.

Zum erwachenden Brutpflegeinstinkt stellen sich bei der Hündin normalerweise auch die bewusst sorgfältigen Bewegungsabläufe beim Aufstehen und Hinlegen in der Wurfkiste ein. Bei der einen Hündin ist es sofort da, bei der anderen muss man unterstützend eingreifen. Diese Vorsichtsmaßnahme ist vor allem bei mittelschweren bis schweren Rassen unbedingt geboten, vor allem dort, wo die Pfote des Muttertieres fast so groß ist wie das Hundekind selbst. Es gibt Hündinnen, die berechnen jeden Schritt innerhalb der Kiste sorgfältig und legen sich ganz langsam zu ihren Welpen. Andere tun das eben nicht. Meine Ever war ein Musterbeispiel: Sie schubste jeweils die Hälfte des Welpenklüngels etwas zur Seite, legte sich dann behutsam in die Lücke dazwischen, rückte die zur Seite Geschobenen zwischen ihre Vorderläufe, begann sie intensiv zu pflegen, während sie der anderen Hälfte die Milchbar darbot. Als Nächstes wechselte sie dann die Gruppe, die Gepflegten wurden ans Gesäuge geschoben und die Satten wurden gepflegt und gereinigt.
Petite Fleur war das pure Gegenteil. Sie schoss jeweils (ohne Rücksicht auf Verluste) bei der geringsten Störung aus der Kiste oder flegelte sich wie ein Kartoffelsack wieder hinein. Hier war strickte Überwachung angesagt und wir durften sie nicht aus den Augen lassen. Die Welpen mussten jeweils alle im Welpenkörbchen in Sicherheit gebracht werden, wenn die Hündin raus musste und wurden ihr erst wieder untergeschoben, wenn sie sich, wieder zurück, auf dem Lager installiert hatte. Diese Anfangsschwierigkeiten verloren sich dann allerdings (zu unserer großen Erleichterung) am dritten Tag und sie entwickelte sich in der Folge zu einer ganz passablen Mutter. Sie wurde aber zur Sicherheit strikte überwacht, bis die Welpen sehen konnten und anfingen, selbstständig herumzulaufen.

Tipp
Um eine »Rund-um-die-Uhr«-Überwachung zu gewährleisten, ist es unumgänglich, dass jederzeit eine Person zur Verfügung steht. Organisieren Sie den Hütedienst (mindestens für die ersten zwei Wochen) frühzeitig vor der Geburt.

Das Ruhebedürfnis der Mutterhündin und ihrer Welpen

Nach erfolgter Geburt sollte dem Ruhebedürfnis der neuen Hundefamilie genügend Rechnung getragen werden. Die Hündin hat Enormes geleistet und es stehen ihr anstrengende Wochen der Aufzucht bevor. Daher sollte sie von aller Hektik und von zu viel Lärm abgeschirmt werden. Zu viel davon schadet ganz sicher und kann den normalen Entwicklungsverlauf der Welpen stören und die Gesundheit von Mutterhündin und ihren Kindern gefährden. Ich organisiere mich jeweils so, dass immer jemand in der Nähe des Wurflagers ist und dass keine außerordentlichen Aktivitäten im Haus entstehen.
In den ersten Tagen wird die Hündin, wie schon an anderer Stelle erwähnt, mit dem Pflegen und Säugen der Welpen voll beschäftigt sein. Zudem wird sie zu diesem Zeitpunkt in Abständen noch immer sog. Nachwehen haben. Daher ist es wichtig, dass sie während den ruhigen Momenten so viel Schlaf wie nur irgendwie möglich findet.
Bei mir wird die Türglocke auf leise eingestellt, damit die Hündin nicht unkontrolliert aufspringt und ein Welpe dabei Schaden nehmen könnte.
Es ist verständlich, dass man seine Freude über eine gut verlaufene Geburt gerne »aller Welt« mitteilen möchte, um voller Stolz die neuen Hundekinder vorzuzeigen. Ich verspüre diesen Drang auch jedes Mal, aber ich weiß, dass ich mich zurückhalten muss. Also, vertrösten auch Sie die Verwandtschaft und die zukünftigen Besitzer auf einen späteren Zeitpunkt. Nur Personen, die zum näheren Umfeld der Hündin gehören, haben bis zur Wurfkiste Zutritt. Die Kinder im gemeinsa-

men Haushalt verstehen sicher, dass auch sie zum guten Gedeihen der Hundekinder beitragen können, indem sie für die nächste Zeit ihre Bedürfnisse etwas zurückschrauben und jene der Hündin und ihrer Welpen in den Vordergrund stellen. Kinder, die die Aufzucht eines Wurfes begleiten dürfen, erleben einen großen Einblick in das Geheimnis »Leben«. Dies fördert ihr Verantwortungsbewusstsein, ihr Verständnis und ihren Respekt für das Andersartige und fügt ihrer Persönlichkeit viel Wertvolles und Positives bei.
Auf diese Weise sind die Voraussetzungen gegeben, dass sich die Hündin optimal in ihre durch die erfolgte Geburt veränderten Körperbedingungen und in den Brutpflegerhythmus einspielen kann und dass die »innere Uhr« der Welpen in Aktion treten, dass die Wechselwirkung Stress = Erfolg sich einpendeln und die Lernspirale sich einspielen kann.

Die anderen Hunde im Haushalt

Einige Stunden nach der Geburt, wenn die gesetzmäßigen Interaktionen zwischen Muttertier und Welpen spielen, lasse ich die übrigen Hunde des Rudels bis zur Türe des Wurfzimmers, damit auch sie sich mit der neuen Situation vertraut machen und wieder zur gewohnten Tagesroutine zurückfinden können. Das Muttertier bestimmt dann jeweils den Zeitpunkt, wann seine Rudelgenossen Kontakt mit den Hundekindern aufnehmen dürfen. Meistens geschieht das Ende der ersten, anfangs der zweiten Woche.

Die Hündin nach der Geburt

In den ersten Tagen nach der Geburt wird sich eine instinktsichere Hündin Tag und Nacht nur noch um ihre Kinder kümmern. Sie wird die Wurfkiste nicht freiwillig verlassen und muss daher durch den Züchter ein paar Mal nach draußen geführt werden, um sich zu erleichtern und anschließend gefüttert zu werden. Das wäre der Idealfall.
Nun gibt es aber immer wieder Hündinnen, die mit dem Wurf nicht zurechtkommen und Unterstützung brauchen.

Ich führe meine Hündinnen vom ersten Tag an einige hundert Meter an der Leine. Damit bezwecke ich, dass ihr Kreislauf angeregt wird. Dadurch findet auch eine vermehrte Durchblutung der Gebärmutter statt und beschleunigt die Reinigungsperiode. Für mich steht dieser Punkt an erster Stelle. Dabei leistet mir auch die Fieberkurve gute Dienste. Sie ist ein guter Indikator und warnt mich frühzeitig, um möglichen Komplikationen (Gebärmutterentzündung, resp. Vereiterung) vorzubeugen. Zum Auswechseln der Leintücher des Wurflagers installiere ich die Hündin mit ihren Welpen auf einer Reserveliege. Wenn die Hündin draußen ist oder gerade frisst, kommen die Welpen in den vorgewärmten Welpenkorb. In den ersten zwei Wochen benutze ich für die Ausstattung des Wurflagers Flanell-Leintücher (griffig für die Welpenpfoten), die auf einer weichen, waschbaren Unterlage liegen. Darauf sieht man alle Spuren, die mir einen Überblick über den aktuellen Reinigungszustand der Hündin und in den ersten Stunden mögliche Rückstände von abgegangenem Welpenpech geben. Dank diesem weichen, gut gepolsterten Bett hat bei mir noch nie eine Hündin einen Welpen erdrückt. Anstelle der Leintücher werden sehr oft die praktischen Vetbeds benutzt, die eine zusätzliche Filterfunktion erfüllen, indem die Oberfläche trocken bleibt (mit dem System »Pampers« vergleichbar). Ich setze sie ein, sobald die Ausscheidungen der Welpen mengenmäßig zunehmen.
Mehrere über den Tag verteilte Kontrollen des Gesäuges erachte ich als unbedingt erforderlich. Auf diese Weise entdeckt man einen Milchstau in seinen Anfängen und kann eine mögliche Mastitis (Vereiterung der Milchgänge in der Zitze) verhindern (s. Teil III, S. 129, Milchstau, Mastitis).

Die Fütterung der Mutterhündin nach der Geburt

Meinen Hündinnen offeriere ich schon während den Geburtspausen Honigwasser, denn sie geben doch mit jedem neuen Welpen Körperflüssigkeit ab. Zudem steht frisches Wasser immer bereit.

■ Beim Neugeborenen ist der vordere Teil des Körpers, vor allem sein Saugapparat gut entwickelt.

■ Der kräftige Nacken unterstützt bei der Schwerarbeit Trinken.

■ Endlich ausruhen: der Lohn nach der Anstrengung.

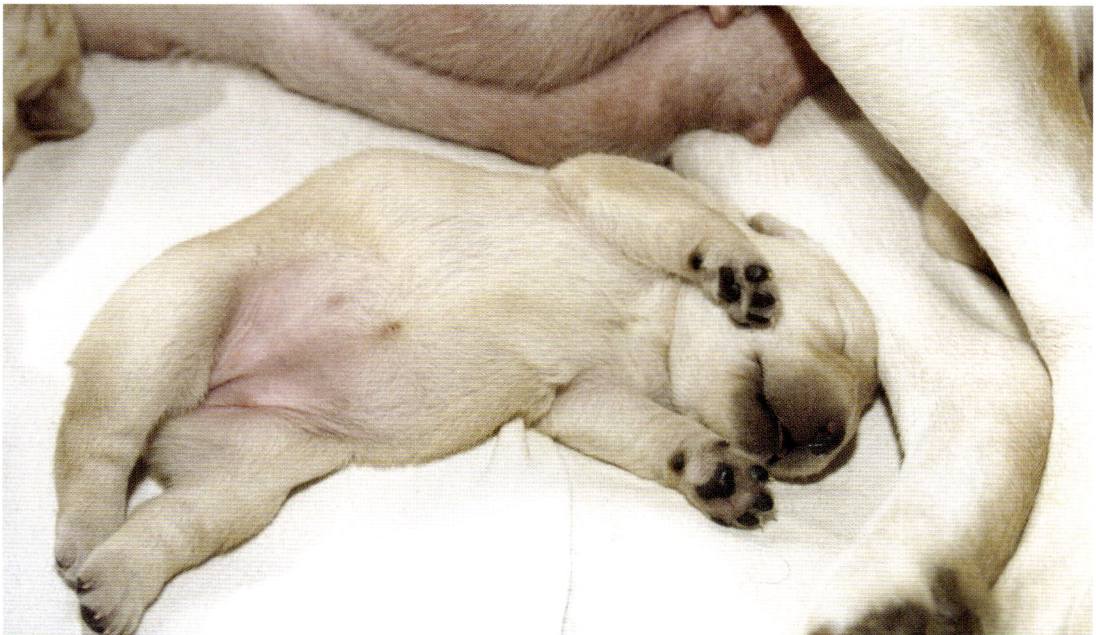

■ Der Bauch ist voll, Wohlbefinden tritt ein, der Welpe sucht den Kontakt mit der Mutter. (Fotos: Ciccozzi)

■ Nach der Geburt wird der Mutterhündin die erste Mahlzeit ans »Wochenbett« serviert. (Foto: Spiess)

Wenn sich eine Geburt länger hinzieht und die Hündin sehr gefordert ist, wird sie dankbar einige wenige Schokoladestückchen nehmen, um ihren Energiehaushalt etwas aufzubessern. Dies ist natürlich von Rasse zu Rasse verschieden. Meine Labradors sind da möglicherweise ein Spezialfall, die fressen halt fast immer.

Nach beendeter Geburt, wenn die neue Familie sauber und zufrieden installiert ist, bekommt die Hündin eine erste leicht verdauliche Mahlzeit in Suppenform (ans Bett serviert) aus Reisflocken, Fleischbrühe und etwas Frischfleisch bestehend. Durch die gefressenen Nachgeburten und die Geburt als solches, tritt sehr oft in den ersten Tagen Durchfall auf. Um nun die Verdauungsorgane meiner Hündin nicht noch zusätzlich zu belasten, bekommt sie am ersten Tag nur Miniportionen, die jeweils in den ersten drei bis vier Tagen auf fünf bis sechs kleinere Mahlzeiten gesteigert werden. Die erste Portion macht also etwas weniger als die Hälfte einer normalen Fütterungsration aus, wie sie jeweils während der Trächtigkeit verabreicht wurde. Erhielt sie vorher zwei Portionen täglich, erhält sie jetzt mengenmäßig das Drei- bis Vierfache. Der Mengenanteil der Portionen wird sukzessive über die nächsten paar Tage auf die üblichen Normalportionen, die sie vor der Trächtigkeit erhielt, erhöht. Um ihren größeren Flüssigkeitsbedarf zu stillen, offeriere ich ihr zusätzlich zwischendurch ein bis zwei Deziliter Erstlingsmilch (z. B. Welpilac). Frisches Wasser steht zusätzlich stets zur Verfügung.

Während der Säugeperiode benötigen die Hündinnen ein an Eiweiß, Vitaminen und Mineralien reiches Futter. Die Futtermittelindustrie offeriert ein reichhaltiges Angebot für säugende Hündin-

nen, das alle zusätzlichen Bedürfnisse der Mutterhündin deckt.
Bei dieser Form von Fütterung sollen keine Zusatzstoffe (Mineralien) verabreicht werden, denn das Vollfutter wurde nach wissenschaftlichen Erkenntnissen entwickelt.
Ich kenne viele Züchter, die die Ernährung der Hündin selber zusammenstellen.
Für meine Hündinnen im Normalzustand und während der Trächtigkeit habe ich einen Mittelweg der Fütterungsweise gefunden. Sie besteht grundsätzlich aus zwei Gaben (morgens und abends). Neben der Morgenmahlzeit aus einer Mischung aus Getreide und Gemüse mit Frischfleisch, Quark, Hüttenkäse oder Joghurt, erhalten sie am Abend ein eingeweichtes Vollfutter. Während der Aufzuchtsphase verdopple ich die normale Tagesration, wobei dies individuell den Bedürfnissen der jeweiligen Hündin angepasst wird.
Um Ihnen die Auswahl an Ernährungsmöglichkeiten zu erleichtern, füge ich hier noch zwei Beispiele von anderen erfahrenen Züchtern bei:

Die Dachshundzüchterin Sylvie Osterwalder:
»Ob man das Futter fertig zusammengesetzt kauft oder ob man es in Form von Fleisch, Getreide, Gemüse usw. selbst zusammenstellt, ist Ansichtssache. Ich bevorzuge ein ausgewogenes Trockenfutter einer Futtermittelfirma, die ein breit gefächertes Programm für jedes Alter anbietet. Dies gibt mir die Sicherheit, dass es jeder Lebensphase des Hundes entspricht und im richtigen Verhältnis zusammengesetzt ist. Wenn ich Anzeichen der Trächtigkeit meiner Hündin feststelle, normalerweise ab der 5. Trächtigkeitswoche, teile ich die normale Tagesmenge in zwei Mahlzeiten ein. Zusätzlich bekommt die Hündin Mineralstoffe, Vitamine, Spurenelemente in ausgewogener Form. Lassen Sie sich vom Tierarzt beraten, damit es nicht überdosiert wird. Etwa zehn bis vierundzwanzig Stunden vor dem Werfen verweigern unsere Hündinnen das Futter. Dies ist für mich ein Zeichen der bevorstehenden Geburt der Welpen. Da die Mutterhündin die Nachgeburten frisst, hat sie unmittelbar nach dem Werfen keinen Hunger. Es ist jedoch wichtig, dass sie genügend Flüssigkeit zu sich nimmt. Man kann dem Wasser Honig beimischen, jedoch bevorzugen die meisten Hündinnen frisches Wasser. Milch vertragen nicht alle Hunde, denn es kann Durchfall verursachen. Einige Stunden nach dem Wurf haben die Hundemütter jeweils wieder gesunden Appetit und unsere bekommen zum normalen Futter etwas Rahmquark. Das Futter verabreiche ich während der Säugezeit weiterhin in zwei Portionen. Manche Hündinnen nehmen während der Aufzucht der Welpen stark an Gewicht ab. Es ist wichtig, dass dann die Futtermenge erhöht wird. Falls nötig, kann man beim Tierarzt eine sehr kalorienhaltige Paste (Nutrical) kaufen und verabreichen. Wenn die Hündin ihr normales Gewicht wieder erreicht hat, reduziere ich das Futter auf die gewohnte Menge, denn auch bei Hunden ist Übergewicht der Gesundheit nicht förderlich. Als Zwischenmahlzeit lieben meine Hunde kleine Fruchtstücke, Möhren usw., aber man darf nicht übertreiben, ansonsten könnten vor allem Hunde, die dies nicht gewohnt sind, Durchfall bekommen.«

Die Neufundländerzüchterin Cathérine Büttner:
Meine Hündinnen fasten einige Stunden vor der Geburt konsequent. Während der Geburt, die bei großen Würfen über acht, neun Stunden dauern kann, reiche ich ihr jeweils ein wenig Sauermilch mit einem Teelöffel Honig angereichert. Manchmal wird diese aber nicht angenommen und die Hündin trinkt lieber einen Schluck Wasser.
Ich mag es nicht besonders, wenn sie alle Mutterkuchen frisst, doch zwei bis drei soll sie ruhig zu sich nehmen. Nach der abgeschlossenen Geburt ist die Mutter meist zufrieden und müde. Sie trinkt etwas Wasser und wenn sie mag, bekommt sie Bioflocken mit etwas Muttermilchersatz, z. B. Espilac, angerührt. In den nächsten drei bis vier Tagen füttere ich eher zurückhaltend. Neben dem Muttermilchersatzprodukt bekommt sie etwas

gekochtes Gemüse (Karotten), Bioflocken mit gekochtem Pouletfleisch. Das frisst sie gerne. Sie bekommt relativ kleine Portionen in vier Mahlzeiten unterteilt. Sobald die richtige Milch einschießt, bekommt sie so viel Futter, wie sie möchte und wie sie es gewohnt ist: Sauermilch mit geriebenem Apfel, Honig, verschiedene gekochte Fleischsorten, Gemüse (solche, die nicht blähen) und die gewohnten Flocken – dazwischen einen großen Hundekuchen.«

Die Bedeutung der Muttermilch in den ersten fünf Lebenstagen

In den ersten Tagen nach der Geburt (ca. fünf Tage) enthält die Muttermilch das sog. Kolostrum. Das sind Antikörper, die das Neugeborene vor Infektionen schützen. Ohne die Unterstützung dieses Abwehrsystems sind die Überlebenschancen der Welpen extrem gering. Diese Erstlingsmilch schützt die Welpen in den ersten Tagen gut, nimmt aber graduell sehr schnell ab. Ein Welpe hat bei der Geburt noch *keine* Abwehrkräfte, sein Immunsystem beginnt sich erst ab ca. dem 12. Lebenstag langsam aufzubauen. Zusätzliche Abwehrunterstützung nach der Geburt geben Immuninducer. Ab der sechsten Woche beginnt im Normalfall das Impfprogramm.

Der Eiweiß- und Fettgehalt der Hundemilch ist viel höher als bei der Kuh- oder Ziegenmilch:

- Hund: 9,0–9,8 % Fettgehalt; 7,3 % Eiweißgehalt,
- Kuh:3,5–3,8 % Fettgehalt; 3,5 % Eiweißgehalt.

Was muss ich über das Entwurmen wissen?

Ich gehe bewusst nicht auf die einzelnen Wurmarten im Detail ein, denn schlussendlich spielt es keine große Rolle, ob wir wissen, wie viele Arten existieren, sondern wichtig ist nur, dass wir wissen, dass sie lebensgefährlich sind oder sein können.

Würmer sind immer noch einer der größten Feinde der Welpen. Dass spätestens in den ersten *zehn* Lebenstagen erstmals entwurmt werden soll, ist darin begründet, dass die Welpen bereits im Muttertier Wurmlarven aufnehmen und somit belastet sind.

Leider ist die Meinung noch immer weit verbreitet, dass diese Gefahr heutzutage nur noch gering sei, da man die Hunde regelmäßig entwurmt und daher bei den Welpen dies erstmals mit drei Wochen oder noch später macht.

Tatsache ist, dass regelmäßig entwurmte Hündinnen trotzdem ihre Welpen infizieren und das bereits während der Trächtigkeit. Die Larven der Spulwürmer entwickelten sich aus Wurmeiern, die über den Darm ausgeschieden wurden. Diese Larven werden vom Muttertier über die Atemwege oder über die Nahrung aufgenommen. Über die Darmwand gelangen sie in den Blutkreislauf oder das Lymphsystem. Von dort nisten sie sich im Muskelgewebe oder in inneren Organen ein und können dort über Jahre inaktiv sein. Jene Larven, die in die Lunge des Wirtstieres gelangt sind, finden z. T. über den Rachen ihren Weg in das Verdauungssystem, entwickeln sich im Darm zu Würmern, die wiederum Eier legen – und der ganze Kreislauf beginnt von vorne. Während der Trächtigkeit wird durch den veränderten Stoffwechsel der Hündin dieser ruhende Pol von Wurmlarven »geweckt« und gelangt über die Plazenta in die Muskulatur und die Leber der noch ungeborenen Welpen. Nach der Geburt wandern sie in den Darm der Welpen und entwickeln sich zu Würmern, die ab 21. Lebenstag Eier produzieren. Die Würmer scheiden zusätzlich noch Gift aus, das die Welpen sehr belasten kann. Wenn der Organismus eines wurmverseuchten Welpen dann noch zusätzlich durch andere Keime belastet wird, wird er aller Wahrscheinlichkeit nach ein Todeskandidat sein.

Wurmverseuchte Welpen können auch die Mutterhündin gefährden, indem durch ihre Ausscheidungen bei ihr eine Tetanie (Krampfanfall) ausgelöst werden kann und sie komplett ausfällt (s. Räber, *Brevier neuzeitlicher Hundezucht*). Diese Symptome sehen für den Laien ähnlich wie die gefürchtete Eklampsie aus, bei der jedoch der Auslöser hormonellen Ursprungs ist. In beiden

Fällen ist sofort der Tierarzt beizuziehen, und die Welpen sind sofort zu entwurmen.
Ähnlich wie bei den Spulwürmern verläuft die Entwicklung beim Hundebandwurm, nur, dass er dazu mehrere Wirte benutzen kann. Einer davon ist der Floh. Flohbekämpfung, resp. Flohprophylaxe ist ein Muss für jeden Hundezüchter und jeden Hundebesitzer. Der Hundebandwurm hakt sich an der Darmwand seines Wirts fest. Seine Glieder besitzen einen zwittrigen Geschlechtsapparat. Dies bedeutet, dass sie sich eigenständig vermehren können. Seine Larve bohrt sich durch die Darmwand in den Blutkreislauf und kann sich in der Leber und der Lunge von Mensch und Tier einnisten und ist für beide Spezies eine nicht zu unterschätzende Gefahr.
Aus diesen Erläuterungen können Sie auf der einen Seite erkennen, dass der Hund als solches und die Welpen im Besonderen ideale Wirte für Darmparasiten sind. Auf der anderen Seite müssen wir Menschen zur Kenntnis nehmen, dass diesen Parasiten beizukommen äußerst schwer ist und all unsere Sorgfalt erfordert, weil sie ein extrem ausgeklügeltes System der Fortpflanzung besitzen.
»Ihr Entwicklungsgang ist mit einem oder mehreren Wirtswechseln verbunden, und die Ausbildung der einzelnen Stadien ist auf eine möglichst ausgiebige Vermehrung und aussichtsreiche Ausbreitung von Wirt zu Wirt zugeschnitten« (Alfred Kühn, in: *Grundriss der allgemeinen Zoologie*).
Daher ist dem Entwurmen unserer Hunde, auch im Hinblick der Gefährdung von uns Menschen, insbesondere kleiner Kinder, größte Beachtung beizumessen.
Welpen, die von diesen Parasiten befallen sind, haben ein stumpfes Fell und aufgeblähte Bäuchlein. Hier heißt es, wie gesagt, sofort handeln.
Entwurmungsmittel für Welpen gibt es als Sirup und in Pastenform. Beide Formen eignen sich für ganz junge Welpen, weil sie leicht einzugeben sind.
Obwohl ich die Homöopathie wo immer möglich einsetze, verlasse ich mich hier in den ersten Lebenswochen meiner Welpen auf die Produkte der Schulmedizin.
Für die Freunde der Homöopathie gibt H. G. Wolf in *Unsere Hunde gesund durch Homöopathie* eine genaue Anleitung, wie vorzugehen ist.

Mein Entwurmungsschema:
Erstmals zwischen dem sechsten und dem zehnten Lebenstag. Wiederholung am 21. Tag, spätestens aber nach zwei Wochen und so fort. Sobald die Welpen auf feste Nahrung umgestellt haben, kann man von Paste/Sirup auf Tabletten übergehen, wobei dann ein Mittel gewählt werden sollte, das auch die Bandwurmarten bekämpft. Wichtig ist, dass der Welpe kurz bevor er erstmals geimpft wird, nochmals entwurmt wird. Damit entlastet man ihn von evtl. Wurmtoxinen und er verarbeitet die nachfolgende Impfbelastung leichter.
Würmer haben frische Rohfleischnahrung nicht gern. Das kann man sich zunutze machen, indem man den Welpen ab drei Wochen kleine Portionen rohes Frischfleisch (nie Schweinefleisch) verabreicht.

Tipp
Wurmeier können über Jahre inaktiv überleben und auf den nächsten Wirt warten. Daher ist es unerlässlich, einen früher benutzten Welpenauslauf gründlich zu desinfizieren (Kaliumpermanganat oder kochende Lauge), bevor dort wieder neue Hundekinder einziehen. Andere wirksame Produkte zum Desinfizieren erhalten Sie über den Tierarzt oder die Apotheke.

Woche eins

Aufgaben-Überblick:
- Das Muttertier täglich kontrollieren (Fieber messen und medizinisch versorgen)
- Vitalitätskontrolle und Wiegen der Welpen
- Aufzuchtsprotokoll nachführen
- Wurfmeldung abschicken
- Betreuung der zukünftigen Welpenbesitzer.

Ruhe und Geborgenheit

In den ersten Tage nach der Geburt sind für die Welpen und die Hündin vor allem Ruhe und Geborgenheit (saugen, schlafen und Brutpflege) wichtig. Ich gewöhne mir vom ersten Tag einen Stundenplan an. Dabei entsteht ein bestimmter Tages- und Nachtrhythmus, der dem Ruhebedürfnis des Wurfes entgegenkommt. Mein Stundenplan sieht etwa so aus:

Morgens nach der Erstversorgung (Versäubern und Fütterung) der Hündin wird das Wurflager neu eingebettet. Temperatur-, Ausfluss- und Gesäugekontrollen sowie die medizinische Versorgung folgen.

Nun werden die Welpen gewogen und ihr Zustand überprüft. Sie sollten sich prall anfühlen. Die Nabelschnurstümpfe sollten abgetrocknet sein und werden in den nächsten Tagen abfallen.

Nach jeder weiteren Fütterung (alle vier Stunden) wird die Hündin ins Freie geführt und das Lager, wenn nötig, neu eingebettet.

Während der freien Stunden beschäftige ich mich mit einer leisen Arbeit, die ich gut neben der Wurfkiste erledigen kann. Aktivitäten, die Hektik verbreiten könnten, werden vertagt.

Viele Welpen verlieren in den ersten Stunden nach der Geburt geringfügig etwas an Gewicht, sollten aber am zweiten Tag wieder zunehmen oder mindestens das Geburtsgewicht erreicht haben. Der Gewichtsverlust ist darin begründet, dass erstens Neugeborene vor dem ersten Ausscheiden von Körperflüssigkeit und dem Welpenpech gewogen wurden und zweitens der Milcheinschuss bei der Hündin noch im Gang ist und die Höchstleistung noch nicht erreicht wurde.

Das Aufzuchtsprotokoll wird genau nachgeführt. Bei der Hündin werden, wie schon anderswo erwähnt, möglicherweise noch sog. Nachwehen folgen, die den Reinigungsprozess beschleunigen. Sie wird dabei zu hecheln anfangen (kann auch durch den Milcheinschuss ausgelöst werden), beruhigt sich aber bald wieder und wendet sich wieder intensiv dem Brutgeschäft zu.

Die Krallen der Welpen sind über die paar Tage härter geworden und wachsen ziemlich schnell. Je nach Rasse müssen sie erstmals gekürzt werden. Ich benutze dazu eine gebogene Schere mit stumpfen, abgerundeten Spitzen. Damit ist die Gefahr gebannt, dass ich wegen eines zappelnden Welpen abrutsche und ihn möglicherweise verletze. Nagelklipper eignen sich auch hervorragend dafür.

Nicht vergessen!

Vergessen Sie ob der allgemeinen Wonne nicht, dem Rassezuchtverein oder der zuständigen Stelle die Wurfmeldung zukommen zu lassen. Je nach Reglement müssen Sie bereits die Anträge für die Ahnentafeln stellen. Aber das gültige Vorgehen haben Sie ja sicher schon vor dem Wurftermin abgeklärt.

Befassen Sie sich bereits jetzt mit der Namensgebung der Welpen. Beziehen Sie den künftigen Besitzer nach Möglichkeit in diese Überlegungen ein.

Betreuung der zukünftigen Welpenbesitzer

Nachdem Besuche erst etwa ab der dritten Woche ratsam sind, sollten Sie die Zeit bis dahin nutzen, um die zukünftigen Welpenbesitzer zu informieren (lange Telefongespräche), über das, was bald auf sie zukommen wird. Sie finden in Teil IV dieses Buches gezielte Anleitungen dazu und in Teil VI sind Merkblätter aufgeführt, die Sie kopieren und an Ihre Welpenkäufer weiterleiten können. Investieren Sie bitte viel Zeit in die neuen Besitzer – es wird Ihren Welpen zugute kommen!

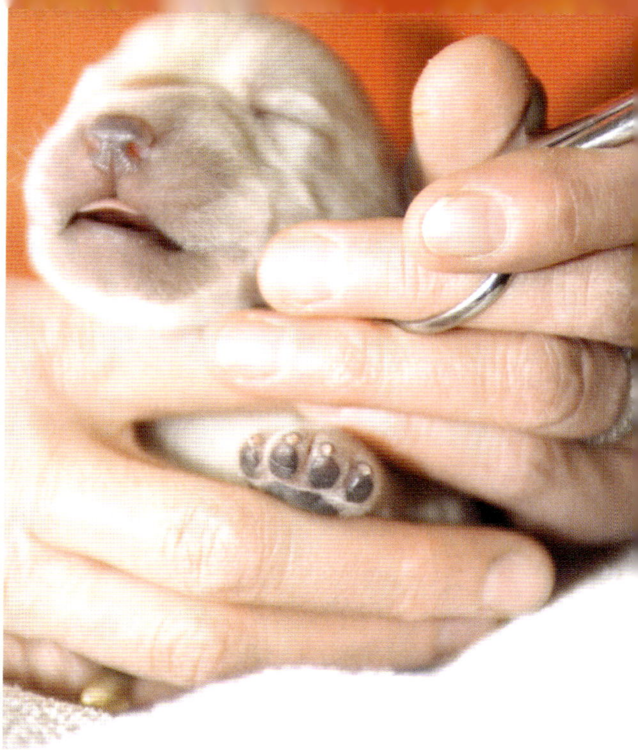

■ Zum Krallenkappen sitzt man bequem und hält den Welpen am besten auf dem Schoss.

■ Achten Sie darauf, dass Sie nur die äußerste Spitze der Kralle erfassen.

■ Die Pfote wird zwischen zwei Fingern fixiert.

■ Für die Krallen der Hinterhand ist enorm viel Fingerspitzengefühl gefragt. (Fotos: Ciccozzi)

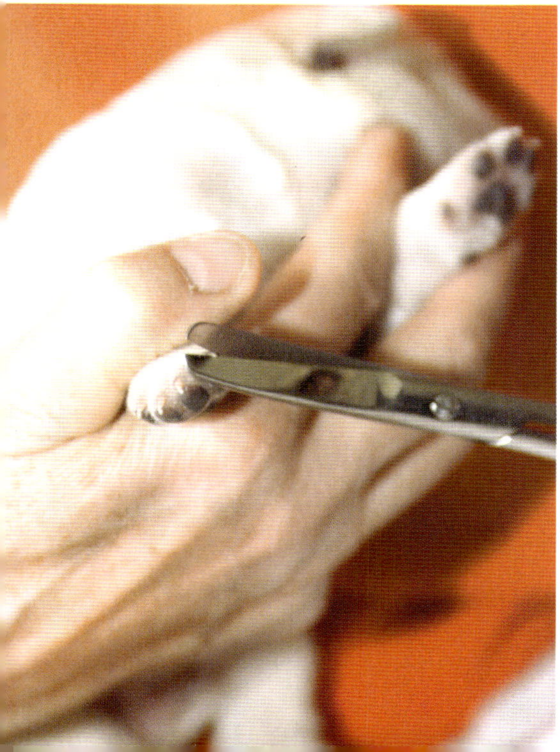

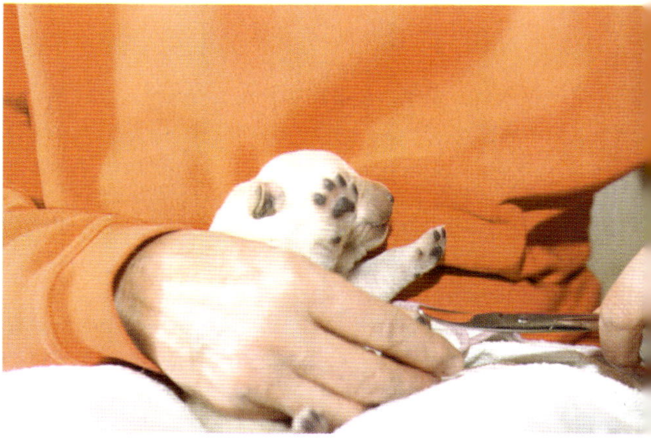

Woche zwei

Aufgaben-Überblick:
- Tägliche Kontrolle des Muttertieres (Fieber messen und medizinisch versorgen)
- Vitalitätskontrolle und Wiegen der Welpen
- Erstmaliges Entwurmen der Welpen
- Die ersten Besucher sind willkommen
- Aufzuchtsprotokoll nachführen.

Allgemein: die Zusammensetzung der Muttermilch verändert sich; erste Prägungseinflüsse; die Welpen entwickeln sich weiter; die Ohren und die Augen öffnen sich; der Welpe nimmt Kontakt mit seiner Umwelt auf.

Die ersten Tage sollten sich nahtlos an die erste Woche anfügen. Behalten Sie Ihr Kontrollsystem genau bei. Die Gewichtszunahme der Welpen sollte regelmäßig erfolgen und das Geburtsgewicht wird sich nun in diesen Tagen verdoppelt haben. Führen Sie das Aufzuchtsprotokoll nach.
Die Fortbewegung der Welpen macht ebenfalls Fortschritte. Langsam erstarkt die Muskulatur der Hinterhand und man kann erste Ansätze von Gehversuchen beobachten. Sobald ein Welpe sich aus eigenem Antrieb fortbewegen kann, erwacht auch der angeborene Sauberkeitssinn (einer der vielen Schutzmechanismen) das eigene Lager nicht zu verschmutzen und er strebt aus dem Welpenknäuel weg, um sich zu lösen. Dies bedeutet, dass die Enervierung des hinteren Teils seines Körpers fortschreitet und der Versäuberungsmechanismus ebenfalls fast schon selbstständig funktioniert. Diese Aktionen finden aber noch spärlich statt, Hauptbetätigungen sind Saugen, Schlafen, Verdauen, Wachsen ...

Erstmaliges Entwurmen

Ich benutze dazu eine Paste. Die genaue Dosierung nehme ich auf meinen Zeigefinger, öffne mit Daumen und Zeigefinger der anderen Hand behutsam das Mäulchen des Welpen, schiebe die Paste behutsam über der Zunge und streife sie am oberen Gaumen ab. Wenn ich die Paste nur auf die Zunge lege, schieben die Welpen, die sich gegen diesen Fremdkörper sträuben, die Hälfte wieder hinaus und die Dosierung stimmt nicht mehr. Wenn Sie Sirup nehmen, ziehen Sie am besten die abgemessene Portion mit einer Pipette auf und träufeln Sie das Medikament tropfenweise auf die Zunge. Erschrecken Sie nicht, die Lösung wird etwas schäumen.

■ Zum Verabreichen von flüssiger Medizin (z. B. Wurmsirup) öffne ich mit dem Zeigefinger der einen Hand sanft den Fang des Welpen und träufele die Flüssigkeit mit der Pipette langsam auf seine Zunge. (Foto: Ciccozzi)

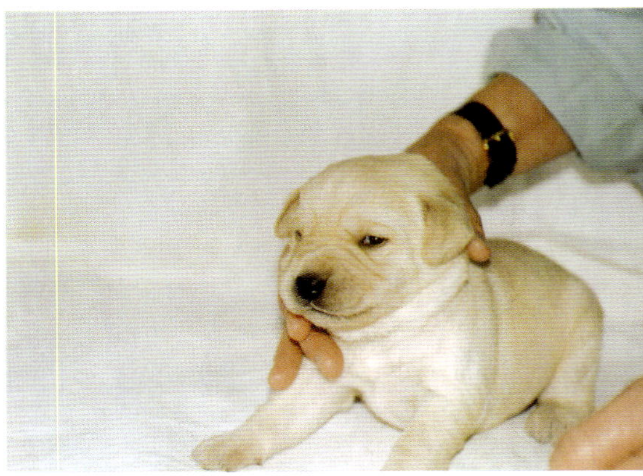

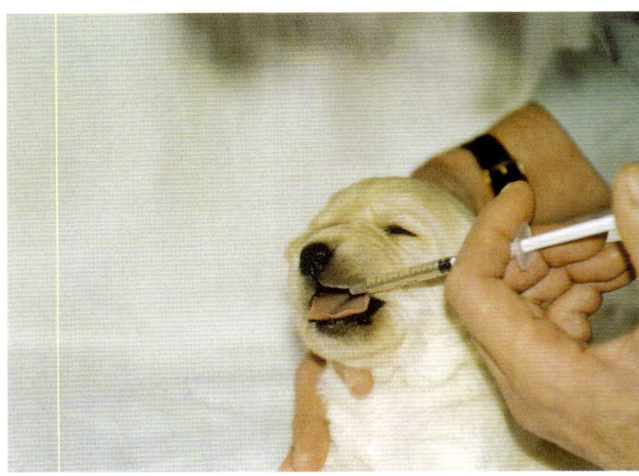

Der Versäuberungsprozess bei der Hündin schreitet fort (Fiebermessen nicht vergessen und Flecken auf dem Lager kontrollieren).
In dieser Zeit verändert sich die Zusammensetzung der Muttermilch. Sehr oft kann man das an den vermehrten Ausscheidungen der Welpen erkennen (der Stuhl kann sich etwas verflüssigt zeigen und hinterlässt manchmal stark gefärbte gelbe Flecken auf der Unterlage). Nach ein, zwei Tagen pendelt sich das wieder ein. In einzelnen Fällen dauert die Unverträglichkeit der Milch etwas länger an und Durchfall ist die Folge. Hier empfehle ich, den Tierarzt beizuziehen.

Die weitere Entwicklung der Welpen

Ungefähr ab dem zehnten Lebenstag kann man Veränderungen bei der Ohröffnung und bei den Augenliedern feststellen.
Bis dahin war ja der Gehörgang des Welpen geschlossen und sie nahmen ihre Umgebung nur über den Riech- und den Tastsinn (Wärme- und Körperkontakt mit dem Muttertier, Geruch des Züchters z. B. bei der täglichen Wiegezeremonie) wahr. Nun lösen sich kleine, schuppenartige Hautpartikel von der Ohröffnung ab. Im Abstand von zwei, drei Tagen kann man beobachten, wie sich der Gehörgang öffnet. In dieser Zeit achte ich ganz besonders darauf, dass rund um das Welpenzimmer eine ruhige Atmosphäre herrscht. Dies bezieht sich nun auch vermehrt auf meine Stimme. Bis jetzt galt mein einschmeichelnder, lobender oder aufmunternder Ton je nach Situation ja ausschließlich dem säugenden und pflegenden Muttertier. Nun aber beginnt mein Dialog mit den Welpen. Meine ist die erste menschliche Stimme, die sie wahrnehmen. Daher ist wichtig,

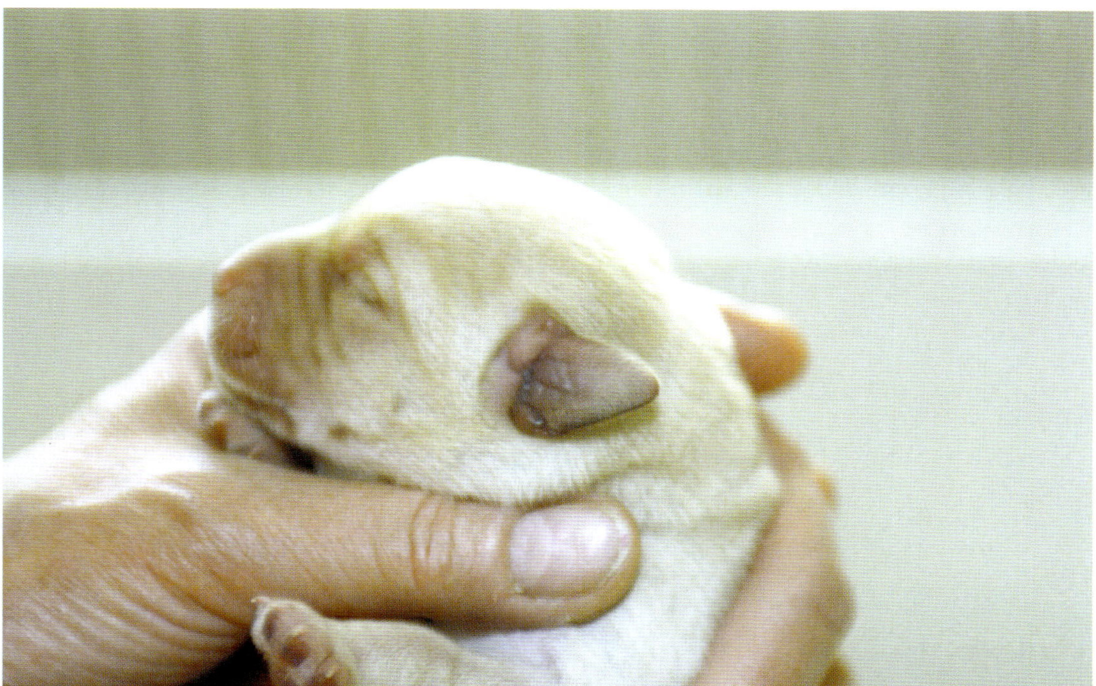

■ In der zweiten Woche lösen sich feine Hautpartikel vom sich langsam öffnenden Ohrengang. (Foto: Ciccozzi)

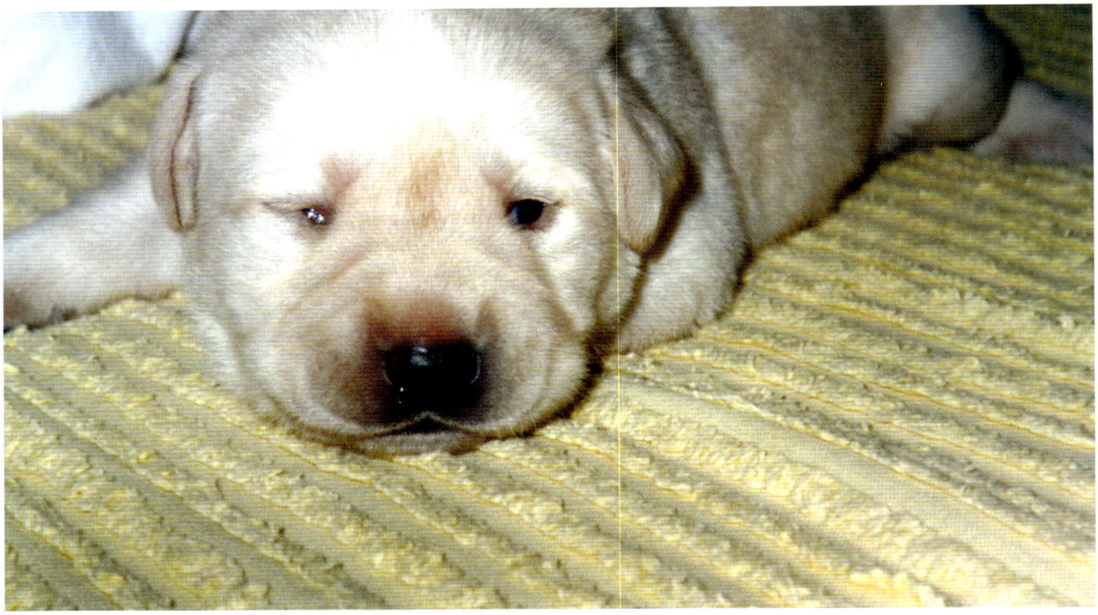

■ Die Augen öffnen sich zuerst nasenseits. Diese Phase bis zur vollständigen Öffnung kann bis zu zwei Tagen dauern. Vorerst können die Welpen nur hell und dunkel unterscheiden. (Fotos: Wild, oben; Grimm)

dass dieser Vorgang im Hinblick auf eine optimale Prägung ruhig und sanft vor sich geht. Durch sanftes Streicheln und eine der Situation angepasste Stimme kann ich die Welpen an mich gewöhnen.

Sobald die Welpen hören, ändert sich ihr Verhalten. Lagen sie gestern noch wohlgenährt wie blinde Maulwürfe in der Kiste, kann man erkennen, dass sie bei ihren Krabbelversuchen, die nicht mehr eindeutig nur zur Milchquelle hinführen, manchmal innehalten oder (wie Schutz suchend) sogar an Ort und Stelle verharren und ihr Unbehagen mit der Stimme kundtun. Damit Sie sich ein besseres Bild machen können, wie es für den Welpen sein muss, wenn er plötzlich hört, können Sie sich ja einmal für ein paar Minuten Ihre Ohren gut zustopfen. Wenn Sie loslassen, werden Sie erstaunt sein, wie laut Sie die Umwelt wahrnehmen.

Die Gehversuche der Welpen machen Fortschritte, sind aber noch immer mehr oder weniger wackelig. Die Hinterhandmuskulatur erstarkt von Tag zu Tag mehr.

Nach zwei, drei Tagen beginnen nun auch die Augen sich zu öffnen. Zuerst vergrößern sich die Augenlider. Es bilden sich kleine Wülste. Wenn man den Welpen gegen eine Lichtquelle hält, kann man bei der inneren Lidspalte (zum Nasengang hin) ein Aufblitzen erkennen. Nun dauert es noch ein, zwei Tage, bis das Auge vollständig geöffnet ist.

Der Hund ist ein Bewegungsseher. Er sieht anders als der Mensch. Sie werden beobachten können, dass der Welpe nicht sofort fokussieren kann. Aber sobald er bewusst sehen kann, geschieht ein kleines Wunder: Der Welpe wird mit Ihnen Kontakt aufnehmen! Für mich als Züchter ist das jedes Mal wieder ein beglückender Moment, wenn dieses kleine Häuflein Hund von einer Minute auf die andere als eine eigenständige Persönlichkeit vor mir auftritt und sagt: »Hallo, ich freue mich, dich zu sehen!«

Die Mutter und die Wurfgeschwister sind dem Welpen ja schon über den Geruchs- und Tastsinn von allem Anfang an vertraut. Nun kommt noch das einander Sehen dazu. Sie sind sofort miteinander vertraut, sie kennen sich ja! Nun kann man beobachten, dass ihr Drang zum »Erforschen« erwacht, indem sie jetzt ihren Fang zu Hilfe nehmen, um alles etwas »genauer unter die Lupe zu nehmen«. Sie ertasten mit dem Fang das Gesicht des anderen Geschwisters und das der Mutter. Jedes Mal bringen sie mich zum Lachen, wenn sie in ihren ersten spielerischen Kampfansätzen aufeinander vorpreschen, um sich beim »Treffpunkt« dann knapp zu verpassen, weil ihr tollpatschiger Bewegungsablauf noch nicht ganz koordiniert eingespielt ist! Manchmal passiert auch das Gegenteil: Eigentlich möchten sie auf den Kontrahenten losstürmen, schalten aber eben mangels Koordination den »Rückwärtsgang« ein. Ihre Körperbalance kann noch nicht ausgewogen sein, weil ihr Kopf im Verhältnis zu ihrem Körper noch überdimensioniert ist. Ihre »Bergsteigerneigungen« kommen auch schon zum Zug, wenn sie über die liegende Mutter klettern. Sehr oft landen sie dann in einer »Rutschpartie« zwischen Muttertier und Wurfkistenwand – spätestens hier wird eindeutig klar, wieso die Absperrstäbe montiert wurden.

Alle diese neuen Aktionen sind von den Welpen auch stimmlich begleitet. Ihre Lautäußerungen sind nicht mehr zu überhören und die Ausdrucksweisen werden differenzierter. Ich kann immer wieder beobachten, dass ein einzelner Welpe herzerweichend heult, dann kurz innehält, indem er angespannt zuhört, um dann sein inniges Heulkonzert fortzusetzen. Da bilde ich mir dann jeweils ein: »Aha, jetzt hört er sich selbst, nur realisiert er das noch nicht!«

Die Welpen kennen mich nun gut, von allem Anfang an über den Geruch, dann über die Stimme und jetzt auch über die Augen. Unsere Kommunikation läuft nun auf allen drei Ebenen. Zudem setze ich mich zu ihnen in die Wurfkiste, wo sie über meine Beine krabbeln und erste »Bergsteigerversuche« starten, an meinen Socken und am Pullover ziehen, während ich sie abwechslungsweise auf die Arme nehme und ihnen Liebeserklärungen ins Ohr, resp. unter den Behang flüstere!

■ Man kann sich jetzt erkennen und schon finden kleine Kampfspielchen statt, die noch harmlos sind, weil die Zähne noch nicht durchgebrochen sind. (Foto: Wild)

Der Drang zum selbstständigen Versäubern wächst von Tag zu Tag. Der Radius der Urinspuren rückt immer weiter Richtung Randregionen des Lagers. Die Hündin putzt eifrig alle festen Spuren weg, wobei die »Bächlein« nicht mehr alle aufgefangen werden, da ihr Volumen natürlich auch größer wird.

Besucher sind jetzt willkommen

Sobald die Welpen ihre Augen geöffnet und mit der engeren Umwelt Kontakt aufgenommen haben, sind nun auch Besucher herzlich willkommen. Es empfiehlt sich aber am Anfang, den »Besucherstrom« etwas zu dosieren. Nicht jede Hündin wird die Fremdlinge »mit offenen Armen« empfangen. Hier bestehen von Rasse zu Rasse und von Hündin zu Hündin enorme Unterschiede. Aber die zukünftigen Welpenbesitzer möchten verständlicherweise endlich ihr Hundekind kennen lernen. Dem sollte jetzt nichts mehr im Wege stehen, nur sollten minimalste hygienische Vorkehrungen eingehalten werden. Logischerweise müssen Welpen sukzessive mit allerlei Erregern konfrontiert werden, um ein gut funktionierendes Immunsystem zu entwickeln, aber zu übertreiben braucht man trotzdem nicht. Bei mir bleiben fremde Hunde der Begleiter zu Hause oder mindestens im Auto, die Hände werden gewaschen und die Schuhe ausgezogen.

Sobald die Welpen größer sind und den Welpenauslauf bezogen haben, werden die hygienischen Maßnahmen gelockert.

Vom verhaltensbiologischen Standpunkt her gesehen sind Besucher aller Art ein absolutes Muss. Welpen, die in frühester Jugend mit allerlei Menschen konfrontiert wurden, werden später bei

Der zukünftige Besitzer macht erstmals Bekanntschaft mit seinem Hundekind. (Fotos: Ciccozzi)

ihrem neuen Besitzer leichter in den Alltag integriert werden können als solche, die in Abgeschiedenheit im Hinterhof aufwachsen. Kinder sind ein ebenso wichtiger Faktor wie ältere Menschen, die vielleicht am Stock gehen, deren Bewegungsablauf etwas ungewohnt ist, oder Menschen, deren Kleidung auffällt. Gerade diese Menschengruppen repräsentieren einen großen Teil des zukünftigen Umfeldes der Welpen. Es liegt an Ihnen, Ihren Welpen so viel Abwechslung wie möglich im Hinblick auf die Sozialisierung zwischen Hund und Mensch zu ermöglichen.
Beispiel: Ich hülle mich hie und da in wallende Gewänder und trage einen bedrohlichen Schlapphut. Die Welpen erkennen mich nicht auf Anhieb. Ich bleibe mitten im Auslauf stehen und warte, bis ihre Neugierde überhand nimmt. Wenn die Welpen anfangen mich zu beschnuppern, nehme ich mit

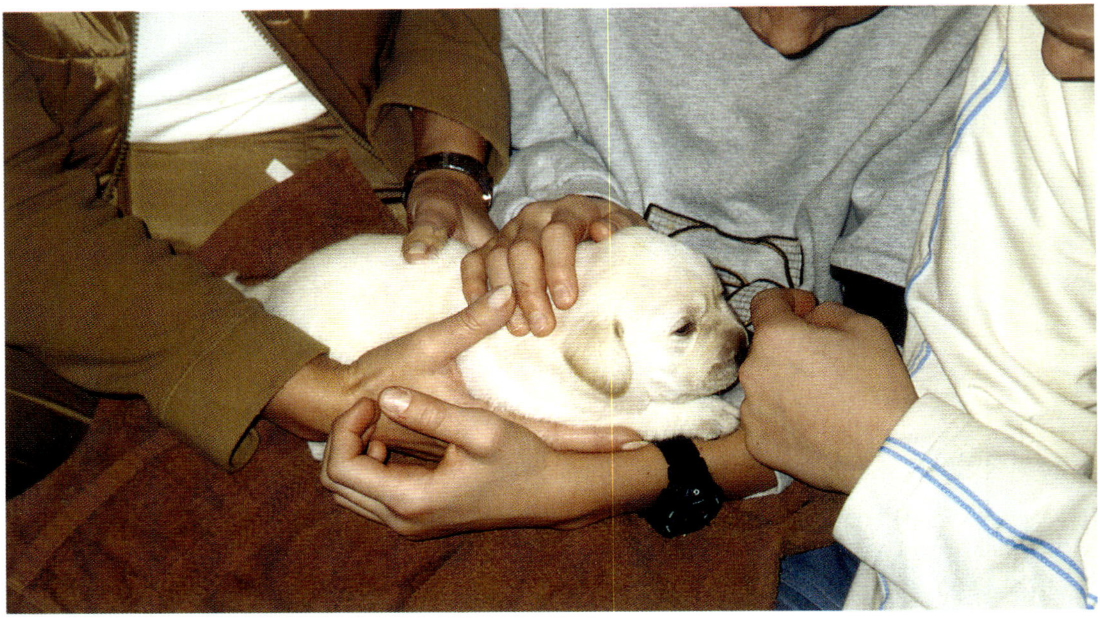

■ Der Welpe sitzt im Schoß seiner zukünftigen Familie und nimmt über ihre Hände ihren Individualgeruch auf. (Foto: Wild)

einschmeichelnder Stimme mit ihnen Kontakt auf. Ihnen hilft jetzt ihr Geruchssinn und meine Stimme – große Erleichterung tritt augenblicklich ein und die Attacke auf mein Gewand folgt auf dem Fuß!

Im meinem Welpenauslauf steht eine Gartenbank. Sie wird rege benutzt. Welpen, die gewohnt sind, dass der Mensch auch einfach nur so dasitzen kann und nicht nur im Gehege zum Füttern und zum Putzen erscheint, lernen in kürzester Zeit, dass diese Menschen jetzt ein Teil ihres Umfeldes geworden sind. Sie nehmen wohl begeistert mit dem Neuankömmling Kontakt auf, gehen aber nach kurzer Zeit wieder ihren Welpenaktivitäten nach. Diese Erfahrung wird ihnen später im neuen Zuhause helfen, sich leichter in das Ungewohnte einzuleben.

Wochen drei und vier

Aufgaben-Überblick:
- Tägliche Kontrolle des Muttertieres (ihr Reinigungsprozess neigt sich dem Ende zu)
- Vitalitätskontrolle und Wiegen der Welpen
- Das zusätzliche Laufgitter einrichten
- Zufütterung mit Welpenaufzuchtsnahrung
- Aufzuchtsprotokoll nachführen.

Allgemein: die Zähne brechen durch; die Beißhemmung entwickelt sich; der Wahrnehmungshorizont erweitert sich.

Nach der relativ ruhigen Phase der ersten zwei Wochen, die mehrheitlich durch Nahrungsauf-

■ Die Besucherbank ist eine ideale Einrichtung zum Kennenlernen. (Foto: Wild)

■ Bei fremden Besuchern sollten gut sozialisierte Welpen freudig herbei eilen. (Foto: Ciccozzi)

nahme, Schlaf und die Pflege durch das Muttertier geprägt sind, wird es in der dritten Woche fast explosionsartig aktiv in der Wurfkiste. Die Welpen hören. Ihre Augen sind vollständig geöffnet, ihre Kräfte nehmen zu, ihr Geburtsgewicht verdreifacht sich (von Rasse zu Rasse verschieden). Der Reinigungsprozess bei der Hündin neigt sich seinem Ende zu.
Ein markantes Ereignis in dieser Phase ist das **Durchbrechen der Zähne**. Die Mutterhündin zeigt es deutlich an – war sie bis anhin noch fast Tag und Nacht ununterbrochen in der Wurfkiste, verlässt sie diese über längere Zeitspannen und kehrt erst wieder dorthin zurück, wenn sie über den Geruchssinn die Ausscheidungen der Welpen wahrnimmt oder ihr Gesäuge Erleichterung gebietet.
Jetzt wird die Türglocke auch wieder auf normal umgestellt, der Tageshaushaltslärm wird langsam wieder auf den normalen Pegel hochgefahren und durch das zeitweise geöffnete Fenster macht sich auch schon dosiert die Außenwelt bemerkbar.
Die Welpen stehen nun gut auf den Läufen, und gehen schon recht gezielt. Ihr Kopf ist im Verhältnis zum Körper immer noch zu groß, deshalb ist ihr Bewegungsablauf noch sehr »kopflastig«.

Das Laufgitter installieren

Um nun den Welpen mehr Raum für ihre Aktivitäten zu bieten, installiere ich ein Laufgitter, das zusammen mit der Wurfkiste eine Einheit bildet. Damit ist die Gelegenheit gegeben, einen Teil als Schlafraum, einen Teil als Aufenthaltsraum und einen Teil als Versäuberungsplatz einzurichten. Die Unterlage des erweiterten Teils ist rutschfest und dort wo versäubert werden soll, lege ich einige Zeitungen, die mit einem Frotteetuch abgedeckt sind, aus. Natürlich braucht es einige Tage, bis die Welpen die Räumlichkeiten differenzieren, aber bis jetzt hat sich dieses System ganz gut bewährt. Jetzt kommen auch schon die ersten Spielsachen zum Zug. Bälle, WC-Papierrollen, zusammengeknotete Stoffstücke eignen sich gut.

Entwicklung der Beißhemmung

Nun kommen auch die spitzen Zähne zum Einsatz! Waren bis dahin die spielerischen Auseinandersetzungen noch zivilisiert (noch zahnlos), geht's jetzt ans Lebendige! Ohren und Ruten sind die bevorzugten Beißobjekte. Das Opfer schreit dann jeweils jämmerlich und wehrt sich nicht, der Täter setzt noch einen drauf und beginnt vielleicht schon mit dem »Totschütteln« und unterstützt seine Handlung noch durch ein beeindruckendes Knurren. Hier sind die »Lehrmeister am Erfolg« in vollste Aktion getreten. Diese Entwicklungsphase muss durchlaufen werden, denn nur so kann ein Hund seine Beißhemmung entwickeln. Greifen Sie wenn möglich nicht ein, auch wenn Ihnen das »Opfer« wahnsinnig Leid tut. Irgendwann erwacht dessen Überlebensinstinkt, es macht »klick« und der Gepeinigte lernt zurückzuschlagen. Um ganz ehrlich zu sein: Ich kann es nie ganz lassen, hie und da einem »Spätzünder« eine kleine Hilfe zu geben, indem ich den Täter kurz am Nacken packe, ohne dass er realisiert, dass ich es war. Es sind nicht immer die Kleinsten, die meine Hilfe erhalten, sondern eher die Sanfteren. Aber auch sie müssen lernen, sich zu behaupten – der Lebenskampf hat ja gerade erst begonnen!
Unsere Sämi war neben fünf Wurfbrüdern und einer Schwester der Winzling im Wurf. Sie hatte während der Beißhemmungsphase wirklich einen schweren Stand gegen die fünf Riesenbrocken von Brüdern und die Schwester. Auch bei ihr war ich immer nahe daran, einzugreifen und sie zu retten. Aber sie hatte den entscheidenden Vorteil, dass sie schneller und wirbliger war als alle andern. Sie lernte daher innerhalb kürzester Frist zurückzuschlagen. Im Alter von sieben, acht Wochen tat sie das jeweils mit Vehemenz, auch wenn sie zu zweit oder zu dritt eingekreist wurde. Sie schlug gezielt zurück und wenn der »Feind oder die Feinde« bezwungen waren, schüttelte sie sich und stolzierte hoch erhobenen Hauptes davon! Sie

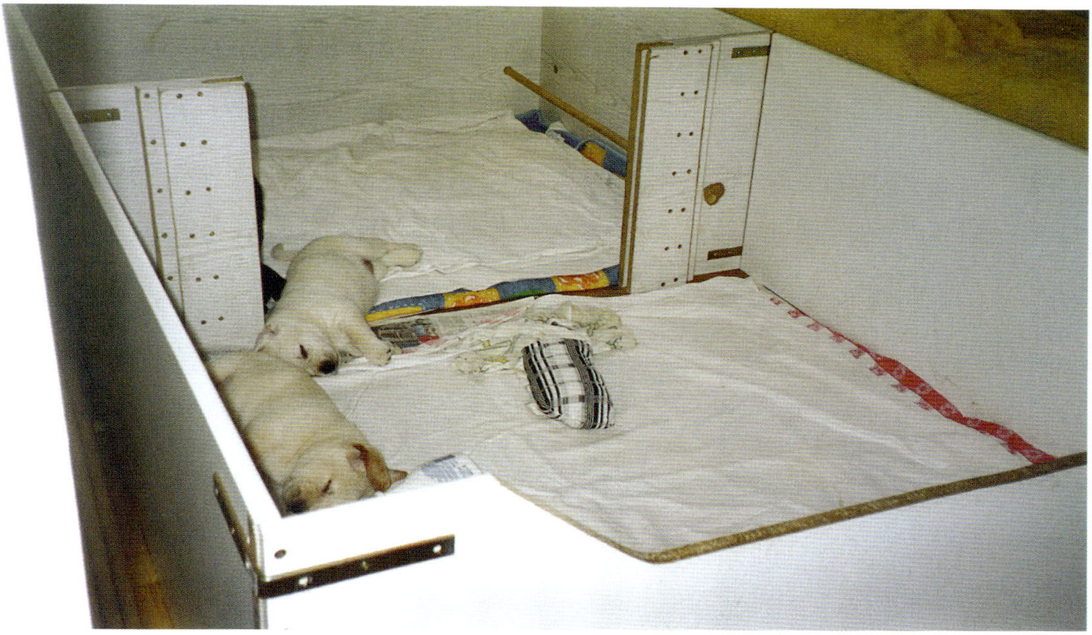

Erweiterte Wurfkiste: Der Einschnitt vorne erleichtert der Hündin den Ein- und Ausstieg. (Foto: Wild)

Der Hündin muss eine Fluchtmöglichkeit offenstehen und sie muss von einem erhöhten Platz aus »alles im Blick« haben können. (Foto: Wittwer)

■ Die Entwicklung der Beißhemmung geschieht während der intensivsten Prägungszeit des Hundes zuerst im Welpenverband mit den Geschwistern und durch die Mutterhündin. (Foto: Ciccozzi)

■ Alte Lederkoffer sind dankbare Objekte für die spitzen Welpenzähne (English Springer Spaniel). (Foto: Schmid)

entwickelte sich zu einer souveränen aber trotzdem toleranten Hündin, die mich über 13 Jahre lang kompromisslos durch »dick und dünn« begleitete.

Zufütterung

Ab ca. drei Wochen beginne ich schrittweise mit dem Zufüttern, indem ich jedem Welpen zwei Tage nach dem zweiten Entwurmungstermin einen Kaffeelöffel voll rohes Rinderhackfleisch anbiete. (Damit vermiese ich auch den evtl. vorhandenen Würmern ihr Dasein im Darm meiner Welpen, s. S. 62.) Für die erste Fleischfütterung nehme ich jeden Welpen einzeln auf meinen Schoß und biete ihm das Fleischbällchen auf meiner offenen Hand dar. Spätestens jetzt kann man erkennen, dass der Hund halt doch ein Fleischfresser ist. Der Geruch muss einzigartig für sie sein, denn sie entwickeln einen solchen Eifer, dass sie oft die Hälfte des Fleisches vor sich herschieben. Fressen muss eben auch gelernt sein und eine kleine Hilfestellung beim ersten Mal ist angesagt. Am nächsten Tag können sie es dann – und wie; der Wolf lässt grüßen.

Der Zeitpunkt der Zufütterung ist individuell sehr verschieden. Es gibt Hündinnen, die können problemlos einen Achterwurf fünf, sechs Wochen ernähren, andere wiederum haben schon nach drei Wochen Mühe, wobei hier sehr oft die durchgebrochenen spitzen Welpenzähne ein wichtige Rolle spielen könnten. Viele Hündinnen bestimmen den Zeitpunkt der Zufütterung selber, indem sie plötzlich eines Tages ihre eben gefressene Mahlzeit wieder hervorwürgen. Dann ist immer auch der Zustand der Hündin ein wichtiger Faktor. Es gibt Hündinnen, die fressen das Vier- oder sogar Fünffache und sehen aus wie ein Klappergestell mit einem Riesengesäuge. Dann spielt halt auch noch der mehr oder weniger ausgeprägte Bruttrieb eine wichtige Rolle.

Somit kann ich Ihnen keine verbindliche Empfehlung machen. Bei mir wird, wie gesagt, mit dem Fleischbällchen begonnen. Je nach Milchleistung des Muttertieres beginne ich dann zusätzlich mit ganz wenig Muttermilchersatz in einem ganz flachen Teller einmal pro Tag (Anleitung s. Teil III, S. 123, Pflege von Flaschen- und Sondenwelpen).

In den nächsten Tagen steigere ich dann langsam zuerst auf zwei, dann auf drei Gaben dieses Muttermilchersatzproduktes im Teller. Auf diese Weise lernen die Saugwelpen eine neue Form der Nahrungsaufnahme.

Die Welpen werden nun immer aktiver, entsprechend verbrennen sie mehr Energie und brauchen punkto Nahrung eine Anpassung.

Sehr beliebt sind Rührei, angereichert mit/oder Hüttenkäse, Quark, Joghurt, Milch, Honig und Milchreis. Die Scottish-Terrier-Züchterin Margot Spiess beginnt damit die Zufütterung ihrer Welpen.

Diesen Eierkuchen geben viele Züchter am Anfang, viele behalten ihn während der gesamten Aufzuchtsphase auf dem Programm für die Vieruhrmahlzeit. Die Welpen lieben diesen Mix.

Sobald meine Welpen routiniert aus dem Teller fressen, verdicke ich die Milch mit Babybrei (Reis, Vollkorn, Gemüse). Nach einigen Tagen gehe ich zu einem Welpenbrei über und wieder einige Tage später zu den definitiven Produkten. Nun entsteht über Tage verteilt langsam ein fixer Futterplan, der jetzt nur noch je nach Wachstumsphase ausgebaut, resp. ergänzt wird. Grundsätzlich fressen meine Welpen mit sechs Wochen jene Nahrung, die sie auch beim neuen Besitzer bekommen: eine Mahlzeit aus Getreideflocken mit Gemüse und/oder Früchten (alles roh), gehacktem Rindfleisch, Quark oder Hüttenkäse oder Joghurt, einmal eine Eier-Milch-Honig-Mischung flüssig und ein Hundekuchen. Zwei Mahlzeiten bestehen aus einem Vollfutter (eingeweicht) und einmal pro Woche gibt's einen Kalbsknochen (z. B. Brustbein). In dieser Zusammensetzung sind für meine Labrador Retriever alle benötigten Stoffe enthalten und Zusatzstoffe müssen nicht beigefügt werden. Mit diesem System lernen meine Welpen die verschiedenen Nahrungsformen kennen. Dies erleichtert es dem zukünftigen Besitzer, für später eine ihm passen-

■ Das Fleischbällchen wird auf der flachen Hand dargeboten.

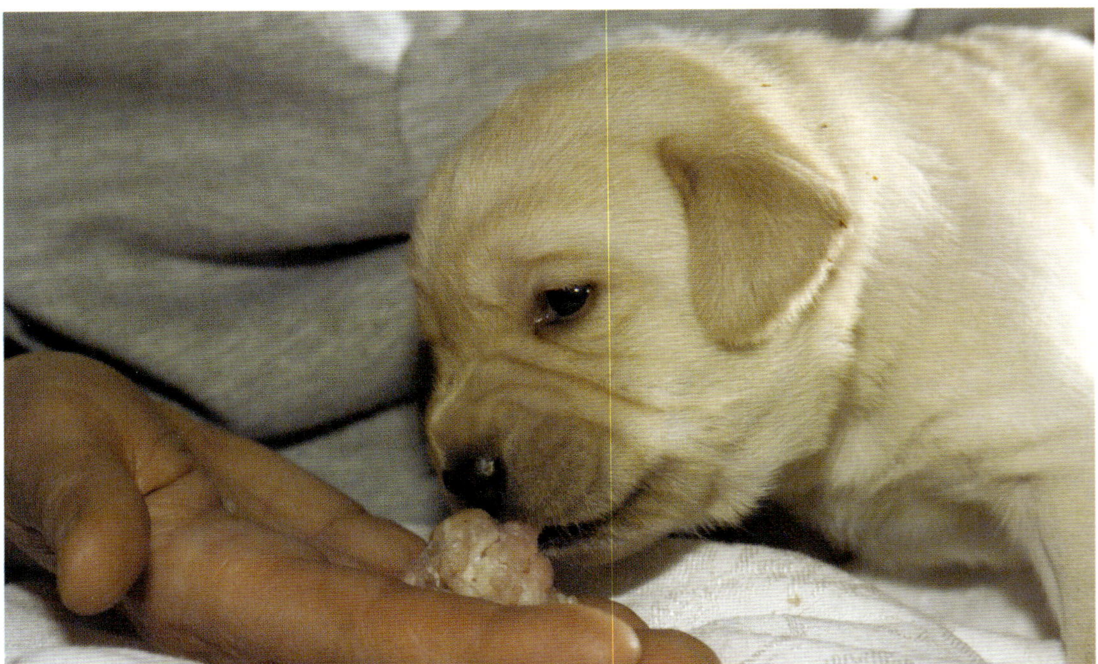

■ Erst wird daran gerochen ...

■ ... dann wird die Zunge zu Hilfe genommen ...

■ ... und vor lauter Eifer wird das Fleisch weggeschubst. (Fotos: Ciccozzi)

■ Die erste flüssige Mahlzeit wir auf einem flachen Teller angeboten, wobei das Milchniveau höchstens ein- bis zwei Millimeter betragen sollte. Dass die Welpen dabei eine großartige Sauerei verursachen, ist natürlich klar. (Foto: Ciccozzi)

de Fütterungsform zu finden, wenn der Hund seine stärkste Wachstumsphase durchlaufen hat.

Welche Aufzuchtsform, ob nun das fixe Welpenaufzuchtsprogramm des Multikonzerns, oder ein Mischprogramm aus Frischfleisch, Flockenmischung, Gemüse, Früchte und Milchprodukten usw., nun das Ei des Kolumbus ist, sei dahin gestellt. In jedem Fall besteht eine gesunde Nahrung für den Hund aus:

- Verdaulichen Kohlenhydraten (Getreide, Kartoffeln, Teigwaren)
- Unverdaulichen Kohlenhydraten (Cellulose = Ballaststoffe)
- Eiweiß (Fleisch, Milchprodukte, Soja)
- Fette und Öle (Butter, tierische Fette, pflanzliche Öle und Fette)
- Mineralstoffe (Kalzium, Phosphor, Natrium, Magnesium, Kalium)
- Spurenelemente (Kupfer, Eisen, Jod)
- Vitamine (Gemüse, Früchte).

Alle im Handel angebotenen Futtermittel sind von hoher Qualität. Welche Produkte der Züchter als die besten für seine Welpen einstuft, ist letztendlich eine subjektive Entscheidung.

Horizonterweiterung

Während ich die erweiterte Wurfkiste reinige und neu einbette, lasse ich die ganze Gesellschaft nun einen Teil der Wohnung auskundschaften. Mit dem Welpenzimmer sind sie gut vertraut, aber die Schwelle zur Diele wird mit größter Vorsicht genommen. Nach kurzen zaghaften Anfängen gehen sie auf Entdeckungsreise. Zu ihrer Unterstützung ist die Hündin mit von der Partie. Sie steuert dann meist zuerst die Küche an und die Meute folgt mehr oder weniger couragiert. Diese Exkursionen ermüden unheimlich und nach kurzer Zeit wird die ganze Gesellschaft wieder in die gewohnte Umgebung verfrachtet. Ich habe mir angewöhnt, die Welpen während ich frühstücke,

■ Erster Ausflug aus der Wurfkiste in den Wohnbereich. Familie Labrador nimmt die Küche in Angriff. (Foto: Wild)

■ Familie Pekingese entdeckt den Salon. (Foto: Schweizer)

■ Eine stolze King-Charles-Spaniel-Mama mit ihren beiden Sprösslingen im Wohnbereich. (Foto: Schweizer)

■ Erstmals draußen auf der Decke beim »Sonnenbaden«. (Foto: Metzler)

in dieser erweiterten Umgebung frei »weiden zu lassen«. Sie lernen dabei schon viele neue Geräusche kennen und werden von Mal zu Mal unternehmungslustiger. Bald einmal kommt der Zeitpunkt, wo auch dieser Freiraum zu eng für sie wird und der Umzug ins Welpengehege anvisiert werden muss. Bei gutem Wetter verfrachte ich die Mutter und die Welpen stundenweise auf eine warme Decke nach draußen. Die Lärmimmissionen der Außenwelt konnten sie bereits durch das zeitweise (dosiert) geöffnete Fenster kennen lernen.

Nun aber werden sie eins zu eins damit konfrontiert. Daher beschränke ich diese »Sonnenbäder« auf eine bis wenige Stunden, beim ersten Mal sogar auf Minuten.

Zuerst bleiben sie gewöhnlich auf der Decke bei der Mutter, aber dann, je nach Veranlagung, beginnen sie ihre »Forscherkarriere« in Angriff zu nehmen.

■ Sobald die Welpen den Auslauf bezogen haben, beginnt für den Züchter die arbeitsintensivste Zeit. (Foto: Ciccozzi)

Kontrolle der Zahnstellung

Als Formwertrichterin mache ich sehr oft die Beobachtung, dass Hunde sich gegen die Gebisskontrolle sträuben. Dies deutet darauf hin, dass sie diesbezüglich sehr wahrscheinlich von frühester Jugend an schlechte Erfahrungen gemacht haben. Dem können Sie vorbeugen, indem Sie etwas Honig auf den Finger streichen und dann (ohne dem Welpen den Fang gewaltsam zu öffnen) nur kurz vorne von unten her mit dem Honigfinger sanft ertasten, ob die oberen Schneidezähne die unteren überlappen. Dazu kann der Welpe genüsslich den Honig lecken (er macht eine positive Erfahrung). Diese Gebissstellungskontrolle wiederholen Sie jede Woche einmal. Molar- und Prämolarkontrollen sind erst beim bleibenden Gebiss von Bedeutung. Daher drücken Sie ihm nicht unnötigerweise seinen Fang sperrangelweit auf, um zu zählen. Das wäre für ihn eine negative Erfahrung.

Woche fünf

Aufgaben-Überblick

- Welpengehege einrichten
- Spielmöglichkeiten schaffen
- Die Welpen mit Umwelteinflüssen (optisch und akustisch) konfrontieren
- Erste Kontakte der Welpen mit dem Versäuberungsplatz
- Einbezug der zukünftigen Welpenbesitzer und der Besucher in die Lernspirale.

Das Welpengehege

Jetzt ist der Zeitpunkt gekommen, da der Welpenauslauf im Garten bezogen werden kann. Sie kennen ja inzwischen die Vorschriften des Landesverbandes und des Rasseclubs und haben entsprechend gehandelt. Das Welpengehege muss eine bestimmte Größe haben und soll mit verschiedenen Böden (Gras, Stein, Platten, Kies, Erde, Sand) ausgestattet sein. Die Einzäunung muss stabil und verletzungssicher sein. Dazu gehören ein besonnter Bereich und ein Schattenplatz. Ein beheizbarer, trockener, überdachter Teil gehört auch dazu. Zudem sollte dieser Auslauf in unmittelbarem Bereich der Wohnung des Züchters angelegt sein, wobei Sichtkontakt Bedingung ist.

Nun sind Ihnen keine Grenzen gesetzt, mit was für Spielmöglichkeiten sie diesen Spielgarten ausstatten. Viele Züchter haben sich inzwischen mit der Standardausrüstung in Plastik eingedeckt, die von den Rasseclubs und ihren Beratern empfohlen wird. Es gibt hier viele Möglichkeiten, die

■ Springer-Spaniel-Welpen mit Geräten aus Plastik. (Foto: Schmid)

■ Die Umzäunung des Welpengeheges muss verletzungssicher sein. Feuerverzinkte Metallelemente (Gitter oder Streben) sind ideal und zudem ausbruchsicher. (Fotos: Ciccozzi (l), Rohrer (r)).

■ Stofftunnel und Baumstrunk im Labradorgehege (Fotos. Ciccozzi, unten; Wild, oben)

■ Eine Gartenliege bestückt mit einem Strohkissen wird im wahrsten Sinne des Wortes vielseitig genutzt. (Foto: Wild, links; Liechti)

■ Auch eine Schaukel ist ein tolles Spielgerät im Welpengehege. (Foto: Jaussi)

■ Labyrinth im Welpengehege: Parallel zum Außenzaun gesteckt kann man mit einem Absperrgitter leicht eine Art »Zirkus-Tigergang« herstellen. (Foto: Kerl)

■ Ideal bei trockenem Wetter: Kinderspielhaus aus Pappe. (Foto: Kerl)

■ Im Bullmastiff-Gehege muss dieser Büchsenvorhang durchschritten werden, will der Hund vom einen in den anderen Bereich wechseln. (Foto: Wild)

man normalerweise im Kinderspielgarten benutzt, aber auch für Hundewelpen geeignet sind.

Anstelle der Welt aus Plastik kann man auch mit weniger Aufwand einen natürlichen Spielgarten gestalten, der genauso spannend und fördernd sein kann, wie der künstliche. Bei mir steht z. B. ein Baumstrunk, unter den man sich verkriechen kann. Gute Dienste leistet eine Gartenliege aus Holz, die – mit einem Strohkissen versehen – einen wunderbaren erhöhten Ruheplatz bietet und im Untergrund zu einer idealen Höhle wird. Mit kleineren Holzkisten kann man im Baukastensystem wunderbare, ungefährliche treppenartige Hindernisse bauen. Ein Erd- oder Sandhaufen ist ebenfalls ein beliebtes Objekt, das als Feldherrenhügel genauso geeignet ist, wie als Eingangsportal in einen Erdstollen. Ein ausgehöhlter Baumstamm ist polyvalent einsetzbar, sei es als Schlafhöhle oder Spielkorridor. Auch Betonröhren leisten gute Dienste beim Versteckspielen. Autoreifen kann man an einem dicken Seil knapp über dem Boden schwingend montieren, usw.

Um optische und akustische Eindrücke zu vertiefen, hänge ich an einer Wäscheleine abwechslungsweise (nicht jeden Tag) Tücher und Bänder aus Stoff und Plastik auf, die dann im Wind flattern. Ich verpacke mehrere Konservendosen so in einen soliden Stoffsack, dass es schön scheppert. Den kann man nachziehen oder irgendwo so aufhängen, dass die Welpen damit auch durch eigene Initiative in Kontakt kommen.

Je nach Jahreszeit kommen nun die Welpen stundenweise mit der Mutter in den Welpenauslauf. Ihr

■ Zum Hocheben des Welpen stützt eine Hand den Po und die andere fixiert die Vorhand und das Brustbein. (Fotos: Ciccozzi)

Aufenthalt draußen wird nun von Tag zu Tag länger. Auf diese Weise sind die Welpen nach kurzer Zeit mit dem Auslauf vertraut. Und nun passiert Erstaunliches: Nachdem die Welpen auf dem geschützten Lager gesäugt wurden, finden einige auf Anhieb den vorgesehenen Kies-Versäuberungsplatz, auf dem ich vorher die Hündin habe urinieren lassen. Nach einigen Tagen haben auch die langsamsten Entwickler den Weg zum Versäubern gefunden. Natürlich gibt es immer wieder Pannen, vor allem ausgelöst durch Ablenkung, sei es durch Spielen oder andere Umwelteinflüsse. Aber grundsätzlich funktioniert dieses System bestens.

Einbezug der künftigen Hundebesitzer und der Besucher in die Lernspirale

Jetzt ist die Zeit gekommen, um die zukünftigen Hundebesitzer in die Entwicklungsspirale zu

■ Große Freude auf beiden Seiten: Nun dürfen auch Besucher ins Welpengehege. (Foto: Wild)

■ Zur Prägung der Welpen sollte jeder Züchter Kinder zum Besuch einladen. (Foto: Rohrer)

integrieren. Dabei bin ich besorgt, dass ich, wie schon erwähnt, die Besuche in Blockzeiten einteile. Auf der einen Seite, um dem Ruhebedürfnis der Welpen Genüge zu tun. Auf der anderen Seite aber, um auf die vielen Fragen der zukünftigen Welpenbesitzer verbindliche Antworten, Hilfen und Richtlinien geben zu können.

Lieber Züchter, Sie werden nie so viel Kaffee und Kuchen bereitzustellen haben, wie während der intensivsten Aufzuchtsphasen Ihrer Welpen. Aber diese Stunden setzen Sie zum Wohl Ihrer Sprösslinge ein: Ich kann nie genug betonen, wie wichtig die Aufklärung und Vorbereitung der zukünftigen Besitzer Ihrer Welpen ist – alles, was Sie jetzt investieren, kommt den Welpen zugute.

In der warmen Jahreszeit steht bei mir ein Gartentisch in Sichtweite des Welpenauslaufs – und wie sich zeigt, sind die Sperrsitze meistens besetzt, denn man könnte ja dem Treiben der Jungschar stundenlang zugucken!

So nimmt man einen Welpen hoch

Bevor ich die Besucher in das Welpengehege lasse, zeige ich ihnen, wie man einen Welpen hochhebt. Ich beobachte immer wieder, dass die Leute den Welpen an seinen Vorderläufen aufnehmen wollen. Tun Sie das nicht! Die Schulter- und Ellbogengelenke sind nicht in der Lage, das gesamte Gewicht des Welpen zu übernehmen und könnten daher irreparablen Schaden nehmen.

Nehmen Sie den Welpen immer mit beiden Händen auf, indem Sie mit der einen Hand gezielt unter den Po greifen und ihn mit der anderen Hand quasi von vorne her zwischen den Vorderläufen am Brustbein fixieren, um ihn dann liebevoll in den Arm zu nehmen. Um Abstürze der meistens heftig zappelnden Welpen zu vermeiden, bitte ich ungeübte Personen, sich auf den Fußboden zu setzen, damit der »Zappelphilipp« im Notfall aus der dann nur geringen Höhe unbeschadet landet.

Wochen sechs, sieben und acht

Aufgaben-Überblick:

- Anspruchsvolleres Spielzeug zur Verfügung stellen
- Labyrinth im Welpenauslauf bauen
- Den Auslauf erweitern
- Integration der Welpen in die tägliche Haushaltroutine
- Das Erklimmen von Treppenstufen zur Stärkung des Selbstbewusstseins
- Welpen impfen lassen (Impfschema)
- Mikrochip und/oder Tätowierung anbringen lassen.

Allgemein: Das Verhalten des Muttertieres verändert sich: Sie entwickelt sich von der Pflegerin zur Erzieherin und beginnt Nahrung hervorzuwürgen.

Abnahme der Milchleistung und Hervorwürgen der Nahrung

Die Übergänge der fünften und sechsten Lebenswoche sind wiederum fließend. Die Körperkraft der Welpen nimmt nun rapide zu. In der Regel werden sie jetzt voll durchgefüttert und haben sich gut an die Futterzusammensetzung gewöhnt. Die Milchleistung der Hündin beginnt normalerweise vom Zeitpunkt der intensiven Zufütterung der Welpen langsam abzunehmen. Die Milchbar wird meistens nur noch zum »Nachtisch« angeboten. Sehr oft wird beobachtet, dass das Muttertier sein eben zu sich genommenes Fressen den Welpen wieder hervorwürgt. Dann heißt es für den Züchter, die Hündin nochmals füttern. Beobachten Sie Ihre Hündin gut, denn manchmal geschieht diese Würgerei heimlich und man ist bald höchst erstaunt, wieso die Hündin immer mehr vom »Fleisch fällt«.

Spielsachen

Hier sind Ihnen nun wirklich keine Grenzen gesetzt, denn das Angebot der Fachgeschäfte hinkt dem Spielwarenladen für Kinder in nichts nach. Viele Spielsachen werden von den Besu-

■ Wenn die Welpen größer werden, bleibt die Hündin zum Säugen stehen, sei das nun bei den Zwerghunden, wie bei diesen King Charles Spaniels ... (Foto: Schweizer)

■ ... oder bei den Labrador Retrievern. (Foto: Wild)

■ Auch eine Betonröhre ist ein idealer Platz, um Versteck zu spielen. (Foto: Metzler)

chern offeriert. Kontrollieren Sie bitte jedes Objekt auf gefährliche Bestandteile (Glasaugen bei Teddys, Knöpfe aller Art, Plastikgegenstände, die sich in ihre Bestandteile auflösen könnten).

Um dem täglichen Bewegungs- und Entdeckungsdrang zu genügen, braucht es im Angebot der Spielsachen und der diversen Hindernisse im Auslauf viel Abwechslung. Wenn man immer nur die gleichen Objekte liegen lässt, wird es langweilig. Ich habe je einen Satz von vier Objektgruppen zusammengestellt, damit ich damit vier aufeinander folgende Tage abdecken kann. Auf diese Weise bleibt es immer spannend, wobei dann immer noch die Möglichkeit besteht, innerhalb des Spielzeugangebots weiter zu variieren. Zusätzlich kommen je nach Jahreszeit hie und da Überraschungen in den Auslauf, wie z. B. große belaubte Haselruten, große Kartonschachteln oder Holzbalken und Bretter, mit denen neue Hindernisse gebaut werden können.

Das Labyrinth im Welpenauslauf

Susanne Kerl, die bekannte Buchautorin und Hovawartzüchterin erzählt: *Mit welch einfachen Mitteln sich die Spielmöglichkeiten im Welpenauslauf enorm verbessern lassen, fanden mein Mann und ich einmal eher zufällig heraus.*

Eigentlich suchten wir nach einer Möglichkeit, um Gehölze in unserem Garten vor den spitzen Welpenzähnchen zu schützen. Mein Mann baute zu diesem Zweck Welpenzaunelemente (210 cm Länge, 70 cm Höhe), die mit 13 cm langen Metallspitzen überall in der Rasenfläche feststecken und untereinander verschraubbar sind.

Als die fertigen Gitter im Garten standen und auf das Verfrachten an den Einsatzort vor den Büschen warteten, wurden sie plötzlich intensiv in das Welpenspiel einbezogen. Spontan steckten wir einige Elemente parallel zu unserem Gartenzaun, sodass ein etwa 30 Zentimeter breiter Tunneldurchgang entstand. Andere Elemente fügten wir in rechten Winkeln an und schnell entstand ein Gitterlabyrinth, das von den Welpen begeistert für wilde Verfolgungsjagden genutzt wurde. Ab der siebten Lebenswoche steckten wir täglich die 25 vorhandenen Elemente um und ordneten die Winkel anders an, wodurch der Auslauf immer neu strukturiert wurde. Hielt sie das Toben für zu wild, sperrte die Mutterhündin übrigens einfach einen Durchgang ab und quetschte sich mit in die engen Gittertunnel – was die Welpen im Eifer der Verfolgungsjagden nicht davon abhielt, sie als lebendes Hindernis einfach zu überklettern.

Unserer Erfahrung nach schult ein solches Labyrinth das räumliche Vorstellungsvermögen, den Orientierungssinn der Welpen sowie ihr Gedächtnis, erhöht ihre Reaktionsfähigkeit und ihre Suche nach erfolgreichen Problemlösungen. Da sie durch die Gitter zwar sehen, aber weder balgen, noch sich Beute abnehmen können (ein wichtiger Unterschied zu gekauften Gitterelementen mit senkrechten Stahlstreben, die recht weit auseinander stehen), verschafft das Gitterlabyrinth den Welpen immer wieder neue Herausforderungen. Das »Lernen am Erfolg« wird unterstützt: Nur wenn ein Verfolger die richtige Richtung einschlägt, kann er den anderen Welpen erhaschen und ihm z. B. Beute (etwa alte Socken) abnehmen. Nur wenn der Verfolgte raffiniert genug ist und nicht aus Versehen den falschen Weg einschlägt, kann er dem Jäger entkommen!

Unserer Erfahrung nach ist das Labyrinth eine preiswerte und leicht nachbaubare Möglichkeit, Welpenausläufe interessant und immer wieder neu zu gestalten. Praktischerweise lassen sich die Elemente bei jedem Wurf wieder verwenden.

Bauanleitung für ein Labyrinth

Der Rahmen besteht aus Dachlatten (3 x 5 cm). Für ein Element werden zwei Latten von 210 cm Länge und vier von 60 cm Länge benötigt. In die untere Latte werden mittig im Abstand von 2,5 cm vom Lattenende Löcher von 8 mm Durchmesser gebohrt, um dort Nägel von 180 mm Länge und 8 mm Durchmesser durchzustecken. Die 60 cm langen Streben werden im Abstand von 70 cm mit den langen Latten verschraubt (jeweils die 5 cm durch die lange Latte vorbohren, da sie sonst splittert); 2 Schrauben à 5 x 70 mm pro Verbindung. So werden an den Ecken gleich die Nägel sicher fixiert. Kunststoff-ummantelter Volierendraht (erhältlich in jedem Baumarkt) von ca. 10 cm Maschenweite wird auf ein Maß von 205 x 81 cm zugeschnitten. Die Schnittführung erfolgt so, dass am Rand jeweils ein durchgehender Draht und (wegen der Verletzungsgefahr) KEINE kleinen Drahtspitzen stehen bleiben. An den Seiten wird der Rand mittig auf den 5 cm breiten Latten festgetackert (eine Tackerklemme in jede vierte Drahtmasche). Oben und unten wird der Volierendraht einmal um die Latte gelegt. Diesen zunächst auf der Vorderseite festtackern (so wird der Draht gut auf den Rahmen gespannt) und dann den Rand an der Rückseite der langen Latte festtackern. So sind die Ränder des Volierendrahtes sicher und gut am Holz anliegend fixiert und es besteht keine Verletzungsgefahr für die Welpenpfötchen.

Sobald sich die Welpen gut im Welpenauslauf eingewöhnt haben, öffne ich zweimal pro Tag einen weiteren Teil des Gartens, der mit seinen Niveauunterschieden, wie stark bewachsene Böschungen, diverse Wasserquellen und verschiedene Bodenbeschaffenheiten den Horizont erweitern hilft. Hinter dem sicheren Gartenzaun kann man Autos, Traktoren, Fahrräder, Kinder, Erwachsene, fremde Hunde, Katzen, Pferd und

■ Die Hündin erteilt Schelte, der Welpe reagiert beschwichtigend und begibt sich in die Demutshaltung (Niederländische Kooikerhondje). (Foto: Schmid)

■ Die Labradormutter setzt mit dem »Schnauzengriff« ein Tabu. (Foto: Wild)

■ Die Mutterhündin als Spielgefährtin beim Ballspiel und beim »Kampfsport« Seilziehen. (Fotos: Wild)

■ Aufforderung zum Tanz. (Foto: Kerl)

■ Das Lernspiel »Beutemachen« und »Totschütteln«. (Foto: Kerl)

Reiter und vieles mehr auf der Quartierstraße beobachten, riechen und hören. Flugzeuglärm gehört auch dazu. Bei diesen »erweiterten Weidegründen« sind die anderen Hündinnen des Rudels dabei. Diese werden dann in ihrem Verhalten kopiert. Ich bin immer wieder erstaunt, wie schnell sich die Welpen in die Rudelhierarchie einfügen und wie subtil sie zu differenzieren lernen, was bei der einzelnen Hündin erlaubt ist und was nicht. Das Muttertier hat sich in der Zwischenzeit von der pflegenden, besorgten Mutter in eine konsequente Erzieherin gewandelt, die ihre Tabus kurz und prägnant setzt und damit die Welpen nachhaltig prägt. Sie führt dabei einen regelrechten »Schulbetrieb« ein, indem sie jeden einzelnen Welpen abwechslungsweise in Sachen Beißhemmung und Innehalten bei Spielaktionen schult. Es ist daher enorm wichtig, dass die Hündin uneingeschränkt, aber mit Fluchtmöglichkeit, Zugang zu den Welpen hat. Integrieren Sie nach Möglichkeit andere erwachsene Hunde in diesen Entwicklungsprozess. Meine anderen Hündinnen leisten als »Gouvernanten« und »Lehrbeauftragte« der Lernspirale (Weidt) einen wichtigen Beitrag.
Es ist klar, dass bei vielen Züchtern keine weiteren Hunde im Haushalt leben. Hier empfehle ich, die Welpen im Alter von sechs Wochen gegen Parvovirose impfen zu lassen und, sobald sie einen Impfschutz entwickelt haben, sie mit wesenssicheren Besucherhunden in Kontakt zu bringen. Manchmal ist so ein Fremdeinfluss in Sachen »Hundeknigge« wirklich vonnöten, vor allem dann, wenn der Wurf groß ist und die Welpen »Draufgänger« sind (was ja an und für sich wünschenswert ist, nur eben, auf das erträgliche Maß kommt es an!).

Integration des Welpen in die tägliche Haushaltroutine

Bis jetzt fanden die Prägungsabläufe in der Gruppe statt. Genauso wichtig sind aber auch Lehrgänge mit dem einzelnen Welpen ohne die schützende, vertraute Umgebung mit dem Muttertier und den Wurfgeschwistern. Dazu nehme ich die Welpen einzeln zu mir ins Haus. So lernen sie alle erdenklichen optischen und akustischen Quellen des täglichen Lebens kennen (Radio, Fernseher, Telefon, Staubsauger, Waschmaschine usw.). Zusätzlich finden regelmäßige Kontakte mit den übrigen Familienmitgliedern und den anderen Hunden und weiteren Haustieren statt. Diese Begegnungen sind oft dem Zufall überlassen, somit überwache ich, dass jeder Welpe mindestens dreimal pro Woche Haushaltlektion genießt. In diesen Prozess werden die zukünftigen Welpenbesitzer regelmäßig integriert.

Die Treppe als Hilfsmittel

Sie werden jetzt sicher erstaunt sein, dass ich die Treppe als Hilfsmittel zur Prägung einsetze, wo doch jedermann weiß, dass übermäßiges Treppenlaufen schädlich für das wachsende Skelett des Hundes ist. Meine Absicht ist klar: Ich nutze sie nur, um das Selbstbewusstsein des Welpen zu fördern. Es kommt hier auf das Maß an. Die Treppe darf kein Spielplatz werden.
Sobald meine Welpen den ganzen Tag im Auslauf verbringen, wird ihr Nachtlager in die Waschküche im Untergeschoss des Hauses verlegt. Um diesen Niveauunterschied zu bewältigen, werden die Welpen jetzt mit der Treppe (sechs Stufen), die einen rutschfesten Belag hat, konfrontiert. Nebst der Kräftigung der Rückenmuskulatur beim Hochklettern, ist es eine Mutprobe, die das Selbstbewusstsein des Welpen stärkt – es ist ein weiterer Schritt in der Lernspirale nach oben. So lernt der Welpe, dass zuerst unüberwindbar scheinende Hindernisse mit der nötigen Ausdauer bezwungen werden können.
Meine Welpen sind einmal pro Tag auf der Treppe zum Hochsteigen. Wenn ein Welpe das erste Mal unten vor einer Treppe steht, ist er vorerst mal neugierig. Dann wird er versuchen, die erste Stufe zu überwinden. Wenn das (manchmal erst nach einigen Ansätzen) gelingt, also ein Erfolg da ist, wird er mutiger und der nächste Absatz wird angepeilt. Irgendwann kommt der Moment, da sich der Welpe umdreht und sich des Höhenunterschiedes bewusst wird. Bei jedem Welpen, der

in meinem Haus aufgewachsen ist, konnte ich in dieser Situation immer wieder das Gleiche beobachten: Es ist eine sehr ausgeprägte natürliche Hemmung vor Abgründen und Tiefen vorhanden. Dies gilt es von mir erstmals zu respektieren.
Erst wenn alle Welpen das Treppensteigen problemlos bewältigen, folgt der Lehrgang zum Runtergehen. Ich trage den Welpen wie gewohnt runter. In meinen Armen fühlt er sich geborgen. Unten angekommen setze ich mich auf den Boden und stelle den Welpen auf den zweituntersten Tritt. Nun locke ich ihn runter. Dazu nehme ich ein Leckerli zu Hilfe. Dann lasse ich den Welpen bewusst seinen eigenen Weg finden, um seine angeborene Hemmung zu überwinden. Alle Welpen begeben sich zuerst an die Seitenwand der Treppe (sie vermittelt zusätzlichen Schutz) bevor sie, begleitet von meinem verbalen Lob, das Hindernis überwinden.
In der Regel schaffen es alle Welpen nach zwei bis drei Tagen, eine Treppe von einigen Stufen zu überwinden. Aber wie schon eingangs gesagt: Das Treppenhochlaufen ist unschädlich, häufigeres Treppenrunterhopsen ist schädlich für die Gelenke. Deshalb werden meine Welpen nach wie vor am Abend ins Nachtquartier runtergetragen. Aber mit den Erfahrungen auf Treppen sind meine Welpen für ihr weiteres Leben beim neuen Besitzer besser gerüstet.

■ Auf der Treppe lernt der Welpe Niveau-Unterschiede zu überwinden. (Foto: Wild)

Richtig impfen

(Von Marika Neimeier-Förster und Hans-Peter Ottiger, Institut für Viruskrankheiten und Immunprophylaxe (IVI), CH3147 Mittelhäusern)

Impfstoffe gelten zu Recht als die wirksamsten Medikamente überhaupt. Durch eine Impfung wird der Hund geschützt. In der heutigen Zeit steht eine Vielzahl von Impfstoffen zur Verfügung: Hunde können zuverlässig gegen die wichtigsten schweren oder lebensbedrohlichen Erkrankungen wie Staupe, Hepatitis, Parvovirose und Tollwut geimpft werden. Dafür stehen Einzel- und Kombinationsimpfstoffe zur Verfügung. Dazu kommen eine Reihe von Impfungen gegen Erkrankungen (Zwingerhustenkomplex, Leptospirose, Borreliose, Piroplasmose), die i.d.R. gut behandelbar sind und gegen die je nach dem Umfeld eines Tieres nicht zwingend geimpft werden muss.

Hundestaupe (S)

Die Hundestaupe (S) ist eine hochansteckende Viruserkrankung, die mehrere Organsysteme des Hundes betrifft. Die Ansteckung erfolgt fast immer über den direkten Kontakt von Hund zu Hund. Auch wildlebende Fleischfresser können daran erkranken und somit das Virus ausscheiden. Eine indirekte Übertragung durch Kleidung oder Gegenstände ist möglich.

Das Virus besitzt die Fähigkeit, einige Tage außerhalb des Tieres zu überleben.

Die Symptome sind vielfältig und werden meist mit hohen Fieberschüben begleitet. Das Virus befällt entweder gleichzeitig oder zeitlich ver-

■ Pekingese ... (Foto: Schweizer)

■ Japan Chin ... (Foto: Schweizer)

■ King Charles Spaniel. (Foto: Schweizer)

setzt die Atemwege (Nasenausfluss, massiver Schnupfen bis hin zur Lungenentzündung), den Magen-Darmtrakt (Appetitlosigkeit, Abmagerung, starkes Erbrechen, schleimige Durchfälle), die Haut und Zähne (stark verhornte, rissige Pfoten, Zerstörung des Gebisses) und die Augen (Bindehautentzündung, eitrige Entzündungen des Auges, Erblindung). Aufgrund der starken Schmerzen meiden die betroffenen Tiere häufig das Sonnenlicht. Besonders schwerwiegend ist der Befall des zentralen Nervensystems. Solche Tiere bieten ein besonders trauriges Bild: unkoordinierte Bewegungsabläufe, Lähmungserscheinungen und Krämpfe bis hin zur Bewusstlosigkeit. Viele Staupeerkrankungen verlaufen tödlich. Überstandene Staupeinfektionen hinterlassen in der Regel Dauerschäden.

Impfstoff: In der Schweiz und Deutschland sind Staupeimpfstoffe nur als Kombinationsprodukte zugelassen. Das Impfschema sieht eine Grundimmunisierung durch zwei Impfungen in der 8. und 12. Lebenswoche vor.

Hepatitis (H)

Die Hepatitis (H) wird gleichfalls durch Viren verursacht. Wie bei der Staupe steht auch hier die Ansteckung über direkten Kontakt im Vordergrund. Die Krankheitserscheinungen gleichen denen der Staupe. Die Tiere haben hohes Fieber, verweigern die Nahrung und zeigen bei Berührung des Bauches starke Schmerzen infolge der stark entzündeten Leber. Die Welpensterblichkeit ist hoch. Auftretende Spontanblutungen lassen den Besitzer eher an einen Unfall oder eine Vergiftung denken. Trübungen der Augenhornhaut sind häufige Folgen einer durchgemachten Erkrankung.

Impfstoff: Als Impfstoff sind ausschließlich Kombinationspräparate mit anderen Infektionserregern des Hundes erhältlich. Das Impfschema sieht eine Grundimmunisierung durch zwei Impfungen in der 8. und 12. Lebenswoche vor.

Parvovirose (P)

Bei der Parvovirose (P) handelt es sich um eine hochansteckende, virale Darmerkrankung, welche mit starken, schleimig-blutigen Durchfällen einhergeht. Beim Welpen hat die Krankheit früher häufig zum Tod durch Herzmuskelentzündung geführt. Das Virus wird über den Kot ausgeschieden. Es ist in der Umwelt über Monate überlebens- und ansteckungsfähig. Die Hunde stecken sich direkt über den Kot infizierter Tiere an. Eine große Gefahrenquelle stellt gleichfalls der indirekte Übertragungsweg durch an Kleidung oder an Gegenständen haftende Viren dar. Gegenüber herkömmlichen Desinfektionsmitteln ist das Virus sehr widerstandsfähig. Die Anfälligkeit ist bei Welpen und Junghunden besonders hoch.

Impfstoff: Diese Impfstoffe sind als Mono- oder Kombinationsimpfstoffe verfügbar. Das Impfschema ist abhängig vom Infektionsdruck. Die frühestmögliche aktive Schutzimpfung kann bei einem Hundewelpen ab der 5. Lebenswoche mit einem Lebendimpfstoff erfolgen.

Tollwut (T)

Die Tollwut (T) ist eine durch das Tollwutvirus verursachte, tödliche Erkrankung der Säugetiere. Das Virus kommt hochkonzentriert im Speichel der angesteckten Tiere vor und gelangt über Bisswunden in den Körper. Als Hauptüberträger gilt der erkrankte Fuchs. Es handelt sich hierbei um eine sehr gefährliche, vom Tier auf den Menschen übertragbare Krankheit. Diese ist beim Hund gekennzeichnet durch erhöhten Speichelfluss, Muskelkrämpfe und Lähmungserscheinungen. Die erkrankten Tiere weisen Wesensveränderungen auf, insbesondere eine erhöhte Aggressivität und Beißlust. Die Tollwutimpfung ist in Deutschland obligatorisch. Die Schweiz ist 1999 von der Weltgesundheitsorganisation (WHO) als tollwutfrei erklärt worden. Die Tollwutimpfung für Hunde ist seither in der Schweiz nicht mehr zwingend.

Impfstoff: Inaktivierte Tollwutimpfstoffe sind nur einzeln (CH) oder auch in Kombination (D) erhältlich. Diese Impfstoffe sind ein wertvolles Werkzeug im Kampf gegen die von Tieren auf den Menschen übertragbare Tollwut. Das Impfschema sieht eine Impfung ab dem 5. Lebensmonat vor.

Leptospirose (L)

Eine weitere schwerwiegende Krankheit ist die Leptospirose (L). Diese Erkrankung wird durch Giftstoffe von Bakterien hervorgerufen. Neben schweren Allgemeinstörungen wie Fieber, Erbrechen, Durchfall zeigen die befallenen Hunde eine ausgeprägte Muskelschwäche. Letztendlich werden Blutgefässe, Leber und Nieren geschädigt. Die Ansteckung erfolgt meist direkt durch den Harn infizierter Tiere, wobei auch Ratten- und Mäuseharn als Infektionsquelle eine Gefahr darstellen. Das Bakterium findet sich auch in verschmutzten Gewässern (Teiche, Tümpel und Sümpfe). Die Leptospiren können auch für den Menschen gefährlich sein.

Impfstoff Als Impfstoffe sind nur inaktivierte Kombinationspräparate erhältlich. Die Grundimmunisierung erfolgt in der 8. und 12. Lebenswoche.

Zwingerhusten-Komplex

Der Zwingerhusten-Komplex wird ausgelöst durch Erreger viraler und bakterieller Natur. Die Haltungsweise spielt bei dieser Erkrankung eine große Rolle. Krankheitsfälle treten besonders in der kalten Jahreszeit auf. Vor allem Feuchtigkeit und Durchzug begünstigen die Krankheitsentstehung. Intensive Hundehaltung (Zuchten, Tierpensionen, Tierheime) und auch Stress (Hundeausstellungen, Besitzerwechsel, Transport) tragen zum Ausbruch der Erkrankung bei. Aber auch Hunde in Einzelhaltung sind gefährdet, zum Beispiel durch den Kontakt mit anderen Hunden in der Welpenspielstunde, in der Hundeschule oder auf Spaziergängen. Hauptsymptom der Erkrankung ist ein trockener, quälender Husten, der in schweren Fällen zu einer Lungenentzündung führen kann.

Impfstoff: Die wichtigsten Bestandteile dieser Impfstoffe sind die Komponenten gegen Bordetellen und die Parainfluenzaviren. Sinnvoll erscheint eine Verabreichung des Impfstoffes direkt in die Nasenschleimhaut. Die Hunde könnten damit schon ab einem Alter von zwei Wochen geimpft werden.

Borreliose

Die Borreliose zählt zu den bakteriellen Erkrankungen. Erreger der Borreliose sind winzige Bakterien, die wie Korkenzieher aussehen. Als Hauptüberträger fungiert die weitverbreitete Zecke Ixodes ricinus (»Holzbock«). Wildtiere dienen dem Erreger als Reservoir. Oftmals erkranken die Hunde erst Wochen bis Monate nach erfolgtem Zeckenbiss. Fieber und Lahmheit gelten als Hauptsymptome. Bezeichnend für die Borreliose sind schmerzhafte Gelenksentzündungen. Häufig betrifft es verschiedene Gliedmassengelenke abwechslungsweise.
Die erkrankten Hunde lahmen besonders nach dem Aufstehen. Im weiteren Krankheitsverlauf können auch das Herz, die Nieren, das Nervensystem und weitere Organe befallen werden.

Impfstoff: Für Hunde ist ein inaktivierter Impfstoff erhältlich. Das Impfschema sieht eine Grundimmunisierung durch zwei Impfungen ab einem Alter von 12 Wochen vor.

Piroplasmose

Auch der Piroplasmose dienen bestimmte Zeckenarten als Überträger. Hauptsächlich ist die »Buntzecke« Transportmittel für den Erreger. Bei dem Erreger handelt es sich um einen Blutparasiten, welcher sich in den roten Blutkörperchen vermehrt. Die befallenen Hunde neigen zu Blutungen und weisen mit der Zeit eine Blutarmut auf. Das Krankheitsbild zeichnet sich durch Schwäche, Appetitlosigkeit, hohes Fieber und Gelbsucht aus. Leber und Nieren werden im Verlaufe der Krankheit geschädigt. Ursprünglich stammen die Erreger aus den Mittelmeerländern und Ungarn. In den letzten Jahren sind diese bis in den Norden Frankreichs vorgedrungen. In Deutschland sind in den Gebieten entlang der Grenze zu Frankreich und in der oberrheinischen Tiefebene (Freiburg im Breisgau bis Mainz) nachweislich Infektionen aufgetreten. In der Schweiz zählen die Regionen um den Genfer See, Gebiete entlang des Jura und das Seengebiet (Neuenburg, Biel, Murten) zu den gefährdeten Bezirken.

Impfstoff: Für Hunde ist in der CH ein inaktivierter Impfstoff erhältlich. Das Impfschema sieht eine Grundimmunisierung durch zwei Impfungen ab einem Alter von 5 Monaten vor.

Abgabe von Impfstoffen

Die Abgabe von Impfstoffen ist sowohl in Deutschland als auch in der Schweiz gesetzlich geregelt, wonach das Ausführen von Impfungen den Tierärzten vorbehalten ist, die auch einen allgemeinen Gesundheitscheck der Impflinge durchführen. Grundsätzlich sollten die Hunde nur bei guter Gesundheit geimpft werden. Das schließt mit ein, dass sie vorgängig auch entwurmt worden sind, denn nur so kann das Immunsystem unbelastet auf die verabreichten Impfungen reagieren. Ihr Hund sollte mindestens 14 Tage vorher entwurmt werden, da auch ein nicht immer sichtbarer Wurmbefall den Impferfolg schmälern könnte.

In einem Bestand ohne ein besonderes oder hohes Infektionsrisiko (Parvovirose) ist ein allzu frühes Impfen der Welpen nicht zu nötig. Der Wurf einer Hündin erhält nämlich über die Muttermilch einen passiven Schutz in Form von **mütterlichen Abwehrstoffen** (Antikörper). Die erste Milch ist deshalb besonders wertvoll. In den ersten Lebenstagen nimmt ein Welpe diese Antikörper mit der Muttermilch über den Darm in seinen Kreislauf auf. Dies ist nur in den ersten Lebenstagen möglich, da danach die Darmwände für diese Abwehrstoffe nicht mehr durchgängig sind. Deshalb ist es auch so wichtig, dass die neugeborenen Welpen Muttermilch und nicht etwa Milchersatz erhalten, der diese Abwehrstoffe nicht erhält. Die Menge der aufgenommenen Antikörper hängt von den vorhanden Abwehrstoffen in der Muttermilch, der Wurfgröße, der Rasse, der Menge der verdauten Muttermilch und der Wachstumsgeschwindigkeit der Welpen ab. Es erhalten also nicht alle Wurfgeschwister denselben Impfschutz von ihrer Mutter. Dem können Sie ein bisschen entgegenwirken, indem Sie die saugenden Welpen immer wieder an andere Zitzen umsetzen, damit jeder einzelne Welpe genügend Abwehrstoffe aufnehmen kann. Die »Haltbarkeit« der mit der Muttermilch aufgenommenen Abwehrstoffe ist beim Welpen nicht lange. Die Menge nimmt von der Geburt an ab und verschwindet in der Regel bis zur 16. Lebenswoche ganz. Wir haben dann in den ersten Lebenswochen ein Fenster oder eine »kritische Periode«, wo Schutzgrenzwerte unterschritten werden, aber mittels Impfen noch kein nachhaltiger Impfschutz aufgebaut werden kann! Die restlichen, im Blut vorhandenen Antikörper reagieren nämlich mit den eingeimpften Viren und es kann so kein guter Impfschutz aufgebaut werden!

In Zuchten, in denen Parvoviroseprobleme aufgetreten sind oder herrschen, muss aber rechtzeitig geimpft werden und ist auch besonders auf eine gute Immunisierung der Hündin vor der Trächtigkeit zu achten.

Das Impfschema für die Grundimmunisierung der Welpen sollte individuell für den Wurf erstellt werden. Das Alter der Erstimpfung würde idealer Weise durch eine serologische Untersuchung ermittelt, was aber kaum praktikabel ist. Erfahrungsgemäß liegt das günstigste Erstimpfalter in einem kontaminierten (verseuchten) Bestand in der 5. (bis 6.) Lebenswoche. Aufgrund der Wechselwirkung zwischen den aufgenommenen mütterlichen Antikörpern und den Impfviren sind weitere Impfungen bis zur 16. Woche erforderlich, um auch Tiere genügend zu schützen, die bis zu diesem Zeitpunkt noch mütterliche Antikörper aufweisen können.

Tabelle 1: Grundimmunisierung bei normalen Infektionsrisiko (auch als Merkblatt in Teil VI)

Zeitpunkt		
Ab 8.–10. Lebenswoche	1. Kombinationsimpfung	SHP/L
ab 10.–14. Lebenswoche	2. Kombinationsimpfung	SHP/L
ab 20. Lebenswoche	Tollwutimpfung	R

Impfzyklen

Die meisten Welpenbesitzer wundern sich, wenn sie von ihrer Tierärztin oder ihrem Tierarzt weitere Termine für die »Nachimpfung« bekommen. Wenn diese dem Hundehalter die Impfungen als dringende Gesundheitsvorsorge ans Herz legen, möchten sie vermeiden, dass der Hund erkrankt.

Man unterscheidet zwischen der *Grundimmunisierung* und den *Wiederholungsimpfungen*.

Grundimmunisierung: Im ersten Lebensjahr muss das Kindergartenprogramm von Erstimpfungen durchlaufen werden, um das Immunsystem auf seine Arbeit vorzubereiten. Die ersten Impfungen müssen deshalb innerhalb kurzer Zeit hintereinander, in der Regel in Abständen von etwa drei bis vier Wochen, verabreicht werden. So wird das Immunsystem geschult. Da dieser Schutz, ähnlich wie bei den Kinderkrankheiten beim Menschen, dann für lange Zeit anhält, können die Wiederholungsimpfungen (das sind die Trainingseinheiten des Immunsystems im Alter) in viel größeren Abständen gegeben werden. Neuere Untersuchungen geben sogar Hinweise, dass der Impfschutz für einzelne Komponenten zum Teil über mehrere Jahre anhält. Diesbezüglich können Spezialisten auf diesem Gebiet am besten Auskunft geben.

Tabelle 2: Grundimmunisierung für spezielle Impfstoffe besonders gefährdeter Populationen

Ab 2. Lebenswoche	Zwingerhustenkomplex	1 oder 2 Impfungen, je nach Produkt
ab 12. Lebenswoche	Borreliose	2 Impfungen im Abstand von 3–4 Wochen
ab 20. Lebenswoche	Piroplasmose	2 Impfungen im Abstand von 3–4 Wochen

Zum Schluss noch ein Ratschlag: Planen Sie die Schutzimpfungen rechtzeitig vor Antritt einer Reise! Insbesondere sind den länderspezifischen gesetzlichen Regelungen bei Fahrten ins Ausland Beachtung zu schenken.

Impfschema

Wie so ein Impfschema gegen die wichtigsten Krankheiten aussieht, ist aus Tabelle 1 zu ersehen. Davon getrennt sind in Tabelle 2 weitere Impfungen aufgeführt, die zwar erhältlich sind, aber nicht allen Tieren verabreicht werden müssen. Dies hängt sehr von den individuellen Haltungs- und Lebensbedingungen ab, sodass deren Einsatz von Fall zu Fall entschieden werden muss.

Mikrochip und Tätowierung

Es sind weltweite Bestrebungen im Gange, jeden Hund individuell dank eines effizienten Systems jederzeit identifizierbar zu machen. Je nach Bestimmungen des Landesverbandes und der Rassezuchtvereine geschieht das mittels Tätowieren oder dem Implantieren eines Mikrochips. Der Mikrochip ist eindeutig auf dem Vormarsch. Die Bestrebungen, den Mikrochip weltweit einzuführen, zielen dahin, dass jeder Tierarzt, jeder Rasseclub, jede Polizeistelle mittels eines Lesegerätes jeden Hund identifizieren kann.

Beim Tätowieren besteht die Gefahr (vor allem bei stark behaarten Rassen), dass die Tätowiernummer nach einiger Zeit nicht mehr lesbar ist.

Beide Formen (Tätowieren oder Mikrochipen) sind für den Welpen erträglich. Ich persönlich habe mich für den Mikrochip entschieden.

Viele Tierärzte setzen den Mikrochip gleichzeitig, wenn sie den Welpen impfen.

Bei mir werden diese beiden Vorgänge getrennt durchgeführt. Zuerst wird geimpft und nach einigen Tagen gechipt.

Damit der Welpe beim Setzen des Chips in seine linke Halsgegend den möglichen Schmerz weniger wahrnimmt, stelle ich ihn auf einer rutschfesten Unterlage auf einen solide stehenden Tisch und lasse ihn aus einer Tube köstlichen Fleischbrotaufstrich eifrig lecken, während der Tierarzt von hinten her den Chip setzt. Das Leckmanöver wird noch kurz fortgesetzt, um eventuell doch kurz verspürte Schmerzerfahrungen ganz schnell vergessen zu machen.

Tipp: Fleischbrotaufstrich aus der Tube kann in vielen anderen Situationen manchmal Wunder bewirken und Unangenehmes wunderbar kaschieren!

Wochen neun und zehn (für die Schweiz)

Aufgaben-Überblick:

- Welpen ans Autofahren gewöhnen
- Ausflüge in fremde Gebiete unternehmen
- Welpen ans Halsband gewöhnen.

Auto fahren und Ausflüge in fremdes Gebiet

Diese beiden Wochen werden in der Schweiz von uns Züchtern noch zur weiteren gezielten Aufzucht genutzt, während in anderen Ländern meistens mit der zurückgelegten achten Woche der Welpe zu seinem neuen Besitzer kommt. Diese zwei Wochen extra haben u. a. mit dem Impfschutzprogramm zu tun. Ursprünglich wollte man damit erreichen, dass nur Welpen, die einen Impfschutz aufbauen konnten, aus dem Welpenverband entlassen werden. Das war sicher eine sinnvolle Maßnahme, nur stehen mittlerweile Impfprogramme zur Verfügung, die bereits ab der sechsten Woche eingesetzt werden können. Ich könnte mir vorstellen, dass in absehbarer Zeit die Achtwochengrenze auch in der Schweiz eingeführt wird. Als Wesensrichterin befürworte ich die Acht-Wochen-Regelung, weil ein Welpe zu diesem Zeitpunkt neuen Eindrücken gegenüber in einer Weise aufgeschlossen ist, wie das nie mehr der Fall sein wird. Zu keinem späteren Zeitpunkt wird er Neues so locker verarbeiten können wie in seiner neunten und zehnten Lebenswoche.

Ausflug ins Unbekannte verbunden mit der ersten Schwimmstunde.

■ Wehe, wenn sie losgelassen! (Fotos: Schmid)

Um nun diese wunderbare Aufnahmebereitschaft maximal nutzen zu können, heißt es ab jetzt für den Züchter (vor allem in der Schweiz): noch mehr Einsatz, noch mehr »Action«!
Sobald meine Welpen ausreichend geimpft sind, werden sie ans **Autofahren** gewöhnt. Einmal täglich wird die ganze Gesellschaft inklusive Mutterhündin ins Auto verfrachtet. Natürlich beginnt man diese Übung sachte, je nach Veranlagung und Belastbarkeit (Rasseunterschiede beachten). Je nachdem werden die Welpen in den ersten Tagen einfach nur an den Innenraum des Autos gewöhnt (man kann sie dort füttern), dann startet man vielleicht einmal den Motor usw.
Bei der ersten Fahrt wähle ich kleine Nebenstraßen und fahre sachte um die Kurven. Es empfiehlt sich, sich von einer zweiten Person begleiten zu lassen. Als es noch keine dieser heute so praktischen Transportboxen gab, setzte ich jeweils kurzerhand die Zweitperson mit den Welpen und der Hündin in den Laderaum, damit ich mich voll auf den Straßenverkehr konzentrieren konnte. Mit der Transportbox kann man nun viel einfacher allein die Autoübung »unter die Räder« nehmen, obwohl die beruhigende Stimme einer weiteren Person auf dem Rücksitz manchmal schon den notwendigen zusätzlichen Trost spendet!
Sobald die Autofahrten in den Tagesablauf integriert sind, kann man sie ausweiten. Die Welpen werden nach relativ kurzer Zeit dabei den Schlaf finden und das Autofahren wird für sie zur Routineangelegenheit.
Als weitere Beschäftigung kommen jetzt auch tägliche **Ausflüge in fremdes Gebiet** (Wald und Feld, Gewässer) dazu. Suchen Sie sich ein absolut verkehrsfreies Gelände aus. Für diese Exkursionen ist eine Zweitperson unbedingt erforderlich. Eine Schar Welpen ohne Hilfe aus dem Auto auszuladen schafft man noch locker, sie aber zu überwachen und später wieder einzusammeln und zu verfrachten, ist ein Ding der Unmöglichkeit. Acht Wochen alte Welpen sind unternehmungslustig, neugierig und sehr schnell! Wenn einer etwas auf der linken Seite und ein anderer etwas auf der rechten Seite entdeckt, haben beide »Forscher« augenblicklich ihre »Gefolgsleute«! Sie hingegen können sich nur einem Haufen bemerkbar machen und vielleicht auf ihn Einfluss nehmen, während die andere Gruppe Ihren Blicken entschwinden wird. Nicht nur die Welpen, auch ich bin nach einem solchen Ausflug jedes Mal geschafft.
Die Haushaltroutine sollte in dieser Phase beibehalten bleiben. Als neues Element kommt jetzt noch die **Halsbandgewöhnung** dazu. Das mache ich jeweils mit dem Welpen, der Haushaltlektion genießt (s. Teil IV, S. 156,).
Dass ich in diesen zwei letzten Aufzuchtswochen keine persönliche Freizeit mehr habe, kann sich jeder sicher gut ausmalen. Aber trotz größter Aktivität und Einsatz kommt der Moment, an dem man als Züchter sagen kann: »So, ich habe alles getan, was in meiner Macht und meinen Möglichkeiten stand, nun aber ist jeder einzelne Welpe so weit, dass ich ihm nicht mehr genügend von der Zeit geben kann, die er verdient.« Jetzt ist es für ihn höchste Zeit, dass er von seinem neuen Besitzer gefordert wird, denn das nötige Potenzial bringt er mit, um das zu werden, was wir alle von ihm erwarten: ein toller Hund und Kamerad durch dick und dünn.
An dieser Stelle kann ich auch die immer wiederkehrende Frage beantworten, ob es mir nicht jedes Mal das Herz zuschnürt, wenn ich so ein süßes Hundekind hergeben muss: Ja, natürlich ist so ein Abschied schwer, aber da ich erkenne, dass ich dem Welpen nicht mehr gerecht würde, bliebe er bei mir, fällt es mir leichter, ihn in seine neue Welt zu entlassen, weil ich weiß, dass er am neuen Ort nach bestem Wissen und Gewissen gefördert wird und dort herzlich willkommen ist.

■ Die glückliche Besitzerin holt ihren Welpen unter dem wachsamen Auge der Mutterhündin ab. (Foto: Ciccozzi)

Der Abschied

Aufgaben-Überblick:
- Vorbereitung der/des Welpen
- Ausstellen eines Kaufvertrages
- Die Abgabe der/des Welpen.

Vorbereitungen zur Übergabe der Welpen (auch als Merkblatt in Teil VI)

Empfehlung: Schließen Sie mit dem neuen Besitzer einen Kaufvertrag ab. Die Landesverbände oder die Rassezuchtvereine haben offizielle Formulare, die den juristischen, wie den tierschützerischen Belangen Rechnung tragen. Dies hat nichts mit Misstrauen zu tun, sondern regelt lediglich mögliche Begebenheiten, die für alle Beteiligten heute noch gar nicht absehbar sind.

Planen Sie für die Übergabe des Welpen an seinen neuen Besitzer mindestens eine Stunde ein. Es empfiehlt sich, vorher alle Konditionen festzulegen, damit nicht noch in letzter Minute Unklarheiten verbleiben:

- Vereinbaren Sie mit den Welpenbesitzern genau die Abholzeiten und planen Sie für jeden Welpen individuell genügend Übergabezeit ein. Denken Sie dabei auch an sich, bereiten Sie sich innerlich auf den Abschied von einem entzückenden Lebewesen, mit dem Sie jetzt einige Wochen »per Du« waren, vor.
- Der Futterplan und die Anleitungen zur Integration des Welpen im neuen Heim sind dem Besitzer bekannt und/oder bereits zu einem früheren Zeitpunkt abgegeben worden oder liegen bereit.
- Die Futterrationen für die nächsten (mindestens 10) Tage sind vorbereitet.

Hunde-Kaufvertrag für Welpen und Junghunde

SKG SCS

Alle aufgeführten Positionen oder Teile davon, die nicht Gegenstand des Vertrages sind, deutlich durchstreichen

Verkäufer (Züchter) (Name, Vorname, vollständige Adresse, Tel. Nr.) ____________________

Käufer (Name, Vorname, vollständige Adresse, Tel. Nr.) ____________________

1. Zum Verkauf gelangt folgender Hund

Rasse ____________ SHSB-Nr. ____________

Ruf- und Zuchtname ____________

Geschlecht ____________ Geburtsdatum ____________

Farbe/Abzeichen ____________

Tätowier-Nr. ____________ Microchip-Code ____________

Die Daten der Elterntiere sind aus der Abstammungsurkunde ersichtlich.

Ergänzende Angaben zur Mutter:

vet.-med. Befunde (HD/ED/Augen etc.) ____________

Ausstellungsqualifikationen ____________

Bestandene Prüfungen ____________

Sonstiges ____________

Ergänzende Angaben zum Vater:

vet.-med. Befunde (HD/ED/Augen etc.) ____________

Ausstellungsqualifikationen ____________

Bestandene Prüfungen ____________

Sonstiges ____________

2. Kaufpreis

Der Kaufpreis beträgt Fr. ________ und ist bei Übernahme des Hundes zu bezahlen.

Andere Vereinbarungen hinsichtlich der Bezahlung: ____________

3. Übernahme

3.1 Die Übernahme des Hundes und damit auch der Übergang von Eigentum, Nutzen und Gefahr erfolgen am

(Datum) ____________

3.2 Bei Übernahme des Hundes erhält der Käufer vom Verkäufer unentgeltlich folgende Dokumente und Unterlagen:

- **Abstammungsurkunde der SKG**
- **Internationaler Impfausweis** mit Angabe der bereits erfolgten und noch fälligen Impfungen
- **Fütterungs- und Haltungsanleitung**

Sonstiges: ____________

vet.- med. Atteste: ____________

4. Der Verkäufer sichert dem Käufer zu, dass der Welpe/Junghund

4.1 aus einem Wurf stammt, der in Übereinstimmung mit den Zuchtvorschriften der SKG und des zuständigen Rasseklubs gezüchtet wurde,

4.2 mit einer Abstammungsurkunde der SKG versehen ist, die aufgrund wahrheitsgemässer Angaben des Züchters ausgestellt worden ist,

4.3 sorgfältig und fachgerecht aufgezogen und seinen Bedürfnissen entsprechend gehalten und in seiner Entwicklung gefördert wurde,

4.4 während der Aufzucht ______mal entwurmt wurde, letztmals am (Datum) ____________ mit (Präparat) ____________,

4.5 am (Datum) ____________ erstmals gegen folgende Infektionskrankheiten geimpft wurde: Staupe, Hepatitis, Leptospirose, Parvovirose, Zwingerhusten
Bemerkungen: ____________

4.6 bis zur Abgabe keine wesentlichen Krankheiten (z.B. Parvovirose) durchgemacht hat und an ihm keine operativen Eingriffe (z.B. Nabelbruch-, Lidschluss-Korrekturen o.ä.) vorgenommen wurden,

4.7 im Zeitpunkt der Abgabe keine dem Züchter bekannten Mängel, Beeinträchtigungen, Defekte oder Krankheiten aufweist.

4.8 Weitere Zusicherungen: ____________

■ Offizieller Kaufvertrag der SKG.

5. Allfällige, dem Züchter bekannte Mängel und diesbezügliche Vereinbarungen
(z.B. Nabelbrüche, nicht abgestiegene Hoden, Rückbisse etc.)

____

____

____

____

6. Der Käufer sichert dem Verkäufer (Züchter) zu, den Welpen/Junghund

6.1 vor/bei der Übernahme geprüft und keine Mängel (Beeinträchtigungen, Defekte oder Krankheiten) festgestellt zu haben, ausser den unter Ziff. 5 genannten,

6.2 nicht für oder im Auftrag von Drittpersonen zu erwerben.

6.3 den Hund nicht an Dritte weiterzugeben bzw. zu verkaufen, ohne den Verkäufer vorgängig davon in Kenntnis zu setzen und ihm Name und Adresse des neuen Eigentümers bekanntzugeben.

6.4 Weitere Vereinbarungen

- Der Käufer bestätigt, sich eingehend über die artgerechte Pflege, Haltung und Erziehung des Hundes und über die besonderen Ansprüche der Rasse informiert zu haben. Er verpflichtet sich, den Hund einwandfrei und seinen Bedürfnissen entsprechend zu halten und in jeder Beziehung optimal zu betreuen und zu pflegen.
- Um dem Verkäufer eine Optimierung seiner Zucht zu ermöglichen, erklärt sich der Käufer damit einverstanden, den Hund im Alter von

  ______________ auf (z.B. HD, ED, PRA, PL, Taubheit oder anderes) ______________
  untersuchen zu lassen und dem Züchter den Befund mitzuteilen.

  Diesbezügliche finanzielle Vereinbarungen: ______________
- Er informiert den Verkäufer über wesentliche Erkrankungen und den Tod des Hundes.
- Sonstiges (z.B. Gewährung eines Zuchtrechtes, Vorführung an Nachzuchtkontrollen, Ausstellungen, Körungen; Einräumung eines Vorkaufsrechtes zugunsten des Verkäufers etc.):

  ____

  ____

  ____

6.5 Der Käufer gibt an, den Welpen/Junghund als Familien- und Begleithund zu erwerben.
Weitergehende Verwendungsabsichten:
(z.B. zur Zucht/zur Ausbildung in einer Gebrauchshundedisziplin/zum Besuch von Ausstellungen/andere)

____

7. Allgemeine Vertragsbestimmungen

7.1. Bestehen Zweifel hinsichtlich des Gesundheitszustandes des Hundes, so ist der Käufer berechtigt, vor der Übernahme auf seine Kosten eine tierärztliche Untersuchung mit Gesundheitsattest zu verlangen. Erweist sich der Verdacht als begründet, trägt der Züchter die Kosten.

7.2. Sollten sich nach der Übernahme des Hundes bis zum Alter von 18 Monaten wesentliche Mängel (z.B. wesentliche Krankheiten, Beeinträchtigungen oder Defekte) ergeben, die nachweislich schon vor der Übernahme des Hundes vorhanden, jedoch auch bei sorgfältiger Prüfung nicht ersichtlich waren, oder weist der Hund ausdrücklich zugesicherte Eigenschaften nicht auf, ist der Käufer berechtigt, den Hund, unter Rückerstattung des vollen Kaufpreises, dem Verkäufer zurückzugeben. Will er den Hund trotz des Mangels behalten, kann er vom Verkäufer eine Rückerstattung bis maximal zum halben Verkaufspreis verlangen.
Wesentlich ist ein Mangel dann, wenn die Verwendung des Hundes zum vorgesehenen Zwecke verunmöglicht oder wesentlich beeinträchtigt ist oder wenn die Lebenserwartung des Hundes erheblich herabgesetzt wird.

7.3 Mängel, die den Käufer zu einer Kaufpreisminderung bzw. zur Rückgabe des Hundes berechtigen, sind nach deren Entdeckung unverzüglich durch einen Tierarzt feststellen zu lassen und dem Verkäufer, unter Beilage des tierärztlichen Befundes, sofort schriftlich mitzuteilen.

7.4 Im übrigen wird jede weitergehende Haftung des Verkäufers für Mängel (Beeinträchtigungen, Krankheiten und Defekte) des Tieres wegbedungen. Insbesondere werden dem Käufer in keinem Fall Tierarzt-, Pflege- und sonstige Unkosten zurückerstattet.

7.5 Verletzt der Käufer die unter Ziffer 6 genannten zugesicherten Sorgfaltspflichten hinsichtlich artgerechter Haltung und Pflege, so ist der Verkäufer berechtigt, geeignete Schritte im Interesse des Hundes einzuleiten (Kontrolle, Anzeige beim Tierschutzverein, Verzeigung bei der Behörde etc.).

7.6 **Als Gerichtsstand vereinbaren die Parteien den Wohnsitz des Verkäufers, derzeit** ______________

7.7 Dieser Vertrag wurde im Doppel ausgefertigt und von beiden Parteien rechtsgültig unterzeichnet.

Ort, Datum ______________ Ort, Datum ______________

Unterschrift des Verkäufers ______________ Unterschrift des Käufers ______________

- Der Kaufpreis ist klar und die Zahlungsmodalitäten sind geregelt.
- Alle administrativen Formulare (Ahnentafel, Impfpass, Verkaufsvertrag, Mikrochipvertrag) liegen bereit.
- Ein Tuch oder ein Spielzeug, das nach Mutter und Wurfgeschwister riecht, bereitlegen.

Bei mir kommt der reisefertige Welpe einige Zeit vor dem Abgabetermin allein zu mir ins Haus. Ich brauche diese Zweisamkeit mit ihm, damit ich ihn leichter »entlassen« kann. Wenn dann seine Besitzer da sind, ist er bereits bei den Finalgesprächen voll dabei. Dies gibt mir dann auch gleich Gelegenheit, ihn in Begleitung seiner neuen Ansprechpartner ins Freie zum Versäubern zu führen und das Ritual des Lobens deutlich vorzuführen.

Wenn alle Formalitäten erledigt und alle noch offenen Fragen geklärt sind, trage ich jeweils das Hundekind bis zum Auto des neuen Besitzers und lege es in die Arme der bereits im Auto sitzenden Begleitperson. Versehen mit meinen guten Wünschen und einer letzten Liebkosung muss ich mich dann abwenden, denn spätestens jetzt fließen die Abschiedstränen!

■ Spätestens jetzt fließen die Tränen. (Foto: Ciccozzi)

Teil III: Komplikationen mit dem Muttertier oder den Welpen

Problemwelpen

Hie und da kommt es vor, dass die Hündin einen defekten Welpen wirft. Es braucht während der Trächtigkeit manchmal nur eine kleine Stoffwechselstörung aufzutreten, die in einer entscheidenden Entwicklungsphase der Föten dann Unheil anrichten kann. Hier spielen natürlich zusätzlich noch die vielen Rassedispositionen eine wichtige Rolle, auf die man, wenn sie bekannt sind, vorbereitet sein sollte. Aber wie gesagt, auch ohne spezifische Rassedispositionen fallen Welpen mit Missbildungen oder angeborenen inneren Defekten.

Diverse Studien stimmen überein, dass etwa 28% der neugeborenen Welpen die ersten fünf Tage nicht überleben. Häufige Todesursachen sind Infektionskrankheiten, Herz- und Kreislaufmissbildungen, Skelettmissbildungen und Defekte beim Nahrungsaufnahme- und Verdauungstrakt, inkl. Leber sowie Störungen des Nervensystems. Manchmal treten die angeborenen Störungen nicht sofort auf, sondern können sich erst nach Tagen, in einigen Wochen oder sogar nach Monaten zeigen.

Welpen mit einem offensichtlichen Defekt, der sie an einem normalen Leben hindern wird, sollten eingeschläfert werden. Lassen Sie sich nicht von der Vitalität eines missgebildeten Welpen täuschen. Hier muss der gesunde Menschenverstand zum Zuge kommen, denn lebenslange Schwierigkeiten sind programmiert. Je nach Schwere des Falles ist die Lebenserwartung defekter Welpen tief (Tage, Wochen, einige Monate usw.). Die in Zukunft zu erwartenden Schwierigkeiten für den betroffenen Hund, den Züchter wie für den Halter werden enorm sein. Es ist meine Überzeugung, dass man es so weit erst gar nicht kommen lassen sollte. Es werden genug gesunde Hunde geboren – freuen wir uns doch an ihnen.

Die Erfahrungen verschiedenster Züchter decken sich: Man ist sich einig, dass es viel gescheiter ist, seine ganze Energie in einen gesunden Wurf zu investieren, statt aussichtslose Experimente zu starten. Auch einen gesunden Wurf aufzuziehen kann einen an seine Grenzen bringen. Wenn dann noch kränkelnde Welpen ohne große Lebenserwartung im Wurf belassen werden, kann das viele negative Konsequenzen mit sich ziehen. Die zusätzliche Belastung der Hündin und der gesunden Welpen kann bei ihnen ebenfalls gesundheitliche Schädigungen verursachen.

Todeskandidaten

Gesunde Welpen fühlen sich prall und warm an, ungesunde Welpen dagegen schlaff. Man kann keine Missbildung erkennen und ihre Atemwege sind frei. Aber sie sind schwach. Sehr oft trinken sie nur für kurze Zeit und lassen die Zitze fahren. Viele dieser Welpen klagen. Sehr oft liegen sie abseits und die Mutterhündin macht keine Anstalten, diesen Welpen zu pflegen.

Sehr oft wurde beobachtet, dass Hündinnen, die Todeskandidaten unter ihren Hundekindern erkennen, sie an den Rand des Lagers schubsen oder sogar auffressen. Dieses Verhalten ist eine stumme Botschaft der Hündin. Da sollte der Mensch genügend Respekt haben und das Unvermeidliche akzeptieren.

Die häufigsten angeborenen Defekte

- **Kieferanomalien** wie Spaltrachen (Gaumenspalte, Lippenspalte, Wolfsrachen) sind eine Hemmungsmissbildung, die an der teilweisen oder totalen Spaltung des harten und des weichen Gaumens zu erkennen sind, die häufig mit Lippen- und Kieferspalten auftritt. Schwere Fälle haben keine Überlebenschance, da die Nahrungsaufnahme stark beeinträchtigt ist. In ganz leichten Fällen (Spalte im weichen Gaumen) kann durchaus chirurgisch geholfen werden. Dabei ist aber zu bedenken, dass dieser Welpe bereits ein Defizit der Nahrungsaufnahme hat und sehr wahrscheinlich die Entwicklungsverzögerung nie mehr wettmachen wird. Erste Anzeichen, die auf einen Gaumendefekt hinweisen, sind ein gurgelndes Sauggeräusch und Milchtropfen, die während des Trinkens durch die Nase austreten.

- Der **Nabelbruch** ist eine Wölbung in der Nabelgegend, hervorgerufen durch Teile der Bauchorgane (Darm). Er kann schon bei der Geburt sichtbar sein, kann sich aber auch erst einige Zeit nach der Geburt entwickeln. Kleine Brüche können spontan heilen. Im anderen Fall ist Chirurgie angezeigt. Für den Welpen ist er meist schmerzfrei.
- Eine **Magenpförtnerverengung** ist in den meisten Fällen erst ersichtlich, wenn man beginnt, den Welpen mit fester Nahrung zu füttern. Die Welpen erbrechen sich ein bis zwei Stunden nach der Nahrungsaufnahme. Es treten Wachstumsverzögerungen auf und die Welpen zeigen eine erhöhte Anfälligkeit für Infektionserkrankungen. Welpen in diesem Alter (vier, fünf Wochen alt) müssen getrennt von ihren Wurfgeschwistern aufwachsen, brauchen strikte Diät (aber häufigere Mahlzeiten, wobei die Nahrungsaufnahme erschwert sein kann), viel Pflege und eine aufwändige medikamentöse Behandlung. Sie verpassen die wichtigen psychosozialen Prägungsphasen, die in diesem Alter von entscheidender Bedeutung für die Ausbildung ihres Wesensgefüges sind.
- **Speiseröhrenerweiterung**: Diese Deformation zeigt sich ebenfalls meist erst, wenn auf feste Nahrung umgestellt wird. Die Welpen erbrechen in unterschiedlichen Zeitabständen und magern trotz Heißhungers stetig ab. In einigen Fällen ist Chirurgie möglich, aber die Folgen sind identisch mit der Magenpförtnerverengung. Aus solchen Welpen werden nie normal belastbare Hunde hervorgehen, weil sie in der wichtigsten Prägungszeit zu große Defizite erlitten haben und gesundheitlich ebenfalls sehr belastet sein können.
- **Harnleiterverlagerung**: Eine Fehleinmündung des Harnleiters verursacht ein ständiges Harntröpfeln. Es besteht eine Disposition zu aufsteigenden Krankheiten. Trotz Operation bleibt die Harninkontinenz bestehen.
- **Allgemeine Wassersucht**: Ein mit Flüssigkeit gefüllter verstorbener Welpe kann die doppelte Größe eines normalen Welpen erreichen.
- **Mumien** sind abgestorbene Föten. Manchmal kann man noch Anlagen des Welpen erkennen; meistens aber handelt es sich bei diesen Mumien nur um eine undefinierbare bräunliche Masse.
- **Infektionen bei neugeborenen Welpen**: Welpen können sich bereits im Mutterleib, bei der Geburt oder danach mit krank machenden Keimen (Bakterien und Viren) infizieren. Die Ursachen sind vielschichtig, z. B. bei Geburtsschwierigkeiten über das Muttertier, zu wenig oder keine Erstlingsmilch oder hygienische Mängel und Vireninfektionen von außen. Je nach Erreger sind ihre Überlebenschancen gering bis gleich null, weil ihr Immunsystem noch nicht funktioniert. Eine weitere Gefahr ist die Austrocknung durch Flüssigkeitsverlust. Da die Körpertemperatur bei Neugeborenen 35–36 °C beträgt und erst mit ca. drei Wochen in den Normalbereich ansteigen kann, sind sie genügend warm zu halten.

Wenn keine oder zu wenig Milch fließt

Bei vielen Hündinnen kommt der Milchfluss nach der Geburt nur zögernd. Es kann eine Weile dauern, bis die Milch einschießt. Das Oxytocin ist ein körpereigenes Hormon, das die Wehentätigkeit auslöst und den Milchfluss steuert. Es ist in der Hirnanhangdrüse gespeichert und wird bei

Bedarf abgegeben. Manchmal liegen Störungen vor. Eine Oxytocingabe kann Abhilfe schaffen. In der Homöopathie kennt man Arnica in der D6-Potenz, das zusätzlich Einfluss auf den Bruttrieb haben kann. Sollte dies nicht genügen, gibt man Urtica urens D30 als einmalige Gabe.

Wenn trotzdem zu wenig Milch kommt, sind Sie gezwungen, zusätzlich Nahrung mit der Flasche oder der Sonde anzubieten, bis die Hündin selber genügend produziert. Wichtig ist, dass Sie dafür sorgen, dass jeder Welpe neben der künstlichen Ernährung in den ersten fünf Lebenstagen bei der Hündin Erstlingsmilch bekommt, damit er einen natürlichen Schutz über die maternalen Antikörper erhält. Es ist wichtig, dass die Welpen bei der Mutter saugen können, damit stimulieren sie zusätzlich den Milchfluss. Zudem ist es im verhaltensbiologischen Zusammenhang entscheidend, dass der Welpe Eigeninitiative entwickelt (Lernen am Erfolg) und sein angeborenes Saugverhalten auch anwenden kann.

Es ist bekannt, dass Hunde, die nur mit der Flasche (also ohne dass sie sich zur Nahrungsaufnahme anstrengen mussten) oder mit der Sonde aufgezogen wurden, im Erwachsenenalter vermehrt an Gegenständen (Tücher, Kissen) saugen und einen ausgeprägten Milchtritt auch in Situationen einsetzen, in denen das gar nicht mehr erwünscht ist (s. S. 123, Pflege von Flaschen- und Sondenwelpen).

Sollte keine Milch kommen, wird es schwierig. Dann müssen alle Welpen mit einem Immuninducer strikt nach den Vorschriften des Herstellers geimpft werden, damit der minimalste Schutz gegen Erreger gewährleistet ist. Die Immunabwehr bei neugeborenen Welpen ist gleich null. Daher ist zusätzlich an Antibiotika zu denken, um die Welpen besser zu schützen.

Die Aufzucht von mutterlosen Welpen oder von Welpen, deren Mutter keine oder zu wenig Milch führt, ist eine »Rund-um-die-Uhr-Arbeit«, da jeder Welpe am Anfang bis zu 12 Mal gefüttert werden muss. Im Klartext heißt das für Sie, dass, sobald der letzte Welpe versorgt ist, der erste bereits wieder an der Reihe ist.

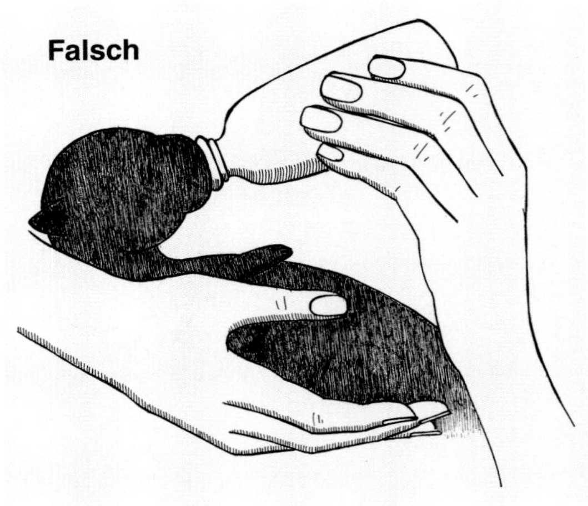

■ Füttern Sie einen Welpen nie wie ein Baby auf dem Rücken liegend, er könnte dabei ersticken.

■ So wird der Welpe beim Füttern richtig gehalten.

Wichtig

Für die Welpenaufzucht mit der Flasche oder der Sonde müssen Sie ein Milchprodukt wählen, das von der ersten Lebensstunde an geeignet ist. Das ist nur über den Tierarzt möglich. Die meisten Futtermittelanbieter offerieren ein Welpenmilchprodukt, das erst vom 21. Tag an verfüttert werden darf.

Aufzucht mit der Flasche

Für die Flaschenaufzucht benötigen Sie Saugflaschen und Muttermilchersatz. Es gibt vom Tierarzt spezielle Saugflaschen in verschiedenen Größen (je nach Rasse). Geeignet sind auch die Saugflaschen für Säuglinge aus der Apotheke. Beide Systeme sind einfach und problemlos zu handhaben. Wichtig ist, dass das Loch im Sauger nicht zu groß und nicht zu klein ist. Die neuesten Sauger sind so konzipiert, dass sie mit drei bis vier verschieden großen Löchern ausgestattet sind und entsprechend eingestellt werden können. Die Milch müssen Sie gemäß der Anleitung auf der Packung zubereiten und die Temperatur auf Körperwärme anpassen.

Halten Sie den Welpen leicht aufrecht gegen ein Kissen gerichtet (Mutterbauchersatz), damit er dagegen seine Milchtrittbewegung ausüben kann. Kommen Sie bitte nie auf die Idee, den Welpen wie ein Kleinkind in den Arm zu nehmen und ihn in dieser Position saugen zu lassen. Die Gefahr, dass er sich verschluckt und dabei erstickt, ist viel zu groß. Dosieren Sie nach Vorschrift.

Um eine genaue Gewichtskontrolle zu haben, empfehle ich, den Welpen vor und nach dem Trinken zu wiegen und über die Ergebnisse genau Buch zu führen.

Aufzucht mit der Magensonde (von Theres Schmid)

Früher oder später kommt jeder Züchter, der diese Tätigkeit über einen gewissen Zeitraum ausübt, an den Punkt, an dem er sich fragen muss: »Tu ich jetzt etwas oder lass ich lieber der Natur ihren Lauf?« Die Antwort auf diese Frage kann möglicherweise über Leben oder Tod seiner Welpen entscheiden:

- Nicht unbedingt, wenn es nur darum geht, einzelnen Welpen, die mit ihrem Start ins Leben etwas Mühe haben, mit Zufüttern auf die Sprünge zu helfen,
- bereits etwas dringender, wenn der ganze Wurf durch Milchmangel der Hündin nicht so recht vom Fleck kommt,
- unbedingt, wenn die Hündin – aus welchen Gründen auch immer – vollkommen ausfällt.

In den letzten beiden Fällen *muss* gehandelt werden und zwar rasch und entschlossen.

Dem Züchter stehen dazu zwei Möglichkeiten zur Verfügung: das Zufüttern von Milch mit der Flasche oder – etwas weniger bekannt – das Füttern mit der Magensonde.

Zum Zufüttern einzelner Welpen ist die Flaschennahrung sicher ein guter Weg; falls es sich aber darum handelt, einen großen Wurf mutterlos aufzuziehen, ist die Fütterung mit der Sonde unbedingt vorzuziehen. Andernfalls kann die Angelegenheit sehr wohl in einen 24-Stunden-Job ausarten: Kaum ist der letzte Welpe satt, beginnt das Spiel von vorne. Weder Züchter noch Welpen kommen jemals so richtig zur Ruhe, es sei denn, man verfügt über eine Anzahl hilfreicher Geister, was kaum je der Fall sein wird.

Wie man Welpen mit dem Fläschchen füttert, kann sich jedes Kind bestens vorstellen, mit der Sonde ist das doch etwas ungewohnter und als ich zum ersten Mal bei einer befreundeten, sehr erfahrenen Züchterin dieser Prozedur beiwohnte, war ich einerseits beeindruckt von der Effizienz dieser Methode, andererseits hoffte ich, das niemals selbst tun zu müssen. Aber wie das Leben so spielt: Gleich bei meinem nächsten Wurf gab es Probleme und ich musste nun wohl oder übel handeln... Ich gestehe, es kostete mich einige Überwindung, aber siehe da – es gelang prächtig.

Das Wichtigste bei dieser Methode ist: Man muss sie sich *zeigen* und *nicht nur erklären lassen*, und wenn möglich das erste Mal auch im Beisein eines erfahrenen Züchters anwenden.

Ein weiterer wichtiger Punkt ist, dass man weiß, dass und warum man etwas unternehmen muss, und dass man entschlossen ans Werk geht; halbherzig und zögernd angegangen, funktioniert es nicht.

Zum Füttern mit der Sonde verwende ich:

1 einen speziellen, ganz dünnen Gummischlauch (Ihr Tierarzt kann Ihnen einen solchen in der richtigen Größe besorgen)

2. eine Plastik-Einmalspritze (vom Tierarzt)
3. eine Säuglingsmilchflasche (wenn möglich aus Glas, nicht aus Plastik)
4. einen hohen Behälter mit heißem Wasser, um die Flasche darin warm zu halten
5. die beste Welpenmilch, die Sie kriegen können und die sich absolut klumpenfrei verrühren lässt
6. eine rutschfeste Unterlage
7. eine Waage.

Die Sonde ist in verschiedenen Größen (Durchmessern) erhältlich, je nach Hunderasse aus Gummi oder Plastik. Ich persönlich ziehe die Gummisonde vor, sie bleibt elastischer, aber heutzutage ist sie kaum mehr zu bekommen. Der kleine Schlauch ist ca. 40 cm lang, hat auf der einen Seite eine weite Öffnung, in die der Ansatz der Spritze gesteckt wird (es gibt dazu auch spezielle Zwischenstücke, mit denen ich aber immer einige Probleme habe, es geht auch ganz gut ohne), am unteren Ende ist die Sonde abgerundet und hat seitlich 1–2 längliche Öffnungen.

Der Magen der Welpen befindet sich ungefähr auf der Höhe der unteren (hintersten) Rippen, also ziemlich weit hinten. Messen Sie nun die Distanz vom Mäulchen des Welpen bis zum Magen – das sind bei einem Welpen einer mittelgroßen Rasse von ca. 350–400 g Geburtsgewicht etwa 10 cm – und markieren Sie diesen Punkt an der Sonde mit einem wasserfesten Stift.

Die Welpenmilch kann – je nach gebrauchter Menge – jedes Mal frisch oder für einen ganzen Tag zubereitet werden; im Kühlschrank hält sie sich problemlos. Für eine mittelgroße Rasse brauche ich in den ersten Tagen ca. 5–7 ml Milch pro Mal und Welpe, messe die nötige Menge ab und halte sie in der Milchflasche und dem hohen Gefäß (z. B. Litermaß) warm. Natürlich gibt es dafür auch die elektrischen Warmhalter mit Thermostat – sehr vornehm, aber auf die einfache Art geht es auch.

Die Milch für die Welpen muss ungefähr die gleiche Temperatur haben wie diejenige für Säuglinge – nicht heiß, aber auch nicht kalt – testen Sie die Temperatur auf der Innenseite Ihres Handgelenks.

Legen Sie die rutschfeste Unterlage auf einen Tisch in der passenden Höhe oder auf Ihre Knie, stecken Sie die Sonde auf die Spritze und ziehen Sie damit die gewünschte Menge Milch durch den Schlauch in die Spritze. Möglicherweise befinden sich noch Luftblasen darin – das passiert mir auch ab und zu – drücken Sie diese vorsichtig heraus und lassen Sie das Ende der Sonde in der warmen Milch.

Fassen Sie sich ein Herz und einen Welpen, atmen Sie tief durch und gehen Sie entschlossen ans Werk:

- Es gibt Welpen, die kapieren sofort, was da passiert und freuen sich auf ihre Mahlzeit, andere finden anfänglich das Gummiding nicht so toll, gewöhnen sich aber rasch daran. Ich halte also den Welpen mit der linken Hand ruhig auf der Unterlage fest, öffne gleichzeitig durch sanften beidseitigen Druck mit zwei Fingern sein Mäulchen und schiebe die mit Milch angefeuchtete Sonde *über* die kleine Zunge durch die Speiseröhre (geht ganz leicht!) bis zu der angebrachten Markierung und bis ich einen kleinen Widerstand spüre (Mageneingang). Die Sonde fixiere ich leicht mit zwei Fingern und drücke den Inhalt der Spritze langsam aber zügig durch die Sonde.
- Sobald die Spritze leer ist, ziehe ich den Schlauch vorsichtig und langsam wieder heraus – fertig!

Die Angst, den Welpen mit der Sonde zu verletzen, ist unbegründet. Solange sie über der Zunge liegt, kann gar nichts passieren, und andersherum geht es gar nicht. Wichtig ist nur, dass Sie ruhig und überlegt handeln und die Sonde bis in den Magen führen und nicht nur halbwegs durch die Speiseröhre: In diesem Fall würde der Welpe die Milch wahrscheinlich wieder ausspucken.

- Sie werden nun mit allen zu fütternden Welpen auf dieselbe Art verfahren und in kürzester Zeit haben Sie den richtigen Dreh raus.
- Wie oft und wann Sie die Welpen wägen, bleibt Ihnen überlassen, ich erledige das normalerweise vor dem Füttern.

■ Um einen Welpen mit der Magensonde zu ernähren, benötigt man einen speziellen, sehr dünnen Gummischlauch (beim Tierarzt erhältlich), eine Einmal-Plastikspritze, eine Säuglings-Milchflasche aus Glas, einen Messbecher oder Schoppenwärmer, um die Flasche warm zu halten, eine rutschfeste Unterlage, eine Waage und natürlich die Welpenmilch, die vom ersten Lebenstag an gegeben werden darf (nur über den Tierarzt erhältlich).

■ Deutlich zu sehen, die Markierungen am Schlauch.

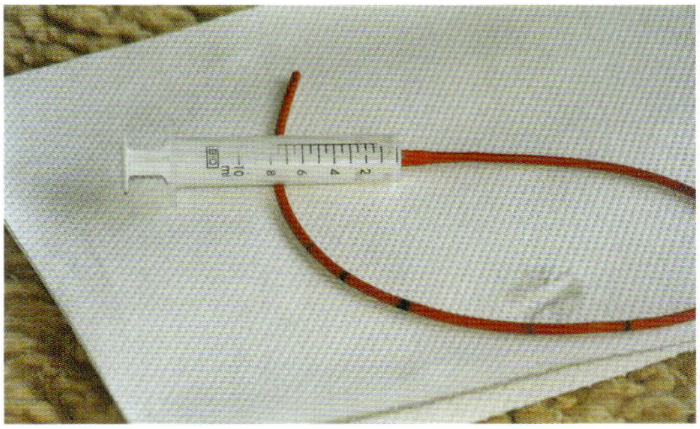

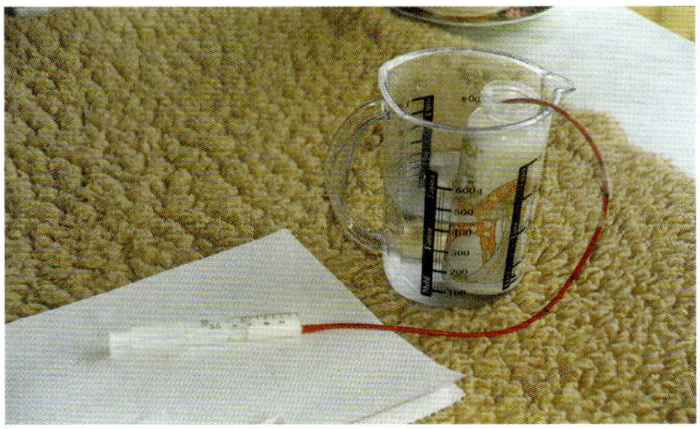

■ Die Spritze wird bis auf ca. 6 mm^2 mit der warmen Welpenmilch aufgezogen.

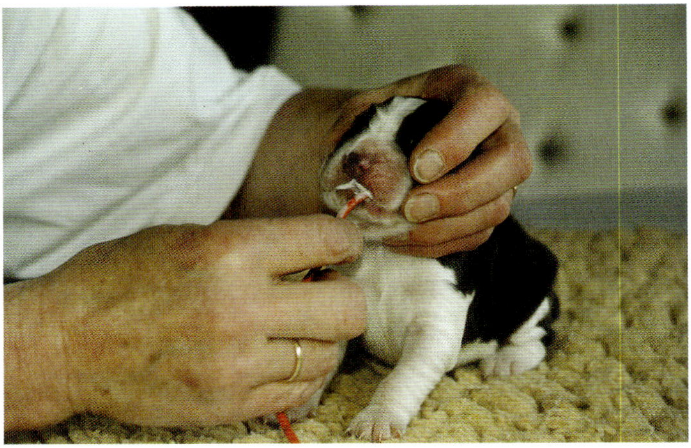

■ Beim Einführen der Sonde empfiehlt es sich, den Kopf des Welpen leicht festzuhalten.

■ Die angefeuchtete Sonde muss oberhalb der kleine Zunge in die Speiseröhre eingeführt werden.

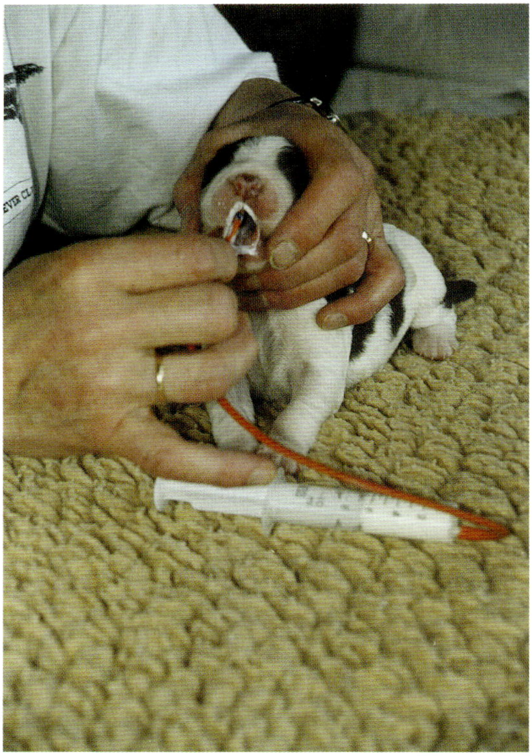

■ Damit die Milch besser fließt, muss der Schlauch leicht hochgehalten werden.

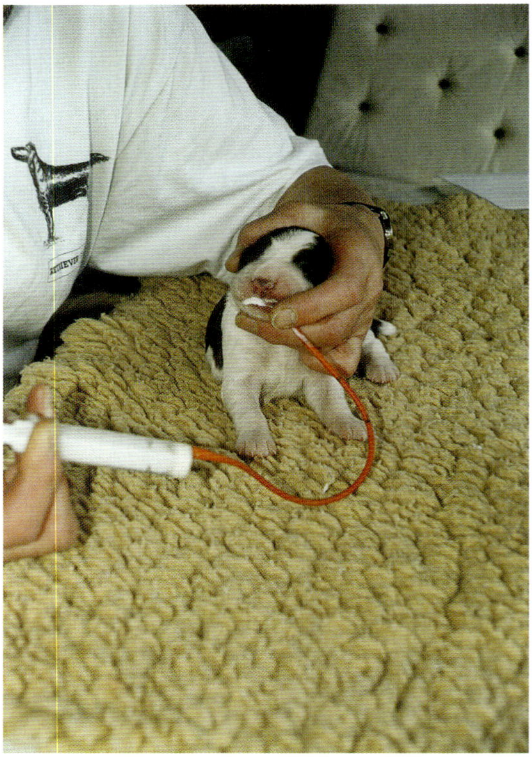

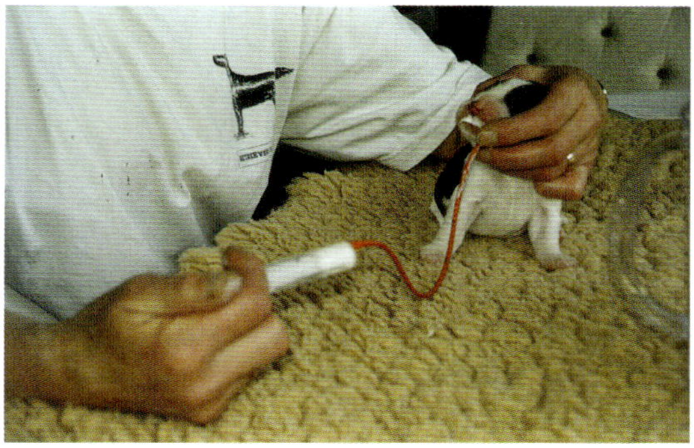

■ Die Milch wird dann zügig durch die Sonde gespritzt.

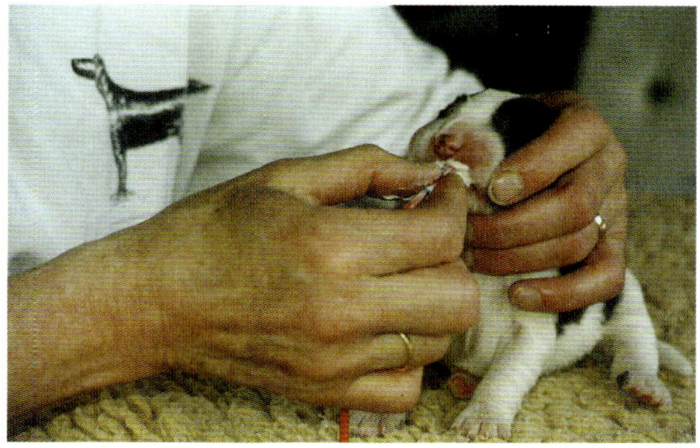

■ Schließlich wird die Sonde langsam wieder herausgezogen. (Foto: Ciccozzi)

- Sonde, Spritze und Milchflasche werden anschließend gründlich gewaschen, sie zu sterilisieren ist nicht nötig, jedenfalls nicht, so lange alles noch im Gebrauch ist.
- Mit zunehmendem Alter und Appetit der Welpen erhöht sich logischerweise die Milchmenge und Sie werden auch die Markierung an der Sonde versetzen müssen.

Nach zwei bis drei Wochen können die Welpen bereits daran gewöhnt werden, die Milch aus einem kleinen Teller zu trinken, was am Anfang sicher mehr nach einer Bade-Orgie aussehen wird. Die Mutterhündin wird sich mit Freude der Putzerei annehmen, andernfalls sind Sie gefordert...

Zugegeben, dies tönt alles ein wenig kompliziert, ist es aber nicht. Richtig angewandt ist die Welpenfütterung mit der Magensonde eine enorm arbeitssparende Angelegenheit und es lohnt sich auf jeden Fall, sich die ganze Sache *vor* dem nächsten Wurf gründlich zu überlegen!

Pflege von Flaschen-, Magensonden- und mutterlosen Welpen

Neugeborene Welpen können noch nicht spontan Kot und Urin ausscheiden und müssen durch die Zungenmassage der Mutterhündin dazu stimuliert werden. Fällt nun eine Mutterhündin total aus, sind Sie gefordert.

Nach jeder Mahlzeit massieren Sie den Welpen mithilfe eines in warmem Wasser getränkten Frotteetüchleins vom Nabel an abwärts bis unter den Rutenansatz in regelmäßigen Strichen. Lebenswichtig für Neugeborene ist, dass das Welpenpech (Rückstände im Darm der aufgenommenen Nahrung im Mutterleib) ausmassiert wird.

Es empfiehlt sich, genau über jeden Welpen Buch zu führen.

Um die verhaltensbiologischen Lehrmeister anzukurbeln, empfehle ich, dass Sie jeden Welpen zuerst – bevor er mit der Flasche oder mit der Sonde gefüttert wird – aus dem Klüngel des Welpenverbandes herausnehmen und ihn etwa 20 cm entfernt hinlegen. Die Temperatur wird dort tiefer sein als bei seinen Geschwistern. Er wird sich unwohl fühlen und sich auf den Weg machen Richtung Geborgenheit. Geben Sie ihm mit Ihrem Arm Hilfen, damit er sich dem Arm entlang fortbewegen kann. Sobald er bei seinen Geschwistern angelangt ist, füttern Sie ihn. Anschließend folgt das Massageritual und dann wird er in den Verband (Geborgenheit) zurückgelegt. Auf diese Weise setzen Sie seine Lern-

spirale in Gang (s. Teil II, S. 42, Das Neugeborene).
Sobald sich die Augen der Welpen öffnen, können Sie mit dem Zufüttern im Teller beginnen. Natürlich können zwei Wochen alte Welpen den Teller noch nicht erkennen, aber ihr Riechvermögen ist sehr ausgeprägt. Nehmen Sie dazu einen ganz flachen Teller und gießen Sie nur etwa einen Millimeter tief Welpenmilch hinein. Damit verhindern sie, dass die Welpen im Eifer ihre Nasenöffnungen hineintauchen (Erstickungsgefahr).
Erwarten Sie keine Wunder – die Welpen werden sich sehr ungeschickt anstellen. Ich lege jeweils ein großes Tuch als Unterlage auf den Fußboden und die Milchschlacht kann beginnen. Es gibt geschickte Welpen, die es auf Anhieb kapieren und weniger geschickte, die es erst nach dem zweiten oder dritten Versuch schaffen.
Zufüttern im Teller bevor sich die Augen öffnen, ist eine delikate Angelegenheit. Der früheste Zeitpunkt, der mir bekannt ist, soll der siebte Tag gewesen sein. Ein mutterloser Dreizehnerwurf English Springer Spaniels hat das geschafft. Das war noch vor der Zeit der Sondenernährung.

Aufzucht von mutterlosen Welpen

Wie man mutterlose Welpen bis zum Zeitpunkt der Zufütterung pflegt, haben Sie den vorangegangenen Kapiteln entnehmen können.
Auf dem Ernährungs- und Pflegesektor haben Sie nun, nachdem die Mutter ja ausfiel, einiges geleistet und die Welpen mittels Sonde oder Flasche versorgt und fahren jetzt mit der Zufütterung fort. So weit so gut, aber die Welpen sind unweigerlich zuerst auf den Menschen geprägt worden und haben jetzt »manque de mieux« innerartlich ein großes Defizit. Sie konnten wohl bis dahin auf der Welpenebene ihre Erfahrungen sammeln, aber die Interaktionen zwischen Muttertier und Welpen haben nie bei ihnen stattgefunden. Dies gilt es unbedingt nachzuholen. Ein erwachsener Hund als hündischer Muttersatz wäre da die Lösung. Sollten ehemalige Zuchthündinnen in Ihrem Haushalt leben, ist das sicher ein Weg. Schwieriger wird es, wenn Sie von auswärts Hilfe anfordern müssen. Aber Züchter sind grundsätzlich solidarisch und helfen gerne aus, wenn Not am Mann, sprich »Not an einer Mutterhündin« ist. Kontaktieren Sie Ihren Rasseclub und Welpenspielstundenleiter. Dies sind die Quellen, einen Muttersatz zu finden, um Ihre Welpen in die verhaltensbiologische Lernspirale einzuschleusen. Voraussetzung dazu ist aber ein erwachsener Hund, sei das nun eine Mutterhündin, die gleichaltrige Welpen führt, sei das eine ausgediente Zuchthündin, die gerne einige Wochen zu Ihnen als Gouvernante auf Besuch kommt.
Sollte auch das nicht gelingen, müssen solche Waisenkinder so früh als möglich geimpft werden, um sich auswärts, sei das mit zuverlässigen Hunden von Freunden oder in Welpenspielstunden, wo ein erwachsener Hund integriert ist, das nötige Know-how im Umgang mit erwachsenen Artgenossen anzueignen.

Der Großwurf

Unter Großwurf versteht man, wenn mehr als acht Welpen fallen. Bei mittelgroßen bis großen Rassen kommt das relativ häufig vor. Grundsätzlich hat eine Hündin zehn Zitzen, wobei oft nur bei acht Zitzen Milch vorhanden ist. Das Tierschutzgesetz verbietet, gesunde lebensfähige Welpen zu töten. Viele Hündinnen sind aber nicht in der Lage, einen zu großen Wurf allein zu versorgen. In den Achtziger- und Neunzigerjahren hat die Schweizerische Kynologische Gesellschaft die Ammenaufzucht gestattet. Dies war meist ein kompliziertes Unterfangen und klappte nicht immer oder nicht immer auf Anhieb (s. S. 125, Einfruchtigkeit). Seit einigen Jahren sind die Aufzuchtvorschriften erweitert worden, und nun können große Würfe mittels Zufütterung (Flasche oder Sonde) aufgezogen werden. Hier gilt es also lediglich die Mutterhündin zu unterstützen. Dies bedeutet, dass der Züchter besorgt sein muss, dass alle Welpen täglich abwechslungsweise mit der Flasche und über die Zitze Nahrung aufnehmen. Vor allem ist diese wechselseitige Ernährung während der ersten fünf Tage ein *Muss*, damit alle Welpen in den Genuss der Kolostralmilch kommen, um Antikörper von der Mutter aufzunehmen.

Der Einzelwelpe (Einfruchtigkeit)

Einzelhundekinder aufzuziehen erfordert besondere Maßnahmen. Zu berücksichtigen ist, dass der Hund als Meutetier sich sein soziales Verhalten Artgenossen gegenüber im Normalfall im Welpenverband aneignet. Hierbei lernt er von allem Anfang an von und durch seine Wurfgeschwister und seine Mutter, die ihre Aufmerksamkeit unter all ihre Kinder aufteilt, den »hündischen Knigge«. Diese einzigartige Möglichkeit fehlt unserem Einzelwelpen. Wird nichts unternommen, wächst ein Hund heran, der im erwachsenen Alter verhaltensbiologische Mängel aufweisen wird, die möglicherweise nie wettgemacht werden können. Deshalb sind Sie als Züchter gefordert, diese vorprogrammierten Defizite zu vermeiden und dem Welpen ein Ersatzumfeld zu schaffen.

Zwei Beispiele:

Meine Hündin Ever hatte ihren ersten Achterwurf souverän aufgezogen – sie war das, was sich jeder Züchter wünscht – eine instinktsichere, belastbare Zuchthündin, die ihre Welpen liebevoll und mit viel Eifer pflegte und umsorgte. Dazu war ihre Milchleistung phänomenal.

Ihr zweiter Wurf brachte ein Einzelkind. Die Geburt war spontan verlaufen, das Geburtsgewicht des Welpen war guter Durchschnitt. Nun zeigte sich aber, dass die Hündin, die vor zwei Jahren problemlos acht Welpen versorgt hatte, nun diesen einzelnen dauernd leckte und pflegte und ihn dadurch um den Schlaf brachte. Glücklicherweise wurde von einem anderen Züchter eine Amme gesucht, da seine Hündin elf Welpen geworfen hatte und nicht alle ihrer Zitzen Milch lieferten. Ever im Gegensatz hatte ein enormes Gesäuge. Drei Golden-Retriever-Welpen kamen zu uns. Ever war damit ganz und gar nicht einverstanden und hätte die armen Würmer wohl getötet. Während der nächsten vier Nächte und fünf Tage waren die Ammenkinder im Welpenkorb (Bettflasche und warme Tücher) und wurden der Hündin (indem jemand ihren Kopf fixierte) zum Trinken untergeschoben. Anschließend wurden sie jeweils von mir mit dem nassen Frotteetüchlein massiert und gepflegt, damit sie sich entlee-

■ Für mutterlose Welpen ist es wichtig mit gutmütigen erwachsenen Hunden zusammen geführt zu werden, um die Prägung mit Artgenossen zu fördern. (Foto: Kerl)

■ Mit etwas Sorgfalt seitens des Züchters können Welpen noch bevor sie sehen an den Teller gewöhnt werden. (Foto: Ciccozzi)

ren konnten. Dass eine solche Prozedur enorm kompliziert ist, zeigt sich nicht zuletzt darin, dass sich mit der Zeit die schlaflosen Nächte bemerkbar machten, denn diese »Fremdlinge« mussten alle zwei Stunden angesetzt werden. Sie nahmen dabei prächtig zu und konnten vom reichhaltigen Angebot mit genügend Kolostralmilch versorgt werden. Das Einzelkind legte ich bei jeder zweiten Fütterung jeweils für die nächsten zwei Stunden zu den Ammenkindern, damit es sein Schlafmanko wettmachen und das Kontaktliegen erfahren konnte. Endlich, kurz bevor ich aufgeben wollte, erbarmte sich Ever (ob für die Ammenkinder oder für mich, sei dahingestellt!), der Friede kehrte im Welpenzimmer ein. Ever war in der Folge wieder eine wunderbare Mutter, einzig, wenn sie ihr Futter für ihre Kinder hervorwürgte, hatte ihr leibliches Kind Vorrang.

Als zweites Beispiel hier nun der Beitrag der Toller-Züchterin (Nova Scotia Duck Tolling Retriever) Elsbeth Wittwer:

Das Röntgenbild hinterließ keinen Zweifel: Ghiisis würde einen Einzelwelpen bekommen. Unsere erste Sorge, es könnte eine schwierige Geburt werden, erwies sich als unbegründet. Der Kleine kam ganz normal zur Welt und er war nicht einmal größer als andere Tollerwelpen.

Die zweite Sorge, ihn ganz allein aufzuziehen, war hingegen berechtigt. Weder in Tierkliniken noch in Tierheimen von Bern, Waadt, Freiburg und Neuchâtel gab es ganz junge Welpen, noch wurden welche erwartet. Das bedeutete, Beshigo sollte als Einzelkind aufwachsen.

Während der ersten zwei Wochen verbrachte die Mutter die meiste Zeit mit dem Kleinen. Sie hatte eine Riesenfreude an ihrem Sohn und oft lag sie

■ Beispiel für eine gelungene Integration: Jetzt gehört das ehemalige Einzelkind zum Familienverband und wird von seinen Tanten und Gouvernanten behütet. (Foto: Wittwer)

einfach neben ihm in der Kiste und betrachtete ihn voller Zärtlichkeit. Doch danach begann sie sich vermehrt für anderes zu interessieren. Sie wollte vor allem mit ihrer Schwester spielen und im Rudel große Spaziergänge unternehmen.

Der Anblick des einsamen Welpen in der Wurfkiste war traurig. Von Tag zu Tag nahm er die Umwelt stärker wahr. Mehr als sich zu ihm hinzulegen, seiner frühkindlichen Art angepasste Kontaktspiele nachzuahmen und viel mit ihm zu sprechen, konnten wir nicht für ihn tun. Aber die Zeit, wo wir uns etwas hilflos vorkamen, ging schnell vorbei. Bald konnte Beshigo die Kiste verlassen und fast gleichzeitig auch immer öfter das Welpengehege. Sehr früh machte er Bekanntschaft mit seinen Großmüttern und seiner immer zum Spielen aufgelegten Tante. Viel eher als wir erwartet hatten, war er in unseren Haushalt samt den vielen Hunden integriert. Da wir unsere Hunde natürlich ernähren, vertrauten wir auf sein Immunsystem und ließen ihn sogar mit vielen Pensionären (Hunde in unserem Hundeferienheim) spielen. Ghiisis war eine immer gut aufgelegte, fröhliche Mama, die sich mit allen Hunden und Menschen bestens verstand und oftmals mitten im Rudel ihren Sohn säugen ließ.

Gespannt besuchten wir die ersten Welpenspielstunden. Der Zufall wollte es, dass in der Gruppe drei Cavalier King Charles Spaniel und ein Chihuahua waren. Wie würde sich unser Toller mit gleichartigen aber kleineren Welpen verhalten? Kehrte er nun den großen Macho hervor? Nichts dergleichen, nach wenigen Sekunden erspähte er den Stärksten unter diesen Kleinen, den er zum Spiel aufforderte. Keine Spur von grobem Lümmel, ganz im Gegenteil, er versuchte mit allen erdenklichen Kapriolen, den anderen aus dem Busch zu klopfen, ohne ihn zu bedrängen, geschweige denn, ihn zu dominieren. Nach einiger Zeit durfte unser Welpe in die Gruppe der Größeren, wo er erstmals in seinem Leben ziemlich hart angegangen wurde. Beshigo wehrte sich, der andere, ein stämmiger Rottweiler, lenkte ein, worauf das Spiel völlig ausgeglichen weiterging.

Mit acht Wochen konnte Beshigo fast perfekt an der Leine gehen. Autofahren, Stadtbummel, Spaziergänge, Trainings auf dem Hundeplatz oder am Wasser – überall war der kleine Toller dabei. Nicht ein einziges Mal wirkte er erschrocken oder ängstlich, sondern immer neugierig und unbeschwert.

Keine der anfänglichen Befürchtungen ist eingetreten. Beshigo hatte eine ausgesprochen abwechslungsreiche und lustige Kinderstube. In seinem Sozialverhalten steht er Welpen, die mit Geschwistern aufgewachsen sind, in nichts nach. Dann ist der »Ein und Einzige« ausgezogen und hat bei einer neuen Familie ein glückliches Zuhause gefunden. Wir haben ihn sehr vermisst, sein sonniges Wesen hatte uns jeden Tag viel Freude bereitet.

Beshigo ist jetzt elf Monate alt und hat gerade eine Ferienwoche bei uns verbracht. Er hat eine unglaubliche Sicherheit im Umgang mit anderen Hunden an den Tag gelegt. Von ausgelassener Keckheit bis vorsichtiger Beschwichtigung weiß er alle Signale einzusetzen, um sich Anerkennung zu verschaffen und Konflikte zu vermeiden. Obwohl er mitten in der Pubertät steckt, hat er es nicht nötig gehabt, aufzureiten und überallhin zu markieren, wie es die meisten Jungrüden gerne tun. Unser Einzelwelpe ist zu einem wesensfesten, souveränen Rüden herangewachsen.

Probleme mit der Hündin nach der Geburt

Ganz allgemein gesagt, bei jeder noch so kleinen Unstimmigkeit (bei dem Muttertier oder den Welpen) sollten Sie den Tierarzt beiziehen.

Pflege nach Kaiserschnitt

Nach erfolgter Operation wird die Hündin noch einige Zeit, bedingt durch die Narkose und die Schmerzmittel, beduselt sein und sich nicht so gut fühlen. Wenn es eine Erstlingshündin ist, kann es sogar vorkommen, dass sie ihre Welpen nicht einfach freudestrahlend übernimmt, sondern dass sie sich erst an die neue Situation gewöhnen muss.

Zurück aus der Praxis, installieren Sie die Hündin in der sauber ausgelegten Wurfkiste. Die Welpen halten Sie warm (Wärmeflasche) im Transportbehälter (Welpenkorb). Nun reichen Sie der Hündin den ersten Welpen so hin, dass sie ihn riechen kann. Erschrecken Sie nicht, wenn sie ihn anknurrt, bedenken Sie, dass ihre Mutterinstinkte möglicherweise noch schlafen. Es gibt Hündinnen, bei denen klappt es sofort, andere brauchen einige Stunden oder sogar länger. Da nun aber auch Welpen einer knurrenden Mutter trinken müssen, heißt es handeln. Hier ist die Hilfe einer zweiten Person angebracht. Jemand muss den Kopf der liegenden Hündin so fixieren, dass sie nicht an die Welpen kommt. Nun setzt die zweite Person die Welpen an. Das Saugen der Welpen sollte die Hündin stimulieren. Nachdem die Welpen getrunken haben, legen Sie sie zurück in den Welpenbehälter und reichen Sie ihr den ersten dar, damit sie ihn beschnuppern kann. Möglicherweise wird sie ihn nun lecken wollen. Wenn nicht, müssen Sie ihn mit einem warmen, nassen Tuch am Bäuchlein massieren. Er wird sofort urinieren – lassen Sie dieses Bächlein über den Fang der Mutter laufen – es könnte den Bruttrieb auslösen. Sehr oft klappt es schon beim ersten Mal, hie und da braucht es zwei, drei Ansätze. Lassen Sie sich daher nicht entmutigen, denn wenn der Bruttrieb einmal erwacht ist, werden Sie eine hingebungsvolle Mutter erleben.

Bei routinierten Zuchthündinnen wird das Zusammenführen meist von Anfang an klappen.

Bei einer operierten Hündin ist der Operationswunde, die im prallen Gesäuge liegt, besondere Beachtung zu schenken. Dort herrscht ein feuchtwarmes Klima und die Region ist schlecht belüftet. Die Naht sollte wenn möglich trocken gehalten sein. Gazekompressen, die oft ausgewechselt werden müssen, sind sehr praktisch. Kontrollieren Sie jedes Mal, ob die Stiche gut halten. Beim leisesten Verdacht, dass sich ein Stich auflöst oder bei Anzeichen einer Infektion muss der Tierarzt sofort beigezogen werden.

Die nachgeburtliche medizinische Versorgung zur Reinigung der Geburtswege ist genau gleich zu handhaben, wie bei einer Spontangeburt. Zusätzlich wird der Tierarzt bei einer Kaiserschnitthündin Antibiotika verschreiben.

Die Fäden werden nach ca. zehn Tagen gezogen.

Wenn die Hündin den Wurf nicht annimmt

Es kommt leider immer wieder vor, dass Hündinnen mit der neuen Situation überfordert sind, sei es nun psychischer Art (Erkrankung) oder durch eine nervöse Störung verursacht. Unsere Hunde sind, im weitesten Sinne gesagt, ein Kunstprodukt. Durch die Entwicklung und Domestikation sind viele Instinkte »eingeschlafen« oder sogar verloren gegangen. Dem soll immer Rechnung getragen werden, indem man der Hündin Unterstützung gewährt. Trotzdem kann es vorkommen, dass eine Hündin psychisch überfordert ist und schlicht und einfach in der Brutpflege versagt. Die Gründe sind, wie gesagt, vielschichtiger Art. Sehr oft kommt ein Aufzuchtsdefizit (Prägung) erst mit dem Geburtsstress zum Vorschein oder anderweitige nervöse Störungen (erworbene oder angeborene) können zu diesem Verhalten führen. Sie als Züchter sind hier enorm gefordert und werden den Wurf künstlich aufziehen müssen (s. S. 119, Aufzucht mit der Flasche, Aufzucht mit der Magensonde).

Milchstau, Mastitis (bakterielle Infektion der Milchdrüse)

Die Kontrolle des Gesäuges kann nicht genug empfohlen werden. Sehr oft sind vor allem die zwei hintersten Zitzen derart prall, dass die Welpen sich gar nicht mehr daran festsaugen können. Daher ist diesen besondere Beachtung zu schenken. Wenn es kein Welpe schafft, sich dort festzusaugen, müssen Sie diese Zitzen ausmelken, d. h. nur einen Teil, bis sie sich entlasten, und dann wieder Welpen ansetzen. Totales Ausmelken soll vermieden werden, weil sonst die Gefahr besteht, dass sich die Milchproduktion dort komplett einstellt.

Wenn keine Entlastung erfolgt, kann sich ein Stau entwickeln und bietet den gefürchteten Bakterien (Kokken und Coli) ein ideales Umfeld und die Mastitis ist vorprogrammiert. Die betroffene(n) Stelle(n) sind heiß anzufühlen und verfärben sich purpurrot. Die Hündin benimmt sich unruhig und macht Fieber. Die Milch aus diesen Zitzen wird ungenießbar. Sie müssen mit in Essigwasser getränkten Kompressen gekühlt und zusätzlich abgedeckt werden (Gazetuch und Tape), damit kein Welpe daran saugen kann. Tierärztliche Hilfe ist dringend notwendig. Die Gefahr, dass sich ein Abszess bildet, ist groß. Die Folgen für die Hündin könnten dann schwerwiegend sein (Sepsis, Tod).

Milch-Unverträglichkeit

Wenn Ihr Wurf kein Gewicht zulegt, die Welpen jammern und kolikartige Symptome zeigen, der Bereich um ihren After rot und geschwollen ist, kann es an der Zusammensetzung der Muttermilch liegen. Im schlimmsten Fall müssen die Welpen künstlich aufgezogen werden.

Eklampsie (Milchfieber)

Eklampsie ist eine Störung des Reguliersystems des Calciumstoffwechsels. Die ersten Anzeichen sind unruhiges und ängstliches Verhalten der Hündin. Ihr Gang ist steif und unkontrolliert und Stürze sind nicht selten. Ihre Nackenmuskulatur wird steif und zieht den Kopf nach hinten. Sie kann zu hohem Fieber führen. Der Tierarzt ist sofort beizuziehen. Nach einer Calciumgabe kehrt der Normalzustand innerhalb einiger Stunden zurück. In schwierigen Fällen müssen die Welpen künstlich ernährt werden. Eklampsie kann vor und während der Geburt und Tage bis Wochen nach der Geburt auftreten.

Kranke Welpen während der Aufzucht

Wenn Sie einen kranken oder mehrere kranke Welpen haben, sollten Sie erst gar nicht lange Eigenversuche unternehmen, sondern den Tierarzt sofort hinzuziehen.

Wurmbefall

Selbst wenn Sie Ihre Welpen sorgfältig nach den Anweisungen (Seite 62) entwurmt haben, kann trotzdem einer ihrer Welpen nicht richtig gedeihen und all die Symptome zeigen, die man bei arg verwurmten Welpen kennt.
Hie und da kommt es vor, dass ein Welpe auf das Entwurmungsmittel nicht anspricht.
Unser Karoo war so ein Fall. In den ersten drei Wochen nahm er regelmäßig zu und nichts Auffälliges war zu sehen. Das änderte sich vom Zeitpunkt an, da zu solider Fütterung übergegangen wurde. Er fraß mit viel Appetit wie seine Geschwister, aber innerhalb weniger Tage wurde es offensichtlich: Er nahm nicht mehr zu, sein Bauch war dick aufgedunsen und sein Fell stumpf und struppig. Er und seine Geschwister waren am 21. Tag zum zweiten Mal entwurmt worden.
Karoo wurde sofort mit einem anderen Produkt entwurmt – die Kotprobe blieb positiv (Spulwürmer) und er blieb in der Entwicklung immer mehr zurück. Guter Rat war teuer. Wir dachten bereits ans Einschläfern, verabreichten ihm so quasi als letzte Chance ein Breitband-Wurmmittel. Das Resultat war verblüffend, der Welpe schied große Mengen abgetöteter Würmer aus. Bereits am nächsten Tag war eine Besserung eingetreten und nach einigen Tagen war Karoo gesund. Unsere Befürchtung, dass er seine vollständige Körpergröße nie erreichen würde, war unbegründet. Karoo wurde ein stattlicher Rüde und lebte fast 14 Jahre.
Mit dieser kleinen Geschichte wollte ich Ihnen aufzeigen, dass manchmal eine Unverträglichkeit eines Medikamentes auftreten kann und es deshalb angezeigt ist, die Flinte nicht immer sofort ins Korn zu werfen.

Durchfälle

Durchfall kann verschiedene Ursachen haben: Bakterien, Viren, Parasiten, Mischinfektionen, Futterumstellung, hygienische Mängel usw. Sofortmaßnahmen sind in jedem Fall angebracht. Welpen dehydrieren sehr schnell, da der Flüssigkeitsverlust sehr hoch ist und so schnell als möglich ersetzt werden muss. Als erste Maßnahme greife ich zu Kamillen- oder Fencheltee und je nach Situation nehme ich die Homöopathie zu Hilfe. Warten Sie aber nicht zu lange und ziehen Sie den Tierarzt bei. Sehr oft sind darmberuhigende Medikamente und zusätzlich Antibiotika angebracht. In schlimmen Fällen werden Flüssigkeitsdepots unter die Haut gespritzt oder eine Infusion gesteckt. Strikte Hygiene ist hier unerlässlich.

Infektionserkrankungen

Es würde den Rahmen dieses Buches sprengen, wenn ich hier alle möglichen Infektionskrankheiten im Detail behandeln würde. Krank machende Erreger (Bakterien, Viren usw.) dringen in den Körper ein (z. B. Atemwege, Magen, Darm, Leber, Nieren, Blase, Haut usw.) und können erhebliche Störungen verursachen. Es liegt immer im Ermessen des Tierarztes, gezielte Maßnahmen zu ergreifen.
Sehr oft werden Erreger von außen hereingetragen. Sie können viel dazu beitragen, dass das nicht geschieht, indem Sie die wichtigsten hygienischen Vorschriften einhalten:

- Schützen Sie Ihre Hündin und die Welpen mit einem Immuninducer.
- Setzen Sie Ihre tragende Hündin nicht unkontrolliert gefährlichen Erregern aus. Vermeiden Sie wenn immer möglich Kontakte mit fremden Hunden.
- Wenn Sie sich in einem stark frequentierten Hundemilieu aufgehalten haben, benutzen Sie Desinfektionsmittel für Ihre Schuhe und Hände, bevor Sie das Welpenzimmer betreten (manchmal lohnen sich eine Dusche und ein Kleiderwechsel).

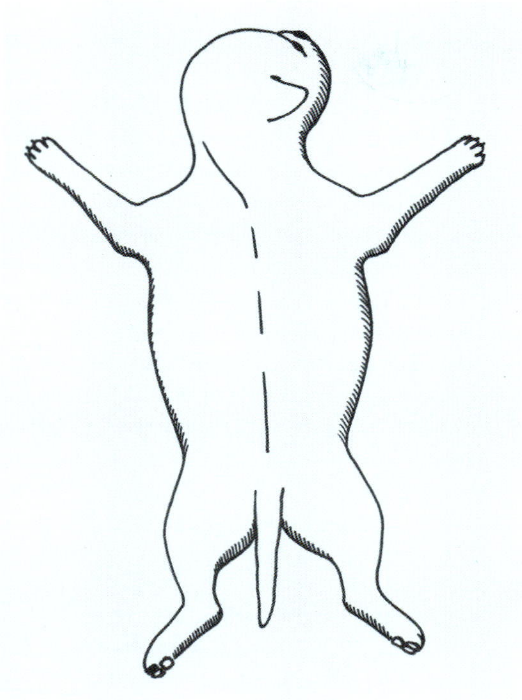

■ Ein „Schwimmer“ ist an der Stellung der Läufe sofort zu erkennen.

■ Um dem Welpen Stabilität zu geben, kann man an beiden Läufen der Hinterhand Plastiktapebänder über dem Sprunggelenk anlegen und diese miteinander verbinden.

- Führen Sie Ihre Mutterhündin bei Versäuberungsspaziergängen in hundearmes Gebiet.
- Reinigen Sie ihre Pfoten und ihr Gesäuge gründlich, bevor sie wieder zu ihren Jungen geht.
- Besucher können Erreger einschleppen. Lassen Sie in den ersten drei Wochen keine Fremden ins Welpenmilieu.
- Besucher mit fremden Hunden sind tabu.
- Versäuberungsplatz und Welpengehege sind sauber zu halten (den Kot immer sofort einsammeln und entsorgen und den Platz öfters mit einem guten Desinfektionsmittel – vom Tierarzt – reinigen).

Entropium, Ektropium

Beim *Entropium* rollt sich das untere Augenlid ein und die Haare des Fells irritieren die Hornhaut. In schweren Fällen kann das Auge geschädigt werden.

Beim *Ektropium* hängt das Lid durch und kann sich nach auswärts stülpen. Augenentzündungen sind die Folge, weil Staub und Fremdkörper ungehindert eindringen können.

Hier handelt es sich um einen rezessiven Erbgang, d. h. den Elterntieren ist nichts anzusehen, aber sie tragen das bestimmte Gen. Bei den Nachkommen kann der Defekt dann auftreten.

Wenn bei einem Welpen der Verdacht auf einen solchen Defekt vorliegt, gilt es erst einmal zu prüfen, ob eine Rassedisposition vorliegt.
Junghunde vieler Rassen haben in den ersten Wochen oder Monaten lose oder offene Augenlider. Bei vielen ist die Kopfhaut etwas zu groß bemessen, weil der Schädel sich noch ausformen muss. Die meisten Hunde verwachsen diesen zu groß bemessenen »Anzug« mit der Zeit. Deshalb sollte im Welpen- und Junghundalter Zurückhaltung geübt werden, bevor eine chirurgische Korrektur anvisiert wird.
Bei offensichtlichen Befunden kann medikamentös oder operativ eingegriffen werden. Befallene Hunde sind von der Zucht auszuschließen.

Schwimmer

Hie und da kann es vorkommen, dass ein Welpe (mittelgroße bis große, starkknochige Rassen) nicht auf die Beine kommt. Sie können den »Schwimmer« (er sieht wirklich aus, als ob er schwömme) relativ früh erkennen, weil er wie eine »Flunder oder Schildkröte« flach auf dem Bauch liegt und alle vier Läufe von sich streckt. Sein Brustkorb entwickelt sich durch das Liegen in die Breite, anstatt in die Tiefe. Zum Zeitpunkt, wenn die Welpen normalerweise ihre ersten Gehversuche (ein paar Tage nach Geburt) unternehmen, indem sie ihre Hinterläufe dazu einzusetzen beginnen, bleiben die Schwimmer flach liegen und bewegen ihre Hinterhand nur unkontrolliert. Hierbei handelt es sich um eine verzögerte Entwicklung des Nervensystems. Solchen Welpen kann und muss geholfen werden. Und zwar je schneller desto besser, damit sich die noch weichen Knochen des Rippenkorbes nicht deformieren und der Lungenraum nicht deformiert und in seinem Volumen eingeschränkt wird. Wir wissen, dass der Hund mit der Hinterhandmuskulatur einen Vorwärtsschub auslöst und die Vorhandmuskulatur für den Vorwärtszug einsetzt. Daher muss man beim Schwimmer bei der Hinterhand nachhelfen und ihn aufstellen und stützen. Wenn er hinten hochkommt, erhebt er sich vorne von alleine. Um ihm nun Stabilität zu geben, werden an beiden Läufen der Hinterhand Plastiktapebänder lose gerade über dem Sprunggelenk angelegt und zusammen verbunden. Sie dürfen nicht einengen, sollen aber trotzdem nicht zu locker sein, damit sie nicht über das Sprunggelenk runterrutschen. Die Distanz soll ungefähr die Weite haben, die bei einer normalen Stellung eines gesunden Welpen entsteht, der seine ersten Gehversuche macht. Dies verhindert, dass diese Läufe wegrutschen.
Lassen Sie diese Gehhilfe in den nächsten zwei Tagen dran. Meistens genügt diese Zeitspanne und die Muskulatur erstarkt langsam. Testen Sie dann den Welpen, indem Sie das Verbindungsstück der Gehhilfe durchschneiden. Kann er selbstständig gehen, umso besser, ansonsten fixieren sie weiter. Sie werden schlussendlich Erfolg haben und der Welpe wird sich normal weiterentwickeln.
Der Vollständigkeit halber muss hier noch erwähnt werden, dass Schwimmer, die mit der Vorhand nicht hochkommen, praktisch chancenlos sind. Hierbei kann es sich um eine Fehlentwicklung, und nicht nur um eine verzögerte Entwicklung des Nervensystems handeln.

Teil IV: Ein Hund kommt ins Haus

Der Züchter allein entscheidet, wer seinen Welpen erhält. Um diesem einen optimalen Start ins Leben zu ermöglichen, ist es von Bedeutung, dass er ihm ein Umfeld aussucht, in dem der Welpe sein ganzes genetisches Potenzial und die während seinen ersten Lebenswochen gesammelten Erfahrungen ausleben darf. Zehn Wochen lang (in Deutschland sind es acht) hat der Züchter all seine Liebe und seine Kenntnisse in die Aufzucht des Hundes investiert und ihn auf »die große weite Welt« vorbereitet. Nun obliegt ihm noch die verantwortungsvolle Aufgabe, im Interesse des Welpen dessen zukünftigen Besitzer auf sein Leben mit Hund vorzubereiten.

Doch auch der zukünftige Hundebesitzer trägt Verantwortung. Um zu verhindern, dass der Welpenkäufer sich unvorbereitet und ahnungslos einen Hund anschafft, sind die nachfolgenden Zeilen gedacht.

Die Hundehaltung hat sich in den letzten zehn Jahren sehr verändert. Vom Hund und seinem Halter wird in unserer hoch technisierten Welt viel abverlangt. Das Tier kommt viel schneller an seine Limits, weil sich unsere Lebensweise mehr und mehr vom »Natürlichen« entfernt. Da finden sich oft Menschen, die nur das Beste für ihren Hund wollen, nicht mehr immer zurecht.

Zudem kommt es leider in unserer Wohlstands- und Wegwerfgesellschaft immer häufiger vor, dass man sich einfach irgendwo einen Hund kauft, und sich erst danach um die Bedürfnisse des Tieres kümmert. Das sollte nicht sein, denn ein Hund ist nicht einfach eine Ware, derer man sich entledigt, wenn nicht alles so läuft, wie man sich das, oft eben mangels seriöser Vorbereitung, vorgestellt hat.

Dem Zweck allen beteiligten Parteien – Züchter, Käufer und Hund – ein gutes Miteinander zu ermöglichen, dienen die nachfolgenden Kapitel.

Hinweis

»Als Züchter wie als Hundehalter sollten wir uns vor Augen halten, in welch kurzer Zeit sich das endgültig bildet, was wir später Wesensveranlagung nennen: vom 21. bis zum 112. Tag oder von der 4. bis zur 16. Lebenswoche. Es verbleiben also lediglich 13 Wochen, um Einfluss auf die grundlegende Wesensbildung zu nehmen. Nutzen wir sie! Unser Hund wird sonst nie das sein, was er hätte werden können. Daran ändert auch die beste Erbanlage nichts.« (Urs Ochsenbein)

Was vor dem Kauf eines Hundes zu bedenken ist

Der nachfolgende Stichwortkatalog kann einerseits Züchtern als Basis für ihre Rückfragen dienen, wenn Sie erstmals von einem Welpen-Interessenten kontaktiert werden. Andererseits soll er dem Welpen-Interessenten helfen, vor dem Kauf seine Lebenssituation auf ihre Hundetauglichkeit abzuklopfen. (s. Merkblätter, Teil VI)

Was ist ein Hund? Reichen Ihre allgemeinen Kenntnisse aus, wissen Sie über die Bedürfnisse eines Hundes genügend Bescheid? (s. S. 134–136)

Der Zeitfaktor:

- Sind Sie bereit, während der nächsten 10–15 Jahre tagtäglich, immer – bei jedem Wetter – viel persönliche Freiheit für ein Tier zu opfern?

- Erlauben Ihnen Ihre Hobbys, auch am Wochenende dem Hund genügend Zeit zu widmen?
- Wie gestalten Sie in Zukunft Ihre Ferien? Nicht alle Strände sind während der Hauptsaison für Hunde offen, Skipisten sind tabu, spezielle Hundeloipen gibt es wenige.
- Sind Sie grundsätzlich bereit, andere Ferien als bisher zu planen und zu verbringen? Urlaube, in die der Hund von Anfang bis Ende integriert ist. Oder steht eine Person zur Verfügung, die ihn während der Ferienabwesenheit verantwortungsbewusst betreut?
- Sind Sie sich bewusst, welche Verantwortung Sie einem Dritten mit der Betreuung Ihres Hundes aufbürden?

Die Familienintegration: Wie stellen sich die übrigen Familienmitglieder zu einem Hund? Generell sollten sich alle über das neue Familienmitglied freuen, denn der Hund hat ein Anrecht auf Zuwendung und Geborgenheit. Als Meutetier spürt er als erster irgendwelche Spannungen – damit sind Schwierigkeiten programmiert. Es sollte auch abgeklärt werden, ob allenfalls jemand in der Familie allergisch gegen Hundehaare reagiert.

Die Wohnsituation: Ist Ihr Zuhause überhaupt für die Haltung eines Hundes geeignet? Ist der Versäuberungsplatz in vernünftiger Distanz erreichbar? Auch Hunde müssen manchmal ganz schnell... Da ist eine zubetonierte Welt sicher nicht die richtige Umgebung. Als Mieter müssen Sie abklären, ob Ihr Hausbesitzer die Haltung eines Hundes überhaupt gestattet.

Die Nachbarn: Nicht alle Menschen sind Hundefans. Es empfiehlt sich, hier gut zu sondieren und vor dem Kauf mit Ihren Nachbarn einen Konsens zu finden, der auf Dauer alle befriedigt.

Mutter und Hausfrau: Sind Sie als Mutter eines Säuglings und/oder von noch nicht schulpflichtigen Kindern überhaupt in der Lage, neben Ihrer Aufgabe, diese in die Selbstständigkeit zu führen, auch noch einem Hund die nötige Aufmerksamkeit und Liebe entgegenzubringen? Ein Hund eignet sich nicht als Spielzeug für Einzelkinder und schon gar nicht als Elternersatz für Kinder, die zu viel allein sein müssen.

Beruf und Hund: Als ganz- oder halbtags berufstätige Person müssen Sie wissen, dass ein tagtäglich stundenlang allein gelassener Hund seelisch jämmerlich verkümmern wird. Bald schon wird er anfangen, sich selbst zu beschäftigen und sich mit dem Naheliegendsten befassen: der Wohnungseinrichtung. In einer solchen Situation ist es besser, auf einen Hund zu verzichten – es sei denn, man kann ihn mit an den Arbeitsplatz nehmen oder hat eine Person zur Hand, die ihn in regelmäßigen Abständen während Ihrer Abwesenheit betreut. Man darf nie vergessen, dass der Hund ein Meutetier ist, das Geselligkeit liebt und braucht.

Finanzieller Aufwand: Die Kostenfrage ist ein nicht unwesentlicher Faktor. Für Futter, Hundesteuer, Haftpflichtversicherung und Tierarzt (Impfen, Entwurmen) ist pro Jahr mit ca. EUR 1500,– zu rechnen.

Allerlei Wissenswertes bevor der Welpe kommt

Der Hund, das älteste Haustier

Der Hund in all seinen Facetten wird in Fachkreisen als das älteste Haustier angesehen und stammt allein vom Wolf ab. Seine Domestikation zieht sich über mindestens 15.000 Jahre hin. Die verschiedenen Entwicklungsstufen über diese lange Zeitspanne, ausgehend vom ersten Wolf, der sich irgendwann dem Menschen anschloss und dem ersten Menschen, der die Anlagen dieses Beutegreifers zu seinen Zwecken zu nutzen verstand, weisen immerhin ein beachtliches Resultat von über 400 verschiedenen Rassen auf. In der Evolutionsgeschichte finden wir kein anderes

■ Nur noch wenige Tage, dann wird der neue Besitzer für diesen English Springer Spaniel die Verantwortung übernehmen, um die Arbeit des Züchters fortzusetzen. (Foto: Schmid)

Tier, das in so vielen Formen und Erscheinungsbildern den Menschen begleitete und ihm, dank seiner verschiedenen Anlagen, in allen nur erdenklichen Lebenslagen diente und immer noch dient.

Es erstaunt immer wieder, wenn man sich vorzustellen versucht, dass die an Körperwuchs größte Rasse, der Irish Wolfhound, und die kleinste, der Chihuahua, den gleichen Stammvater haben.

Der Hund eignet sich wie kein anderes Lebewesen zum Begleiter des Menschen. Nur hat sich die Hundehaltung in den letzten Jahren zu Ungunsten des Hundes entwickelt. Durch die schon anderswo erwähnte rasante Entwicklung unserer Umwelt schwand (und schwindet immer noch) sein natürliches Umfeld mehr und mehr und er bedarf vermehrt eines verständnisvollen Besitzers, der ihm dennoch ein seiner Art entsprechendes Umfeld schaffen kann. Dazu muss der Mensch einiges über die elementarsten Bedürfnisse des Hundes und über sein Verhalten wissen.

Kleine Verhaltenskunde (s. Merkblatt, Teil VI)

Der Hund ist kein Kind, das nicht sprechen kann, sondern ein von der Natur völlig anders ausgestattetes Wesen als der Mensch. Er ist, wie sein Urahn der Wolf, ein Meutetier, das Gesellschaft liebt und, sich selbst überlassen, mit der Zeit verkümmert. Sein angeborenes Sozialverhalten ermöglicht dem Hund, in seiner Besitzerfamilie eine Ersatzmeute zu finden, in der er seine Rangstufe innerhalb des »Rudels« suchen wird. Damit ist dem Besitzer die Möglichkeit gegeben, ihn in

den Familienbereich einzufügen, vorausgesetzt, dass er ihn artgerecht hält und erzieht.
Der Hund gehört in die Kategorie der höher entwickelten Säugetiere. Er besitzt ein vorzügliches Lernvermögen und ein exzellentes Gedächtnis, das nichts vergisst. Dies befähigt ihn, aus angenehmen und unangenehmen Erlebnissen Erfahrungen zu sammeln und sich dann auch entsprechend zu verhalten. Das bedeutet, dass er neben seinen genetischen Anlagen die Umwelterfahrungen im Hirnvorderlappen speichert und jederzeit (wenn der notwendige Impuls von außen erfolgt) abrufen kann. Man nennt dieses Geschehen in der Fachsprache Verschaltungsmuster.
Der Hund vermag jedoch nicht in menschlichen Begriffen zu denken und hat von menschlicher Moral keine Ahnung. Er befindet sich, wie Urs Ochsenbein so trefflich sagte, jenseits von »Gut und Böse«.
Das Hirn des Hundes ist bedeutend einfacher ausgestattet als das des Menschen. Aber er verfügt über genügend Fähigkeiten, um mit dem Menschen in Kontakt zu treten. Um nun ein gutes Team Mensch/Hund zu bilden, müssen beide Partner lernen. Für den Menschen geht es darum zu erkennen, wie er sich verhalten muss, damit der Hund eine Chance hat zu merken, was er von ihm will. Der Hund seinerseits muss sich an die Äußerungen des Menschen (Hör- und Sichtzeichen) gewöhnen und lernen, diese mit den ihnen zugeordneten Handlungen in Verbindung zu bringen.

Wie erfährt der Hund seine Umwelt? (s. Merkblatt, Teil VI)

Zur Wahrnehmung seiner Umgebung benutzt der Hund seine Sinnesorgane: Nase, Gehör, Augen, Tast- und Geschmackssinn – diese sind für ihn die Pforten zur Umwelt.

Nase: In erster Linie verlässt sich der Hund auf seine Nase, denn die Geruchsbilder machen den wichtigsten Teil seiner Umweltwahrnehmung aus. Sein Riechfeld ist viel größer als das des Menschen: Hund 120–170 cm^2, Mensch 5–7 cm^2.

Gehör: Das Gehör des Hundes ist dem menschlichen bei weitem überlegen. Es nimmt Töne und Geräusche in Frequenzbereichen wahr, die der Mensch nicht mehr hört.

Augen: Der Hund ist ein Bewegungsseher, der auf erhebliche Distanz (ca. 500–700 m) etwas erblicken und aufgrund der Bewegungsweise erkennen kann. Ein stillstehendes Objekt kann er wohl über große Distanzen sehen, hat aber nicht wie der Mensch die Fähigkeit, dieses zu erkennen.

Tastsinn: Sein Tastsinn ist hoch entwickelt und kann über die ganze Körperoberfläche verteilt Informationen sammeln. Besonders empfindlich sind der Nasenspiegel, die Lefzen, die Pfoten, die Augenbrauen, die Schnauz- und Barthaare.

Raumempfinden: Der Hund hat ein blitzschnelles Reaktionsvermögen und bewegt sich in einer Welt voller Hindernisse sicher.

Geschmacksinn: Die Neigung, Aas zu verwerten, hat der Hund von seinen Ahnen übernommen. Sein »guter Geschmack« ist für ihn lebenswichtig. Die Grenzen des »Erträglichen« sind daher bei ihm naturgemäß andere als beim Menschen.

Wichtige Vorbereitungen bevor der Welpe kommt

Normalerweise kommt ein Welpe im Alter von acht (Deutschland) bis zehn Wochen (Schweiz) ins Haus. Bis zu diesem Zeitpunkt war er Tag und Nacht mit seinen Wurfgeschwistern zusammen. Er fühlte sich geborgen und hatte jederzeit Kontakt mit Artgenossen. Sein Züchter hat ihn liebevoll betreut und gefördert und ihn auf sein weiteres Leben mit dem neuen Besitzer vorbereitet.
Nun wird er aus der gewohnten Umgebung abrupt herausgenommen. Er wird sich sehr alleine vorkommen und braucht nun von seiner

Ersatzmeute, den Menschen, Zuwendung und Geborgenheit. In diesem Alter ist er sehr neugierig und lernbereit. Dies kann der Besitzer für sich nutzen, indem er Konsequenz, Zuneigung und viel Zeit als »Schlüssel zum Erfolg« einsetzt, denn wie gesagt: Ein Hund wird nur so gut wie das, was man aus ihm macht.

Ordnung im Wohnbereich

Wenn Sie bis jetzt in einigermaßen »geordneten« Verhältnissen wohnten, müssen Sie sich nun damit abfinden (wenigstens für die erste Zeit), dass sich das mit dem Einzug des Welpen radikal ändern wird. Sie werden z. B. über Spielsachen stolpern, denn der Welpe wird sie überallhin verteilen.

Wertvolle Seidenteppiche räumen Sie besser für den Anfang weg.

Ebenso sollten Sie mit allen kostbaren Nippgegenständen verfahren, die in Reichweite des Welpen stehen. Am besten setzen Sie sich auf den Boden und begutachten Ihre Wohnung aus der Welpenperspektive. Mit dieser Methode erkennen Sie die gefährdeten Objekte. Räumen Sie diese weg; die allgemeine Redensweise: »Er muss sich daran gewöhnen«, kann man nicht einfach so auf einen Welpen, der eben Einzug hält, ableiten. Sie würden ihn glatt überfordern. Bedenken Sie immer wieder, dass er schon sehr viel Neues zu verkraften hat und geben Sie ihm doch einige Tage oder Wochen Zeit, sich bei Ihnen einzuleben, bevor Sie ihn mit Ihrer chinesischen Vase bekannt machen.

Topfpflanzen und Wasserkulturen (manche sind giftig) sind beliebte Objekte, verwahren Sie sie entsprechend.

Sichern Sie alle elektrischen Leitungen und Telefonkabel. Spitze Welpenzähne sind wie Perforierzangen.

Kinderspielsachen gehören ab sofort ins Kinderzimmer. Bausätze (Lego) und Minifiguren (Pokémon und Co.) sind gefährlich für den Welpen – er könnte dieses Zeugs verschlucken (Beutegreifer).

Sobald sich Ihr Welpe bei Ihnen eingelebt hat und die ersten Anpassungs- und Erziehungsbegriffe sichtbar sind, können Sie langsam aber sicher wieder zu »geordneten« Verhältnissen übergehen, wobei das Leben mit Hund von Ihnen immer wieder gewisse Kompromisse in Sachen Tipp-Topp-Haushalt verlangen wird. Dafür wird er Sie mit all seiner Liebe, Treue und Anhänglichkeit reichlich entschädigen.

Hinweis

Welpen »untersuchen« alles, was sich ihnen in den Weg stellt. Ganz besonders beliebt sind Sachen, die nach seinem Menschen riechen, wie Schuhe, Unterwäsche, Socken, Handtaschen usw., die nicht ordentlich weggeräumt sind. Den Welpen für angeknabberte Designerschuhe oder Seidenhemden zu bestrafen, wäre äußerst unfair, denn für ihn ist alles »Greifbare« eine Einladung zur »Weiterverarbeitung«!

Faktor Zeit

Für die ersten drei Wochen mit dem neuen Hausgenossen ist es ratsam, keine wichtigen Termine zu vereinbaren, da der Tagesablauf mehr oder weniger durch den Welpen bestimmt sein wird. Ich empfehle Ihnen, alle dringenden Verpflichtungen vor der Ankunft des vierbeinigen Familienmitgliedes wahrzunehmen, damit Sie die erste Zeit voll nutzen können, um einen soliden Grundstein für die Mensch/Hund-Beziehung zu legen. Sie wissen ja nun, dass die wichtigste, weil intensivste Prägungsphase des Hundes bis zur 16. Lebenswoche reicht.

Rollenverteilung innerhalb der Familie

Um dem Welpen das Einleben in die neue Umgebung zu erleichtern, ist es wichtig, dass die ganze Familie am gleichen Strick zieht und die Rollen der einzelnen Familienmitglieder bereits verteilt sind, bevor der neue Hausgenosse beim Züchter abgeholt wird.

Haftpflichtversicherung

Diese sollte Schäden für mindestens eine Million Euro decken.

Spielsachen sind das A und O, oder das halbe Leben. (Foto: Riederer)

Halsband und Leine

Das erste Halsband ist je nach Rasse verschieden lang. Der Züchter kann über die nötigen Maße Auskunft geben. Eine andere Möglichkeit besteht beim nächsten Besuch Ihres Welpen beim Züchter: Kurz bevor Sie ihn dort abholen, messen Sie seinen Halsumfang.

Lederleinen sind edel und als Material angenehm. Sie sind aber auch praktische Kauobjekte. Für die erste Zeit gibt es eine Riesenauswahl von Kunststoffleinen oder leichten Kettenleinen mit einem Ledergriff.

Spielsachen

Die Spielsachenauswahl im Fachgeschäft hat Dimensionen angenommen, die dem Spielzeugangebot für Kinder fast in nichts mehr nachhinkt! Sie finden Stoff-, Fell-, Gummi- und Plastikgegenstände aller Art, Bälle, einfache und verknotete Taue und natürlich Quietschtiere in allen möglichen und unmöglichen Formen. Ich erfinde z. B. Spielsachen aus alten Socken und Stofflappen. Achten Sie darauf, dass Sie nur Spielsachen anbieten, von denen sich keine gefährlichen Einzelteile ablösen können.

Impfungen

Je nach Zucht und Impfplan des behandelnden Tierarztes können die Impfungen für die Grundimmunisierung des Welpen variieren. Gegen Parvovirose kann die erste Impfung schon mit sechs Wochen erfolgen. Die Impfung gegen Staupe, Hepatitis (Leberentzündung), Leptospirose (SHL) und Parainfluenza erfolgt im Alter von acht Wochen und muss vom neuen Besitzer nach zwei bis vier Wochen erneut veranlasst

werden. Die Impfungen gegen alle diese Krankheiten müssen jährlich wiederholt werden (s. Teil II, Seite 102). Gegen Tollwut kann der Welpe erst ab dem fünften Lebensmonat Antikörper aufbauen. Die Tollwutimpfung muss alle zwei Jahre wiederholt werden. Bei Reisen ins Ausland darf die letzte Impfung nicht älter als ein Jahr sein.
Die Schweiz ist seit einiger Zeit tollwutfrei. Der Impfzwang wurde aufgehoben. Für Reisen ins Ausland muss der Hund aber nach wie vor geimpft werden, wobei die Bestimmungen in den verschiedenen Ländern ebenfalls variieren können.

Entwurmen

Normalerweise wird ein Welpe beim Züchter regelmäßig entwurmt. In der Regel wird der Hund vor jeder Impfung entwurmt, da der Impfschutz bei einem mit Parasiten befallenen Hund belastend und recht schlecht sein kann. Eine Kotuntersuchung kann – sofern das Resultat negativ ist – eine den Hund unnötig belastende Wurmkur überflüssig machen.

Futtervorrat, Fress- und Wassernapf

Futtervorrat: Ihr Züchter hat die Welpen nach einem bestimmten Schema, das den Bedürfnissen seiner Rasse optimal angepasst ist, aufgezogen. Da innerhalb der verschiedenen Rassen große Unterschiede während der intensivsten Wachstumsphase bestehen, ist seine Fütterungsanleitung ganz spezifisch auf Ihren Welpen ausgerichtet. Diese mag (und wird meistens) anders aussehen, als die Reklame eines Futtermittelanbieters im Fernsehen oder entspricht nicht den »so gut gemeinten Ratschlägen« anderer Hundebesitzer. Aber die Erfahrung des Züchters mit seinem Aufzuchtsfutterprogramm, spezifisch auf »seine Rasse« abgestimmt, schlägt jedes andere, noch so ausgewogene Futter.
In den Anleitungen, die der Züchter Ihres Welpen Ihnen mitgibt, werden Sie auch einen detaillierten Futterplan beigelegt finden. Daraus sollte deutlich ersichtlich sein, wann, wie viel und was gefüttert wird. Dieser Plan sollte auch Richtlinien enthalten, ab welchen Altersgrenzen Sie die Futtermenge steigern und wann Sie von vier auf drei oder zwei Mahlzeiten reduzieren sollten. Bei der Übergabe des Welpen wird Ihnen der Züchter für die ersten Tage den entsprechenden Futtervorrat mitgeben. Er wird Ihnen auch die Adressen der Lieferanten bekannt geben.

Fress- und Wassernapf: Der Haustierbedarf offeriert eine Fülle von Näpfen, die von Rasse zu Rasse sehr variieren und auf rassespezifische Belange Rücksicht nehmen.
Ich persönlich habe sehr gute Erfahrungen mit rutschfesten Chromstahlbecken gemacht. Plastikbecken können kaufreudigen Hunden gefährlich werden, wenn sie größere Kauteile ganz schlucken. Sie können im schlimmsten Fall Magen- oder Darmverschlüsse verursachen.
Näpfe für Hunde mit sehr langen Behängen (Spaniel) eignen sich nicht für eine Zwergrasse und umgekehrt. Futterschüsseln für einen Bernhardiner sind sicher für kleinere Rassen viel zu voluminös.
Das Gleiche gilt für den Wassernapf. Passen Sie ihn der Größe Ihrer Rasse an. Für wasserfreudige Rassen (z. B. Retriever und die Wasserhunde) sind sehr stabile Behälter notwendig, weil jede Wasserquelle unweigerlich als Einladung zum Spielen verstanden wird und Überschwemmungen im Wohnungsbereich dann keine Seltenheit sind. Um dem vorzubeugen (die Erfahrung hat mich das gelehrt), habe ich gewichtige Steingutgefäße im Gartencenter gefunden, die nicht so einfach umgekippt und herumgetragen werden können. Ihr Züchter wird Sie auch in dieser Frage sicher gut beraten.

Futtervorrat: Beachten Sie das Verfallsdatum. Kaufen Sie lieber kleinere Mengen, die für einige Wochen reichen. Sollte das von Ihnen gewählte Futter Getreideanteile beinhalten, sollten Sie dieses nicht länger als drei Monate lagern (Aflatoxine, ein giftiger Schimmelpilz).

■ Versäuberungsplatz mit Kiesoberfläche. (Foto: Ciccozzi)

Versäuberungsplatz (Stubenreinheit)

Hunde sind Gewohnheitstiere und leben gern nach einem geordneten Rhythmus. Auf regelmäßige Fütterungszeiten stellt sich schließlich auch der Verdauungsprozess ein und der Hund wird sich in absehbaren Abständen lösen müssen. Dieses Bedürfnis nutzen wir vom ersten Tag an, an dem der Welpe bei uns einzieht und weisen ihm dafür einen bestimmten Bereich zu. Da der Welpe sehr oft »muss«, ist es vorteilhaft, wenn der Versäuberungsplatz schnell erreichbar ist. Um zu verhindern, dass er sich schon irgendwo unterwegs erleichtert, wird er jedes Mal auf diesen vorgesehenen Platz getragen.

Aus hygienischen und erzieherischen Gründen empfehle ich meinen Welpen-Käufern, jedes Mal den Kot zu entsorgen und die Urin-Rückstände wegzuspülen, sonst wird er das nächste Mal unweigerlich einen neutralen (sauberen) Ort aufsuchen, und innerhalb kürzester Zeit wird er den ganzen Garten als Hundetoilette benutzen!

Wenn Sie Gartenbesitzer sind oder in einer Attikawohnung mit Dachterrasse wohnen, können Sie einen Versäuberungsplatz einrichten (s. Kasten), der einfach zu reinigen ist. Wenn Sie Ihren Welpen sich von allem Anfang an nur in diesem Bereich versäubern lassen, wird er mit einiger Überwachung Ihrerseits diesen Ort regelmäßig benutzen, und Ihr Garten bleibt sauber.

Sollten Sie in einer Wohnung leben, *muss* in unmittelbarer Nähe des Hauses eine Versäuberungsmöglichkeit vorhanden sein. Diese Einrichtungen, resp. Möglichkeiten sind unabdingbar, um einen Welpen stubenrein zu bringen.

Für meine Form von Hundehaltung mit mehreren Hunden ist dieser feste Versäuberungsplatz schon frühmorgens eine große Hilfe, denn ich kann unmöglich mit drei oder vier Hunden auf einmal einen Versäuberungsspaziergang machen. Mit meinem System versäubern sich die Hunde erst einmal und werden dann gefüttert. Ausgeführt werden sie dann in erster Linie, damit sie die tägliche Bewegung haben. Viele meiner Welpenkäufer haben dieses System übernommen.

Einrichten eines Versäuberungsplatzes

Ein Hund braucht zum Versäubern ca. 4 m^2 Fläche. Der Boden wird ca. 50 cm tief so ausgehoben, dass ein leichtes Gefälle entsteht. Nun legen Sie eine Drainageröhre in diese Grube und führen sie in einem Graben (ebenfalls mit leichtem Gefälle) noch einige Meter weiter. Ist ein Kanalisationsanschluss vorhanden, brauchen Sie den Boden nicht so tief auszuheben, sondern nur eine leichte Betonwanne anlegen und mit Kies auffüllen. Zuunterst legen Sie nun große Steine (10–15 cm Durchmesser). Darüber folgt eine Schicht grober Kies (4–5 cm Durchmesser) und zuoberst eine Schicht Rundkies (2–4 cm Durchmesser). Die oberste Schicht Kies sollte hinsichtlich der Größe der Kieselsteine selbstverständlich der Rasse anpasst werden. Für kleinere bis Zwergrassen genügt der ganz gewöhnliche Gartenkies.
Ich habe mit beiden Systemen (Drainage oder Betonwanne) gute Erfahrungen gemacht. Der Kot kann mit einer Schaufel bequem eingesammelt werden und der Urin versickert. Bedingung ist, dass das Ganze täglich gut gewässert und regelmäßig desinfiziert wird. Gegenüber Gras hat diese Methode nur Vorteile. Der Kot kann gut entfernt werden und die verbleibenden Krümel werden mit dem Wasserstrahl entsorgt. Das geht auf Gras weniger gut. Zudem trocknet der Kiesboden auch bei schlechtem Wetter schnell und die Hunde bringen viel weniger Dreck ins Haus.
Auf Dachterrassen können mit etwas Fantasie ebenfalls Hundetoiletten eingerichtet werden. Es gibt flache Betonpflanzencontainer, die mit wenig Aufwand umgerüstet werden können. Bedingung ist, dass ein Abflussrohr vorhanden ist.

Schlafplatz

Als Meutetier will der Hund in der Nähe der Ersatzmeute sein. Sein Ruheplatz sollte ruhig und zugfrei gelegen sein, aber so platziert, dass er das Familiengeschehen überblicken kann. Sehr oft sucht er sich seinen Platz oder seine Plätze selber aus.
Weidekörbe werden in der Regel nicht alt, da in diesem Alter alles benagt wird. Zudem besteht die Gefahr, dass spitze Weiderutenteile im Verdauungstrakt ernsthafte Verletzungen hervorrufen könnten. Im Fachhandel gibt es praktische Plastikwannen und wunderbare Kuschelkörbe aus gepolstertem Stoff, die problemlos gewaschen werden können.
Sehr empfehlenswert sind die fellartigen Decken (Vetbed). Sie strahlen die Wärme zurück, bleiben trocken und lassen eventuelle Nässe durch. Zudem sind sie waschbar.
Hundeboxen: Zusammenlegbare Boxen (Gitter oder Kunststoff) sind aus der heutigen Hundehaltung fast nicht mehr wegzudenken. Sie sind als Schlafplatz im Hause und für unterwegs auf Reisen im Hotelzimmer eine große Hilfe. Der Hund fühlt sich darin geborgen und betrachtet sie als seine Höhle. *Es ist der Mensch, der seine Vorstellung, die Box sei ein Gefängnis, überdenken muss.*
Wenn ich einen Welpen behalte, leistet mir diese Box wertvolle Dienste, nicht nur beim »Stubenrein«-Training. Wenn ich etwas Dringendes zu erledigen habe und den Welpen deshalb nicht immer im Auge behalten kann, »parkiere« ich ihn dort. Da er darin auch nachts schläft, fühlt er sich dort zu Hause. Auf diese Weise schütze ich meine Wohnung vor seinen für ihn lustigen »Beschäftigungseinfällen« und bewahre ihn ebenfalls vor möglichen Schäden. Er geht tagsüber auch freiwillig rein, da ich die Türe offen lasse. Nachts steht die Box neben meinem Bett. Wenn der Welpe muss, meldet er sich, denn ein Hund beschmutzt sein Bett nur im Notfall.
Eine Alternative zu den teuren Hundeboxen können für die ersten Wochen **Pappkartonschachteln** sein. Bei mittelgroßen und großen Rassen

sind sie zwar bald zu wenig stabil. Da der Welpe Geborgenheit sucht (mit Vorliebe in Höhlen), stelle ich jeweils zusätzlich solche Schachteln im Wohnbereich auf und lege ein Vetbed hinein. Diese Plätze werden für die diversen Nickerchen am Tag rege benutzt.

Ruhebedürfnis

Ein zehnwöchiger Welpe braucht noch 15 oder mehr Stunden Schlaf. Diese Ruhepausen sind von der ganzen Familie zu respektieren. Sie sind wichtig für eine gesunde Entwicklung.

Spaziergänge

Mit dem Welpen macht man mehrmals am Tag kurze Spaziergänge von wenigen hundert Metern (von Rasse zu Rasse verschieden) und nimmt Rücksicht auf seine noch weichen Knochen – bei mittelgroßen und großen Rassen ganz besonders. Während der Zeit des intensivsten Wachstums des Hundes – zwischen dem ersten und dem neunten Monat (der Mensch nimmt sich dazu immerhin etwa 18 Jahre Zeit) – sind sowohl die knorpeligen als auch die knöchernen Anteile des Skelettes sehr fragil und somit den enormen mechanischen Belastungen nicht in ausreichendem Maße gewachsen. Dies gilt vor allem für die Knochen und Gliedmaßen im Bereich der Wachstumszonen, d. h. in und um die Epiphysenfuge (Wachstumsfuge) und in den Gelenksknorpeln. Der Gelenksknorpel und der Knorpel der Epiphysenfuge sind zur Zeit des intensivsten Wachstums – und nur zu dieser Zeit – mit Blutgefäßen durchsetzt, welche die Verknöcherung einleiten. Dadurch ist die ohnehin schon geringe Stabilität des wachsenden Knorpels vermindert. Der Knochenschaft rings um die Epiphysenfuge fängt gerade erst an sich zu bilden, d. h. er besteht noch vorwiegend aus Bindegewebe. Starke mechanische Belastungen (zu lange Spaziergänge und Spielphasen mit anderen Hunden oder Kindern) können sowohl im Gelenksknorpel als auch im gerade neu gebildeten Knochengewebe Schaden verursachen. Schäden im Knochengewebe – in der Regel Mikrofrakturen – können spontan heilen. Schäden im Gelenksknorpel hingegen können zu bleibenden Arthrosen führen. Auch Ansatzstellen von Bändern und Sehnen erreichen ihre volle Belastbarkeit erst nach Abschluss der intensivsten Wachstumsphase.

■ Welpen ermüden schnell, zeigen es aber nicht. Daher ist es wichtig, dass der Besitzer die Aktivitäten seines Welpen im Auge behält, und ihn beim einen oder anderen Mal auf dem Arm nach Hause trägt. (Foto: Riederer)

Treppenlaufen

Hier gilt wieder die Regel für mittelgroße und große Rassen während der intensivsten Wachstumsphase: Treppen hochgehen ist grundsätzlich gut und stärkt die Rückenmuskulatur; Treppen, steile Abhänge und Ähnliches hinunterspringen ist für den Welpen und den Junghund tabu. Die mechanische Belastung des Skelettes ist hierbei, ähnlich der Überforderung bei zu langen Spaziergängen und Märschen, viel zu groß.

Während dieser Zeit sind Treppen am besten durch Absperrvorrichtungen zu verschließen und der Welpe wird runtergetragen. Wenn er zu schwer wird, führt man ihn langsam an der Leine hinunter.

Spielen mit anderen Hunden

Wie schon im Abschnitt »Spaziergänge« kurz erwähnt, sind zu lange Spielphasen für das wachsende Skelett schädlich. Zudem ist das Größenverhältnis der Spielpartner zu berücksichtigen. Gleich große Welpen kann man sicher länger zusammen rumtoben lassen als einen Zwerg mit einem Riesen. Im Hinblick auf die körperliche Entwicklung sind einige Minuten intensives Spielen zu verantworten. Nehmen Sie den Kleinen dann wieder an die Leine und schalten Sie für einige Minuten z. B. eine »Leinenlaufübung« ein, bevor Sie die nächste Spielphase einläuten. In gut geführten Welpenspielstunden lässt man die Welpen auch nicht unkontrolliert einfach herumtoben, sondern es werden abwechslungsreiche Übungen angeboten, die auf der einen Seite Rücksicht auf die Gesundheit nehmen und auf der anderen Seite den innerartlichen Kontakt fördern.

Pflegeutensilien

Zur grundsätzlichen Pflege eines Hundes gehört neben der gesunden Ernährung, den täglichen Spaziergängen mit und ohne Spielmöglichkeiten oder den hundesportlichen Betätigungen die **Fellpflege**. Bei einem ungepflegten Hund können sich durch äußere Einflüsse (Parasiten, Grasgrannen, Dreck, Laub und kleine Äste) verursachte Krankheiten entwickeln, die z. T. schwerwiegende Folgen haben können. Zudem ist ein verfilzter, übel riechender Hund nicht die beste Visitenkarte für seinen Besitzer.

Fellpflege ist für jeden Hund angesagt und nicht nur für die lang- oder stockhaarigen. Elementare Pflegeutensilien sind eine gute Bürste, ein Kamm, eine Effilierschere und Frotteetücher. Für pflegeaufwändigere Rassen wird Sie der Züchter oder der Zuchtwart und der Fachhandel beraten.

Regelmäßiges Bürsten dient nicht nur der Körperpflege, sondern leistet einen nicht unerheblichen Beitrag in der Vertiefung der Beziehung zwischen Hund und Mensch. Auch wenn das Bürsten nur einige Minuten pro Tag in Anspruch nimmt, für den Hund ist das wichtig, denn er genießt dann Ihre volle Aufmerksamkeit.

Es liegt in der Natur der Sache, dass sich das Haar in einem ständigen Prozess befindet und tagtäglich viele tote Haare abgestoßen werden. Diese fallen oft nicht von selber aus und dekorieren Ihre Teppiche, sondern müssen ausgebürstet werden, sonst bleiben sie im dichten Fell stecken und verfilzen. Dies gilt auch für pflegeleichte und kurzhaarige Rassen. Auch sie wechseln ihren Pelz und verlieren Haare.

Bei viele Rassen muss das Fell in regelmäßigen Abständen entweder getrimmt, geschoren, ausgedünnt und/oder gebadet und geföhnt werden. Die Rassestandards geben vor, wie ein Hund auszusehen hat.

Der Züchter einer pflegeintensiven Rasse wird den Welpen schon sehr früh an den Pflegetisch gewöhnen. Er wird Sie als Neuling sukzessive in die Geheimnisse des Toilettierens einweihen und wird Sie genau anlernen, damit Sie die elementarsten Vorgänge selber ausführen können. Sie werden in kurzer Zeit eine solide Routine entwickeln und alle notwendigen Handgriffe erlernen. Sollte der Aufwand für Sie zu groß sein, wird Ihnen Ihr Züchter sicher weiterhelfen. Zudem gibt es die Hundesalons, die professionelle Arbeit leisten.

Meine Rasse, der Labrador Retriever, ist sehr pflegeleicht, aber auch er braucht einen regelmäßigen Bürstenstrich (vor allem während des

Haarwechsels), nicht nur wegen der toten Haare, sondern für sein Wohlbefinden. Die Bürste massiert ihn und regt so seinen Kreislauf an. Wenn er nass und schmutzig ist, wird er mit einem Wasser aufsaugenden Tuch tüchtig trocken gerieben. Meine Hunde aalen sich dann wohlig in diesem Tuch, sie lieben dieses Ritual.

Bei langhaarigen Rassen ist der Reinigungsprozess bei Schmuddelwetter nicht viel aufwändiger als bei kurzhaarigen – sie müssen höchstens etwas öfter abgeduscht oder gebadet werden und brauchen etwas länger, um zu trocknen.

Ein **Erste-Hilfe-Set** ist eine vernünftige Anschaffung und sollte als Mindestausstattung einen Fiebermesser, ein Desinfektionsmittel, ein Reinigungstüchlein und eine Wundsalbe enthalten. Der Tierarzt und der Züchter beraten Sie gerne. Eine Zeckenzange wird Ihnen in der warmen Jahreszeit gute Dienste leisten.

Autobox und Sicherheitsgurte

Für die Sicherheit im Straßenverkehr können auch wir Hundebesitzer einiges beitragen, indem wir unsere Hunde sicher in unserm Auto verwahren. Sie kennen sicher die Crashtest-Bilder der Autoindustrie aus dem Fernsehen. Nun können Sie sich bestimmt vorstellen, dass Ihr auf dem Rücksitz ungesicherter Hund bei einem Aufprall wie ein Geschoss Richtung Windschutzscheibe geflogen kommt. Das muss nicht sein. Es gibt gut erprobte Sicherheitsgurt-Systeme.

Spezielle Autoboxen leisten vorzügliche Dienste, sei das nun im Laderaum des Kombis oder im Passagierraum des Autos. Hunde, die in Boxen gehalten oder durch Gurte gesichert sind, können zudem nach dem Anhalten nicht unkontrolliert aus dem Wagen stürzen und auf die Straße rennen, wenn jemand die Türe öffnen sollte.

Verschiedene Automarken führen eigene Modelle und der Tierbedarffachhandel kann auch weiterhelfen.

Welpenspielstunden

Die bekannte Erziehungswissenschaftlerin und Welpenprägungsspielstundenleiterin Gabriele Niepel schreibt in ihrem Buch *Welpenspielstunde*: »Die Spielfreude des jungen Hundes treibt ihn dazu, sich im Spiel mit seiner Umwelt auseinander zu setzen, seine eigenen Fähigkeiten zu trainieren und zu lernen, wie man am besten durchs Leben kommt«. Weiter schreibt sie: »Welpen werden nicht mit einem funktionierenden Sozialverhalten geboren – sie werden lediglich mit Anlagen geboren, dieses Verhalten zu erlernen. Das setzt aber voraus, dass man ihnen diese Lernerfahrung auch ermöglicht«.

Es ist hinlänglich bekannt, dass die Entwicklung des Hirns des Hundes mit ca. vier Monaten abgeschlossen ist. An anderer Stelle habe ich bereits darauf hingewiesen, dass sich neben den genetischen Anlagen die Umwelterfahrungen im Hirn speichern und zusammen das Wesen des Hundes bilden. Nun muss man sich vorstellen, dass der Welpe, wenn er zu Ihnen kommt, von seiner Abstammung her gute genetische Anlagen haben sollte und in seinen ersten acht bis zehn Wochen durch seine Mutter und Geschwister und den Züchter seine ersten Verschaltmechanismen in Zusammenhang mit der Konfrontation seiner Umwelt machte.

Um dem Welpen nun weitere Lernerfahrungen zu ermöglichen und die verlorenen Kontakte im Verband mit seinen Geschwistern zu ersetzen, sind u. a. Welpenspielstunden entstanden. Geschulte Spielstundenleiter werden Sie und Ihren Welpen im Hinblick auf seine Entwicklungsmöglichkeiten betreuen.

Der Begriff Welpenspielstunde kann irritierend sein, denn dieses Angebot soll sich nicht einfach auf ein unkontrolliertes Herumtoben von Welpen verschiedenster Rassen beschränken, während die Besitzer zu einem gemütlichen Schwatz beisammenstehen, sondern soll nach einem fundierten Konzept Halter und Welpe in einer spielerischen Form im Umgang mit der Umwelt vertraut machen und ihnen Hilfen geben, wie sie zusammen als Team optimal funktionieren können.

Daher empfehle ich Ihnen dringend, verschiedene Angebote von Welpenspielstunden zu prüfen. Gehen Sie als Zuschauer hin. Beobachten Sie gut,

Der Welpenspielgarten. (Foto: Rohrer)

was zwischen Welpen, Besitzern und Übungsleiter abläuft. Behagt Ihnen die dort herrschende Atmosphäre, sind Sie am richtigen Ort.

Es gibt Welpentreffs, wo unter kundiger Aufsicht praktisch nur gespielt wird. Auf diese Weise wird mindestens das Spielbedürfnis der Welpen gedeckt. Nicht mehr und nicht weniger. Aber im Hinblick auf die kurze Prägungszeit des Hundes darf es mehr sein. Welpenspielgruppen sollen durchaus neben den gezielt ausgerichteten Spielphasen kleine Basisübungen des Alltags einbauen. Diese sollen die Kommunikation zwischen Hund und Mensch fördern, den Welpen optische und akustische Hindernisse bieten, das Thema »Sicherheit rund ums Autofahren« behandeln, einen Restaurantbesuch einschließen, ebenfalls eine Tram- oder Autobusfahrt, einen Tierarztbesuch und einen Spaziergang im freien Gelände mit der ganzen Gruppe. Begegnungen mit fremden Hunden und ihren Besitzern außerhalb des Welpenspielgartens sind dabei äußerst willkommen.

Die Lernereignisse, die in der Welpenspielgruppe geboten werden, diese Ersterfahrungen sind für die weitere Entwicklung des Hundes von entscheidender Bedeutung. War er in seinem Welpenverband noch in der friedlichen Geborgenheit von Mutterhündin und Züchter liebevoll umsorgt, so wehen ihm in der abwechslungsreichen Welpenspielstunde manchmal schon etwas rauere Lüftchen des wahren Lebens um den Nasenspiegel!

Vergessen Sie nicht; Ihren Welpen frühzeitig anzumelden, gute Welpenspielstunden haben z. T. Wartelisten.

Junghundeerziehungskurs

Nachdem Ihr Welpe aus dem Welpenspielstundenalter herausgewachsen ist (16. Lebenswoche),

bieten viele dieser Organisationen einen Junghundekurs an. Diese Kurse schließen sich fast nahtlos an und sind den Bedürfnissen der Junghunde angepasst. Sie unterscheiden sich noch sehr von der Ernsthaftigkeit der hundesportlichen Kurse und berücksichtigen die noch geringe Konzentrationsfähigkeit des Junghundes und sein noch großes Spielbedürfnis.
Auch diese Kurse sind sehr gut besucht und haben nicht immer Plätze frei.

Der große Tag

Zur Erinnerung:
- Bitte folgen Sie genau den Fütterungs- und Haltungsanweisungen Ihres Züchters, er kennt Ihre Rasse und hat Erfahrung mit all ihren Eigenheiten.
- Stubenreinheit: Am Anfang alle halbe Stunde und immer nach dem Fressen, Spielen und Schlafen auf den vorgesehenen Platz führen. Benutzen Sie immer die gleiche Türe (s. S. 140).
- Schlafplatz: am einfachsten in einer Box neben dem Bett.
- Ruhebedürfnis: Ein zehn Wochen alter Welpe braucht 15–18 Stunden Schlaf.
- Spaziergänge: nur kurze Quartierrunden (100–300 m), mehrmals am Tag.

Checkliste

Nun ist es so weit, heute kommt der Welpe ins Haus. Sie haben sich den Ablauf des Tages sicher schon oft durch den Kopf gehen lassen – nun wird Ihr Traum Wirklichkeit.
In den vorangegangenen Abschnitten haben Sie nun einiges erfahren und hoffentlich alle Vorkehrungen für den neuen Hausgenossen getroffen. Sie haben:

- den Großeinkauf für die Familie getätigt
- eine Haftpflichtversicherung für den Hund abgeschlossen
- die Adresse eines Tierarztes in Ihrer Nähe notiert
- alle wichtigen Termine erledigt oder für zwei Wochen verschoben
- die Rollenverteilung innerhalb der Familie festgelegt
- den Schlafplatz (Box oder Bett) eingerichtet
- Halsband und Leine gekauft
- einen ausreichenden Futtervorrat und Futtergeschirr inklusive Trinknapf gekauft
- in Ihrem Zuhause wo nötig Absperrgitter montiert
- den Versäuberungsplatz eingerichtet
- die Begleitperson zum Abholen des Welpen beim Züchter bestimmt
- alle elektrischen Kabel (auch Telefonleitungen) abgesichert, die spitzen Welpenzähne sind mit Perforierzangen zu vergleichen
- Welpenspielstunde angemeldet
- bei der Kommune die Hundetaxe abgeklärt.

Hinweis
Als Züchterin bin ich immer wieder erstaunt, wie schnell sich ein Welpenbesitzer verunsichern lässt, obwohl ich sehr viel Zeit und Geduld investiere und ihm und seinem Welpen eine tolle Startrampe einrichte. Es stimmt mich oft traurig, wie wenig ernst man genommen wird. Vielleicht hängt das mit der Veränderung in unserem Gesellschaftssystem zusammen, das zunehmend den Respekt und die Verantwortung dem Tier (und auch dem Menschen) gegenüber vermissen lässt.
An dieser Stelle bitte ich Sie, liebe Welpenbesitzer, vertraut Eurem Züchter, er ist der Experte, er hat alles nur Mögliche in die ersten acht bis zehn Lebenswochen Ihres Welpen investiert. Er hat den Auftrag, die Rasse zu fördern und zu erhalten mit viel Herzblut erfüllt. Nun liegt es an Ihnen, sein Werk und das aller vorangegangenen Züchter zu respektieren, indem Sie Ihren Welpen nach seinen Anweisungen aufziehen.

Der Welpe wird abgeholt

Bevor Sie die Fahrt zum Züchter antreten, sollten Sie einen letzten Check durchführen, ob wirklich alles für den Welpen und die ersten aufregenden Stunden und Tage vorbereitet ist. Sie werden, wenn der Welpe einmal da ist, dermaßen beschäftigt sein, dass Sie vorerst nicht mehr dazu kommen werden, unterlassene Besorgungen nachzuholen.

Vereinbaren Sie mit Ihrem Züchter eine konkrete Abholzeit und rechnen Sie mindestens eine Stunde für die Übergabe ein. Es sind Formalitäten zu erledigen, wie Kaufvertrag unterschreiben, Ahnentafel- und Impfschein aushändigen, Futterplan besprechen und das Abklären der letzten offenen Fragen. Es sollte während der Übergabe keine Hektik entstehen. Denken Sie auch an den Züchter, der sich nun von einem lieb gewonnenen Wesen verabschieden muss. Dies alles sind emotional geladene Momente, die man nicht in einen fixen Zeitplan klemmen sollte.

Um sich und dem Welpen eine angenehme Heimfahrt zu ermöglichen, brauchen Sie eine Begleitperson, damit der Welpe auf dem Rücksitz betreut und ihm Geborgenheit vermittelt wird. Hunde vertragen Autofahrten in der Regel gut, aber es gibt immer Ausnahmen und ihr Verhalten ist außerdem von Rasse zu Rasse verschieden. (Die meisten Züchter gewöhnen ihre Welpen, sobald sie geimpft sind, ans Autofahren.)

Ich empfehle Frottiertücher, Wasser, eine Haushaltpapierrolle und eine Decke mitzunehmen. Bitte beachten Sie, dass der Welpe kurz vor der Fahrt nicht gefressen hat. Die ausgefallene Mahlzeit wird er zu Hause schnell wieder wettgemacht haben. Wenn er während der Fahrt ruhig und entspannt bleibt, ist es nicht nötig, diese zu unterbrechen (sofern Sie nicht Hunderte von Kilometern fahren müssen). Sollte er aber wiederholt gähnen oder speicheln oder anhaltend jammern, empfehle ich Ihnen anzuhalten und den kleinen Kerl in einem Wald oder auf einer Wiese, fern vom Straßenverkehr, durch Spielen abzulenken und müde zu machen, um dann die Fahrt fortzusetzen. Damit kann einem eventuellen Erbrechen und einer sich aus dieser negativen Erfahrung heraus möglicherweise festsetzenden Aversion gegen Autofahrten vorgebeugt werden. Ist die erste Autofahrt mit Ihnen für den Welpen eine angenehme Erinnerung, wird er auch in Zukunft gerne ins Auto steigen.

Der Abschied von der Züchterin. (Foto: Ciccozzi)

Mit dieser Fahrt beginnt für Sie ein Lebensabschnitt mit einer jungen, neugierigen, noch unerfahrenen Kreatur. Nun liegt es am neuen Besitzer, an Ihnen, den Tenor für ein gutes, erfülltes, jahrelanges Miteinander anzustimmen.

Vergessen Sie, wenn Sie zu Hause angekommen sind, den Züchter nicht. Rufen Sie ihn an. Auch er möchte gerne wissen, ob der Welpe gut gereist ist.

Tipp
Verwahren Sie die offiziellen Papiere Ihres Welpen (Ahnentafel, Impfpass) gut, Sie werden sie ein Hundeleben lang öfters benötigen.

Im neuen Zuhause. (Foto: Ciccozzi)

Die ersten Stunden im neuen Heim

Nach der Ankunft zu Hause tragen Sie den Welpen zuerst auf seinen vorgesehenen Versäuberungsplatz, bevor Sie ihn ins Haus nehmen. Je nach Situation lässt man ihn angeleint oder unangeleint so lange schnüffeln, bis er sich ohne Ihre Beeinflussung entleert. Loben Sie ihn während der ganzen Entleerungsphase mit einschmeichelnder Stimme und sorgen Sie dafür, dass er nicht abgelenkt wird. Denn hier kommen die Faktoren Konsequenz und Zeit, sozusagen der Schlüssel zur erfolgreichen Hundeerziehung, zum Zuge.

Hinweis
Es ist falsch (man vermenschlicht), wenn man sich immer wieder sagt: »Na, er ist ja noch so klein, das bringen wir ihm dann bei, wenn er etwas größer ist«. Ein Hund braucht von allem Anfang an genaue Leitplanken, damit er sich orientieren und in die Hierarchie des Rudels einfügen kann.

Nun erst bringen Sie den Welpen ins Haus. Dabei ist es wichtig, dass er von den übrigen Familienmitgliedern dosiert empfangen wird. Ich weiß, dass das manchmal sehr schwierig ist, weil die Freude so groß ist. Trotzdem empfehle ich etwas Zurückhaltung und bitte Sie, behutsam vorzugehen. Versuchen Sie sich in den Welpen zu versetzen. Meine neuen Welpenbesitzer bitte ich jeweils sich vorzustellen, wie sich das neue Hundekind wohl fühlen würde, wenn es jetzt mutterseelenallein nach China verfrachtet worden wäre und kein Wort verstünde.

Der Welpe braucht in der Wohnung viel Zeit, um sich umzusehen und all die neuen Gerüche kennen zu lernen, von denen er buchstäblich überfallen wird (deshalb mein Vergleich mit China!). Zudem wird er wunderbare, für ihn noch unbekannte Spielsachen vorfinden, die ihn fesseln werden. Nach einer Weile kann man ihm die erste Mahlzeit (zubereitet nach den Anweisungen des Züchters) am vorgesehenen Fressplatz verabreichen. Unmittelbar nach dem Fressen wird der Welpe wieder ins Freie gebracht, damit er sich versäubern kann, und wird erst nach Erledigung des wichtigen Geschäftes wieder ins Haus gebracht. Sie erinnern sich: »Faktor Zeit und Konsequenz = Schlüssel zur erfolgreichen Erziehung«.

Tipp
Den vom Züchter mitgelieferten Futterplan hängen Sie am besten dort auf, wo Sie jeweils die Mahlzeiten des Hundes vorbereiten. Es ist sinnvoll, ihn noch mit seiner Telefonnummer und derjenigen des Notfalltierarztes zu ergänzen.

Wieder im Haus wird der Kleine weiter auf Entdeckungsreise gehen oder spielen, um dann gelegentlich einen ihm genehmen Ruheplatz aufzusuchen. Lassen Sie ihn gewähren, auch wenn er nicht auf seinen von Ihnen vorgesehenen Schlafplatz geht. Hier geht es vorerst mal nur darum, dass er sich heimisch fühlt und vielleicht erinnert ihn der ausgewählte Platz an einen, den er im Welpenverband hatte, wer weiß? Der definitive Schlafplatz hat Zeit bis zum späten Abend, wenn es in die erste Nacht geht! Nach seinem ersten Nickerchen wird er als Erstes wieder auf den Versäuberungsplatz getragen. Dabei gewöhnen Sie sich daran, dass Sie den Welpen immer durch ein und dieselbe Türe hinausbringen. Dadurch prägt sich bei ihm viel schneller der direkte Weg zur Erleichterung ein und »kleinere oder größere Unglücke« werden seltener vorkommen.
Die Türen zu jenen Räumen, zu welchen der Welpe keinen Zutritt hat, sind geschlossen oder mit Kinderabsperrgittern gesichert.

Die erste Nacht

Hunde, die sorgfältig und sauber aufgezogen wurden, konnten ihren angeborenen Drang ausleben, sich erst in einiger Entfernung des Lagers zu versäubern. Das machen Sie sich nun zu Nutze, indem Sie Ihrem Welpen ein Nachtlager einrichten, das er nicht von alleine verlassen kann. Mit größter Wahrscheinlichkeit wird es sonst passieren, dass er, weil er muss, sein Bett verlässt und sich in einiger Entfernung davon versäubert (Teppiche sind bevorzugte Stellen). Das Ganze spielt sich meist lautlos ab, während Sie glücklich schlafen. Ist er hingegen in einer Box oder einer tiefen Kartonschachtel untergebracht, kann er nicht davonschleichen und wird sich jammernd melden.
Die sanfteste Methode, um dem Welpen nachts die nötige Geborgenheit zu vermitteln, die er bis anhin durch seine Geschwister und die Mutterhündin hatte, ist sicher die, das Lager des Welpen neben Ihrem Bett zu installieren oder umgekehrt ein Bett neben dem Lager des Welpen aufzustellen.
Wenn der Welpe unruhig wird, genügen meist einige Streicheleinheiten, um ihn zu beruhigen. So merkt man auch rasch, ob sich der Welpe entleeren muss und kann ihn schnell ins Freie tragen. Sobald sich der Welpe versäubert, lobt man ihn und trägt ihn dann ins Haus zurück, legt ihn wortlos ins Bett und löscht das Licht.
Wieso soll ich dem Welpen gegenüber in diesem Moment so kurz angebunden sein, fragen Sie sich bestimmt. Nun, der Welpe ist hellwach und wartet nur auf Ihre Aufforderung zum Spielen! Wenn Sie auf seine Bereitschaft eingehen, setzt sich bei ihm fest, dass auch die Nacht zum Spielen da ist. Von Nachtruhe kann dann keine Rede mehr sein. Der Welpe lernt auf diese Weise, allein in seinem Bett zu schlafen, hat aber die Gewissheit, dabei nicht allein zu sein. So verliert die Nacht für ihn schnell ihre Schrecken und er wird Sie schon bald nur noch selten wecken.
Die allgemeinen Befürchtungen, so hätte man dann ein Hundeleben lang seinen Hund im Schlafzimmer, können Tausende von Hundebesitzern, die diese Methode anwandten, entkräften. Nach einigen Tagen und Nächten wird sich Ihr Welpe gut eingelebt haben. Sollten Sie ihn dann später nachts nicht in Ihrem Schlafzimmer haben wollen, schieben Sie sein Lager meterweise Richtung Türe, bis er nach einigen Nächten dort landet, wo Sie ihn haben möchten.

■ Bei den Schuhen des »Meisters« fühlt er sich geborgen – es riecht ja nach ihm! Aber Vorsicht, Schuhe sind beliebte Kauobjekte. (Foto: Steibrück)

Für die ersten paar Nächte empfehle ich meinen Welpenbesitzern, den Kleinen nochmals spät abends nach draußen zu bringen, damit er bald einmal bis zum frühen Morgen durchhält.

Wenn Ihr Welpe am Morgen eine Stunde oder noch früher vor Ihrer normalen Weckzeit nochmals muss, bringen Sie ihn wieder wortlos ins Bett und legen sich auch wieder hin, obwohl Sie vielleicht nicht mehr schlafen können, und ignorieren den Kleinen. Stehen Sie dann zur gewohnten Zeit auf und nachdem sich der Welpe wieder versäubert hat, füttern Sie ihn und bringen ihn anschließend wieder hinaus! Das sieht nach einem »Riesenprogramm« aus, ist aber nur halb so schlimm! Auf diese Weise gewöhnen Sie ihn am schnellsten an Ihren Tages-Rhythmus.

Die »Willenbrecher-Methode«, den Welpen irgendwo die ganze Nacht allein zu lassen, ist erfreulicherweise überholt – wer es trotzdem versucht, wird früher oder später vor dem Heulkonzert oder benagten Gegenständen kapitulieren. Dass man dabei auch einen Minuspunkt in Sachen Hundeerziehung kassiert hat, merkt man möglicherweise erst viel später. Der Welpe hingegen hat sofort kapiert.

Viele meiner Welpenkäufer stellen sich die erste Nacht mit dem Welpen viel komplizierter vor und sind dann erstaunt, dass der kleine Kerl doch schon einige Stunden durchhält und sie daher doch noch ein »Auge voll Schlaf« genießen durften!

Der erste Tag mit dem neuen Familienmitglied

Tipps

Der Wechsel aus dem geborgenen Welpenverband in die neue Welt bei Ihnen zu Hause mit all den vielen neuen Eindrücken belastet einen kleinen Hund. Deshalb ist es empfehlenswert, während der Eingewöhnungszeit (einige Tage) eine Haus-/Gartenquarantäne zu verhängen. Er braucht viel Zuwendung und Geborgenheit. Das hilft dem Welpen zuerst einmal, eine Bindung zum neuen Ort zu entwickeln.

Der Wechsel in die neue Welt belastet ihn auch in Bezug auf seine Abwehrkräfte. Auch aus diesem Grund sollte er dosiert mit der neuen Umgebung konfrontiert werden. Mit Homöopathie kann man ihn gut unterstützen, z. B. Echinacea D6. Ignatia D6 heißt das Heimwehmittel. Zudem ist er altersmäßig noch nicht voll durchgeimpft. Die Wiederholung der zweiten SHL-Impfung (Staupe, Hepatitis, Leptospirose, Zwingerhusten) steht in den nächsten zwei Wochen auch noch an. Wenn Sie in einer Wohnung leben und keinen eigenen Garten zur Verfügung haben, dann beschränken Sie sich auf den kurzen Gang zum Versäuberungsplatz. *Vergessen Sie dabei das Kotsäckchen nie – gewöhnen Sie sich jetzt an, jede Hinterlassenschaft Ihres Hundes aufzunehmen.*

Vielleicht hat Ihre Wohnung einen Balkon oder eine Terrasse, zu der Ihr Welpe Zutritt hat. Viele Hundebesitzer in Ihrer Lage haben dort jeweils für die ersten Wochen einige Zeitungen ausgebreitet. Die meisten Welpen wurden bei ihrem Züchter daran gewöhnt, sich nachts auf Zeitungen zu versäubern.

Ihr Welpe konnte bei seinem Züchter bereits viele Umwelterfahrungen sammeln. Er begegnete Artgenossen, verschiedenen Menschen, anderen Tierarten, hat viele optische und akustische Eindrücke verarbeitet – kurz: Er wurde sorgfältig auf das weitere Leben mit Ihnen vorbereitet. Das bedeutet nun nicht, dass Sie ihn bereits am ersten Tag bei Ihnen »testen« sollten. Im Gegenteil, lassen Sie ihm Zeit, sich in Ihre Welt einzuordnen. Ihre täglichen Abläufe sind für Sie Routine, für ihn hingegen ist alles neu und unvertraut. Deshalb empfehle ich, dass Sie Schritt für Schritt vorgehen und nichts forcieren.

Am ersten Tag sollte der Welpe noch nicht (auch nicht für kurze Zeit) sich selber überlassen sein. Versuchen Sie, ihn in Ihrer Tagesroutine mitlaufen zu lassen. Beobachten Sie, ob dort, wo er sich gerne vermehrt aufhält, auch alle für ihn gefährlichen Stellen (vor allem elektrische Kabel) abgesichert sind. Man erkennt sehr oft die Gefahrenherde erst, wenn der Welpe da ist. Die Zugänge zu allen Räumen, inklusive den Treppen, zu denen der Welpe keinen Zutritt haben soll, sind geschlossen oder mit Absperrgittern gesichert.

Meistens holt man seinen Welpen aufs Wochenende hin ab. Durch die besonderen Umstände, die der Einzug des Welpen verursacht, ergibt sich dann automatisch eine mehr oder weniger große Unordnung in der Wohnung. Verfallen Sie jetzt bitte keiner Putzhektik, lassen Sie »fünf mal grad sein« und gewöhnen Sie sich an den Zustand, dass für die nächsten Wochen im Wohnbereich Hundespielsachen und Ähnliches überall herumliegen werden. Genießen Sie jetzt in vollen Zügen das, auf das Sie so lange gewartet haben – Ihren neuen Hausgenossen. Er wird Ihnen viel (auf seine Art) zu erzählen haben! Lassen Sie sich von ihm in seine Welt einführen!

Ein Tagesablauf mit einem neuen Welpen sieht etwa so aus:

Nachdem der Welpe erstmals draußen war, kommt er bei mir in die Küche. Während ich das Frühstück vorbereite, wird er auf seinem Fressplatz gefüttert.

Halten Sie von Anfang an gewisse Regeln ein:

Pekingesekind auf Entdeckungsreise. (Foto: Schweizer)

- Gefüttert wird immer am gleichen Platz. Das ist eine erste Hilfe für den Welpen in seinem Einordnungsprozess.
- Sollte er seine Portion nicht auffressen, wird sie weggenommen und entsorgt. Es ist normal, dass ein Welpe am Anfang die vom Züchter angegebenen Portionen nicht schafft. Erstens fehlt der Futterneid der Geschwister und zweitens fühlt er sich bei Ihnen noch nicht heimisch. Machen Sie sich diesbezüglich keine Sorgen, sobald er sich bei Ihnen eingewöhnt hat, wird er auch zuschlagen.
- Auf dem Futterplan sind die verschiedenen Mahlzeiten und die Abstände der Fütterungszeiten vermerkt. Halten Sie bitte in Hinblick auf die Abstände den gleichen Rhythmus ein. Sie müssen lediglich die erste Mahlzeit des Tages so platzieren, dass der Fressrhythmus in Ihren Tagesablauf passt, das Weitere ergibt sich ja dann automatisch. Für das Wohlbefinden des Hundes ist es wichtig, dass seine Futteraufnahmen jeden Tag nach einem regelmäßigen Muster ablaufen. Entsprechend werden Sie dann auch besser erkennen können, wann ein großes Geschäft fällig sein wird. Zur Erinnerung: Ein Welpe bekommt pro Tag drei bis vier Mahlzeiten, somit wird er auch so oft Kot absetzen.

Nach dem Fressen wird er wieder nach draußen geführt. Wieder drinnen, geht die Post ab. Nun ist der Welpe hellwach und zu allen Taten bereit. Die Zeit nach der ersten Mahlzeit des Tages war schließlich ja auch im Welpengehege eine der aktivsten und lautesten des ganzen Tages.

Wenn Sie also in Ruhe frühstücken wollen, können Sie das ruhig vergessen – Ihr Welpe will nun

Man hat sich schon ganz gut am neuen Ort eingelebt. (Foto: Riederer)

spielen! Er braucht das, er ist ausgeruht und er ist neugierig. Spielen Sie mit ihm dort, wo er sich in Zukunft auch aufhalten darf. Sicher haben Sie ihm viele schöne neue Spielsachen gekauft. Bombardieren Sie ihn jetzt nicht mit allem Möglichen, gehen Sie auch hier dosiert vor. Zwei bis drei Gegenstände auf einmal genügen. Auf diese Weise konzentriert er sich und rast nicht nur hektisch vom einen zum nächsten. Mit dieser Vorgehensweise dehnen Sie bereits seine Konzentrationsphasen (Nervensystem) aus. Vergessen Sie nie, dass er sich noch mitten in der intensivsten Prägungsphase seines Lebens befindet – nutzen Sie deshalb jede Möglichkeit, ihn in seiner Entwicklung zu fördern.
Irgendwie werden Sie es dann fertig bringen, die minimalsten Routinearbeiten zu erledigen, indem Sie die Spielphasen unterbrechen, ohne ihn dabei aus den Augen zu lassen. Damit erreichen Sie mit der Zeit, dass Ihr Welpe lernt, sich zwischendurch selbst zu beschäftigen.
Nach spätestens einer halben Stunde wird er wieder auf seinen Versäuberungsplatz getragen und darf anschließend den Garten, resp. den abgesperrten Teil, erforschen. Er wird bald müde sein und es wird Zeit, ihn ins Haus zu bringen. Zuerst bringen Sie ihn nochmals auf den Versäuberungsplatz und tragen ihn dann direkt in sein Bett in der Hundebox, versehen ihn mit einem Spielzeug oder einem Kauknochen und schließen die Tür. Vielleicht wird er protestieren, die Müdigkeit wird aber bald ihren Tribut fordern.
Sie haben es gelesen, der Welpe braucht noch ca. 15–18 Stunden Schlaf, um sich zu einem gesunden, belastbaren Hund zu entwickeln. Welpen, die nicht genug Ruhephasen bekommen haben, entwickeln sich oft zu nervösen, schlecht konzentrationsfähigen Nervensägen. Sollten Sie eine

Box ablehnen, werden Sie bei Ihrem Welpen bleiben müssen, bis er schläft.
Während dieser Ruhezeit (es werden im Laufe des Tages noch mehrere folgen), können Sie das Nötigste Ihrer normalen Tagesroutine erledigen. Die Box (Schlafplatz) ist so postiert, dass der Welpe von dort einen Überblick auf seine nähere Umgebung hat. Es empfiehlt sich, den ruhenden oder spielenden Welpen in seiner Box nicht anzusprechen, denn er wird das als Aufforderung verstehen und das Heulkonzert ist programmiert. Wenn Sie ihn jetzt als Folge seines Gejammers aus der Box nehmen, verbuchen Sie für sich einen Minuspunkt! Überlisten Sie ihn, lenken Sie ihn mit einem neuen Spielzeug oder einem Leckerli ab und nehmen Sie ihn erst dann heraus, wenn er von seinem ursprünglichen Wunsch herauszukommen abgelenkt ist. Der nächste Schritt wird wieder der Versäuberungsplatz sein.
So wird Ihr erster Tag aussehen: Auf den Versäuberungsplatz bringen – spielen lassen – versäubern – füttern – versäubern – Nickerchen – versäubern – spielen – versäubern, usw. Sie sehen, der Welpe bestimmt Ihren Tagesablauf in den ersten Tagen.
Jetzt verstehen Sie vielleicht besser, wieso ich bei den Vorbereitungen empfohlen habe, bevor der Welpe abgeholt wird, alle wichtigen Termine erledigt oder auf einen späteren Zeitpunkt verschoben zu haben.

Radio, Fernseher, Staubsauger
Ein guter Züchter hat Ihren Welpen sukzessive an diese Lärmquellen gewöhnt. Lassen Sie ruhig das Radio in Zimmerlautstärke laufen (bitte keine Disco-Beschallung). Der Staubsauger wird besser erstmals in einem anderen Raum eingeschaltet, ohne dass der Welpe ihn sieht. Schalten Sie ihn zwei, dreimal im Laufe des Tages ein und aus. Erst dann führen Sie den Kleinen dorthin und schalten den Staubsauger, ohne zu saugen, ein. Geben Sie dem Welpen Zeit, das unbekannte Objekt auf seine Ungefährlichkeit zu untersuchen, bevor Sie es dann auch einsetzen.

■ Wenn sich im Gartenbereich Wasserquellen befinden, ist das natürlich für einen Spanielwelpen eine Herausforderung. (Foto: Schmid)

Spielen

Spielen ist für einen Welpen in diesem Alter neben Schlafen, Fressen und Sich-Erleichtern das Wichtigste. Im Spiel erwachen beim Welpen die angeborenen lebenswichtigen Anlagen und fördern sein Selbstbewusstsein.
Bis jetzt waren seine Geschwister seine Spielpartner. Diesen Part müssen nun Sie übernehmen. Damit binden Sie ihn an sich. Im Spiel mit Ihnen kann der Welpe Erfahrungen sammeln, die ihm helfen, sich in der neuen Welt zurechtzufinden und sich weiterzuentwickeln. Sie als Besitzer halten hier den Schlüssel zum Erfolg in der Hand: Erweisen Sie sich als toller, weil nimmermüder und einfallsreicher Spielpartner.
Spielen in der Wohnung heißt nicht, einfach nur herumzutoben, sondern sich spielerisch zu beschäftigen. Es genügt nicht, dass Sie ein paar Mal Bällchen werfen oder mit einem Tau ein »Kämpfchen« initiieren. Bieten Sie sich als Spielkamerad an. Legen Sie sich auf den Fußboden, lassen Sie ihn auf sich herumturnen, kriechen Sie mit ihm unter dem Tisch durch, rennen Sie mit ihm um die Wette um den Tisch, kraulen

■ Gewöhnung an das Halsband: die Begeisterung hält sich in Grenzen. (Foto: Jaggi)

■ Solange noch Gartenquarantäne herrscht, vergnügt man sich halt dort. (Foto: Wild)

Sie ihn hinter den Ohren – kurz gesagt, spielen Sie mit ihm auch ohne Zubehör. Der häufige Körperkontakt baut Bindung und Vertrauen auf und fördert die Gemeinsamkeit. Die wiederum erleichtert den beiden unterschiedlichen Partnern die Bewältigung der nächsten Schritte, die in Richtung Basiserziehung weisen. Befürchten Sie nicht, dass Sie Ihre Stellung als »Ranghöchster« verlieren, denn Sie bestimmen ja, wann und wie lang gespielt wird.

Tipp

Die meisten Wohnungen sind nicht mit rutschsicheren Bodenbelägen ausgestattet. Eher das Gegenteil ist der Fall. Für schnell wachsende Rassen sind diese Böden nicht die ideale Voraussetzung als Spielplatz, weil sie doch einige Verletzungsgefahren bergen (s. S. 142, Spaziergänge). Behelfen Sie sich für die ersten Wochen z. B. mit Teppichresten (Supermarkt).

Die nächsten Tage

Nach dem doch recht chargierten ersten Tag wird es nun mit jedem Tag einfacher. Sie und Ihr Hundekind haben nun schon einige Eigenheiten voneinander kennen gelernt. Ab etwa dem zweiten, dritten Tag lege ich dem Welpen für ganz kurze Zeit (einige Minuten) das Halsband um. Er wird das nicht sehr schätzen und versuchen, es mit Kratzbewegungen aus der Hinterhand abzustreifen. Ich ziehe es dann wieder wortlos aus und lege es ihm nach einer Stunde wieder wortlos um, usw. Nach dem fünften oder sechsten Mal wird er sich daran gewöhnt haben und Sie können noch im Wohnbereich kleine Leinengehversuche einbauen. Warum wortlos? Ganz einfach, es soll ihm ja vermittelt werden, dass ein Halsband zu tragen das Normalste der Welt ist. Warum also ein Aufheben drum machen.

Nach ein paar Tagen Eingewöhnungszeit kann die beim Einzug des Welpen angewandte Haus- und Gartenquarantäne aufgehoben und die ersten Mini-Spaziergänge können unternommen werden. Man beginnt mit kleinen Quartierrunden von wenigen hundert Metern (kommt auf die Rasse an) zwei, drei Mal über den Tag verteilt. Gewaltmärsche sind wegen der noch zu weichen Knochen und der schnellen Ermüdbarkeit tabu.

Denken Sie von Anfang an bei den Spaziergängen an die Gefahren des Straßenverkehrs. Auch wenn sog. Hundeexperten damit prahlen, dass sie ihren Hund nie anleinen (auch im größten Verkehrsgetümmel nicht), tun Sie es ihnen bitte nicht gleich. Ein Hund kann noch so gut gehorchen (aufs Wort), irgendein Reiz kann eine Instinkthandlung auslösen, die ihn möglicherweise das Leben kostet.

Führen Sie Ihren Hund dort, wo Gefahr lauert, immer an der Leine, austoben soll er sich im freien Gelände oder auf der Hundewiese.

Bei diesen Minispaziergängen lernt er nun Ihre Nachbarschaft (Menschen und Hunde) kennen. Diese Begegnungen sind gute Gelegenheiten, sein angelerntes Sozialverhalten weiter zu vertiefen. Er muss mit anderen Hunden auch spielen können, doch ist es ratsam, das Spiel nach einigen Minuten zu unterbrechen. Hier gilt das Gleiche wie beim Spaziergang: Öfter, aber kurz ist weit besser als selten, aber lang (s. S. 142, Spaziergang).

Mit der Wohnung ist er inzwischen vertraut und täglich für neue Taten bereit. Aus dem Welpen entwickelt sich langsam ein junger Hund. Nun ist die Zeit der Welpenspielstunde gekommen. Ich habe Sie gerne bis zu dieser Stufe begleitet und wünsche Ihnen beiden auf Ihrem weiteren Weg wunderschöne Hundejahre.

Teil V: Tipps für die Hauserziehung

Der Hund ist ein Gewohnheitstier. Diese Anlage nutzen wir vom Moment an, da der Welpe in unser Leben tritt. Er wird Sie beobachten und nie aus den Augen lassen. Er lernt aus allem, was er wahrnimmt. Ihr Verhalten ist somit entscheidend. Eine große Hilfe in der Verständigung zwischen Ihnen und Ihrem Hund sind die Gegensätze »angenehm« und »unangenehm«. Geschickt eingesetzt unterstützen sie Ihre Erziehungsaufgabe enorm.

An anderer Stelle habe ich gesagt, dass der Hund nichts vergisst. Man kann das Gedächtnis des Hundes (im weitesten Sinne) mit der Festplatte eines Computers vergleichen, nur dass im Kopf des Hundes gespeicherte Informationen nicht mehr gelöscht werden können. Es empfiehlt sich somit, alles zu unternehmen, um den Lernprozess des Hundes positiv zu beeinflussen und zu steuern.

Verbale Verständigung

Bedenken Sie bitte, dass der Welpe Ihre Worte zu 99 % nicht versteht. Sein Verständnis unseres gesprochenen Wortes beschränkt sich auf das, was er bei seinem Züchter in Verbindung mit einer Aktion verknüpft und gespeichert hat. Versuchen Sie daher nicht die geläufigen Befehle (Komm, Sitz, Platz, Pfui), die man gemeinhin von den Hundebesitzern gehört hat, anzuwenden, denn Ihr Welpe kennt sie noch nicht.

Der Hund versteht uns hauptsächlich über unsere Körpersprache. Um auch mit Worten (z. B. einem Befehl) etwas anfangen zu können, muss er gelernt haben, sie mit einer bestimmten Aktion zu verknüpfen. Dazu braucht er klare, deutlich akzentuierte Zeichen mit Pausen dazwischen (mind. zehn Sekunden), damit ein Verschaltungsmuster in seinem Hirn gespeichert werden kann. Diese Pausen müssen Sie unbedingt einhalten, sonst kann er Ihnen nicht folgen und wird verunsichert.

Für den Hund ist es verwirrend, wenn ununterbrochen auf ihn eingeredet wird, denn er kann Sie nicht verstehen (genauso erginge es Ihnen, versetzte man sie plötzlich nach China). Er wird sich sehr schnell an diese »Berieselung« gewöhnen und, da keine Verknüpfung stattfindet, Ihnen bald nicht mehr zuhören. Zum Vergleich: In einem Verkaufsladen läuft von morgens bis abends Musik. Glauben Sie wirklich, dass das Verkaufspersonal diese noch hört? Daher, helfen Sie Ihrem Hund, beschränken Sie sich auf einfache, klare Worte, damit eine beidseitige Verständigung überhaupt entstehen kann.

Beispiel Rufname

Das erste Wort, das Ihr Welpe bei Ihnen lernen wird, ist sein Rufname. Den wird er sehr oft hören und, weil er ihn ja mehrheitlich in angenehmen Situationen hört, auch bald registriert haben. Achten Sie aber darauf, dass Sie nicht einfach nur seinen Namen rufen, sondern ihn immer noch mit der Aktion, die Sie von ihm wünschen, kombinieren. Damit schaffen Sie gleich klare Verhältnisse. Also immer: »Mira komm!, Mira brav!, Mira nein!« usw.

Beispiel Herankommen

Sobald sich der Welpe in Ihre Richtung in Bewegung setzt, sollten Sie ihn dabei verbal in einem freundlichen, einladenden Ton unterstützen: »Mira, komm, komm, komm, komm...«, bis er bei Ihnen angekommen ist. Dabei kauern Sie sich hin und loben ihn (liebkosen hilft zusätzlich) mit: »Mira, brav komm«.

Susan Scales empfiehlt in ihrem Buch *Retriever Training*, sich bei eher zurückhaltenden oder unsicheren Welpen auf den Boden zu legen. Damit befindet sich der Mensch für den Welpen auf gleicher Höhe und erscheint ihm wegen seiner Größe auch nicht mehr bedrohlich.
Nutzen Sie die vielen Gelegenheiten, bei denen der Welpe auf Sie zukommt, so oft wie möglich. Beginnen Sie aber jetzt nicht damit, den Welpen abzurufen, während er intensiv mit einem Spielzeug beschäftigt ist. Wenden Sie diese Übungshilfe nur an, wenn er sowieso auf Sie zukommt. Hierbei darf kein Druck ausgeübt werden, alles muss angenehmes Spiel bleiben.

Stubenreinheit

Zur Erinnerung: Sobald der Welpe den Drang verspürt, wird er sich sofort lösen. Diesen Drang verspürt er sehr oft. In der Regel gibt man ihm jede halbe Stunde (außer wenn er schläft) die Möglichkeit dazu. Eine große Hilfe kann ein Wecker sein, den man halbstündlich stellt, damit man die Versäuberung nicht vergisst.
Sie können sich zur Regel nehmen, dass ein Welpe nach dem Füttern, während und nach dem Spielen und nach dem Aufwachen Harn (und Kot) absetzen muss.
Er bekommt noch drei bis vier Mahlzeiten, entsprechend oft wird er auch Kot absetzen.
In den ersten Tagen empfiehlt es sich, den Welpen, wenn er wach und aktiv ist, alle 30 Minuten durch immer dieselbe Türe auf seinen Versäuberungsplatz zu tragen und dort so lange zu warten, bis der gewünschte Erfolg eingetreten ist. Während des ganzen Ablaufes des wichtigen Geschäftes sollten Sie ihn immer mit den gleichen Worten loben. Sehr schnell wird er das Hörzeichen mit seiner Handlung verknüpfen.
In kühleren Nächten und in der kalten Jahreszeit haben Sie warme Kleider und Schuhe neben dem gleichen Ausgang (Sie benutzen ab sofort nur noch diesen) bereitliegen. Es ist von entscheidender Bedeutung, dass Sie warten, bis der Kleine sich erleichtert hat. Auf keinen Fall dürfen Sie die Übung abbrechen, weil Sie frieren.
Sie werden schnell ein Gefühl für seinen Versäuberungsrhythmus gewinnen.
Sollte trotz aller Vorsicht ein Missgeschick passieren, tragen Sie den Welpen sofort wortlos auf den Versäuberungsplatz, obwohl er sein Geschäft schon verrichtet hat. Die Folgen des »Unglücks« beseitigen Sie, wenn der Welpe Sie nicht beobachten kann und ohne ihn auszuschelten.
Die veraltete Methode, seine Schnauze in den Kot oder den Urin zu stecken, ist brutal und kontraproduktiv.
Sollte er beim Spielen an einem bestimmten Ort intensiv zu schnüffeln anfangen und sich im Kreis zu drehen, dann müssen Sie sofort handeln und ihn auf den Versäuberungsplatz tragen. Dieses fast hektische »Am-Ort-Kreisen« ist ein deutlicher Hinweis, dass der Welpe sich lösen muss. Also müssen Sie sofort eingreifen und ihn ins Freie tragen! Damit zeigen Sie ihm, dass er seinem Bedürfnis nicht einfach jederzeit und überall nachgeben kann.
Ihre Rolle ist klar: Entscheidend für das rasche Erreichen der Stubenreinheit ist, dass Sie den Welpen gut beobachten und ihn in kurzen Abständen immer wieder ins Freie führen. Ihr konsequenter Einsatz wird rasch belohnt werden, denn Welpen begreifen schnell.
Oft will der Welpe sein allererstes Geschäft nicht in dem dafür vorgesehenen Bereich erledigen und er entleert sich anderswo. In diesem Fall tauchen Sie ein Kleenex-Tüchlein in das Bächlein und legen es dorthin, wo der Welpe sich in Zukunft versäubern soll. Wenn er das nächste Mal an seinen Versäuberungsplatz gebracht wird, wird ihn der Geruch, der am Tüchlein haftet, animieren.
Was trotz sorgfältigster Überwachung nicht verhindert werden kann, sind die sogenannten *Freudenbächlein*, die beim Welpen völlig unkontrollierbar fließen können. Dieses unkontrollierte Urinieren wird emotional ausgelöst und geschieht vor allem dann, wenn der Welpe von uns freudig begrüßt wird.

Die spitzen Welpenzähne sind Perforierzangen nicht unähnlich und hinterlassen schmerzhafte Spuren. (Foto: Ciccozzi)

Es versteht sich von selbst, dass sie ihn bei diesem Malheur nicht schelten, sondern ohne Kommentar darüber hinweggehen. Je mehr er sich in seiner Persönlichkeit festigt und je schneller er die nötige Geborgenheit bei Ihnen gefunden hat, desto seltener wird er die Schleusen öffnen.

Die spitzen Welpenzähne

Hunde sind Forschernaturen, ihre Neugierde im Welpenalter ist grenzenlos. Da der Welpe keine Hände zum Anfassen hat, benutzt er seinen mit spitzen, perforierzangenähnlichen Zähnen ausgestatteten Fang. Stuhlbeine, Teppichfransen und elektrische Kabel sind beliebte Kauobjekte. Sobald sich der Welpe an solchen Sachen zu schaffen macht, greift man mit einem deutlich gesprochenen »Mira, nein!« ein und offeriert ein hundegerechtes Spielzeug, ein Kaubiskuit oder einen Kauknochen. Wichtig ist, dass man sofort, während der Hund noch handelt, eingreift. Sekunden oder gar Minuten später erfolgte Maßregelungen begreift er nicht mehr, da er nicht begrifflich denken kann und daher die Strafe – das scharf gesprochene »Nein!« – nicht mehr mit dem verknüpft, was Minuten vorher passiert ist.

Die Hände vieler Welpenbesitzer sehen in den ersten paar Wochen fürchterlich zerkratzt aus. Das muss nicht sein! Natürlich will Sie der Welpe »bei der Hand nehmen« oder stuft Sie als Spielkamerad auf das Niveau seiner Wurfgeschwister ein, die man ja energisch anpacken konnte. Bedenken Sie dabei, dass das »Opfer« dank seines dicken Pelzes vor diesen Attacken relativ gut geschützt war. Beißspiele sind für die

Kind und Hund – eine große Freundschaft hat ihren Anfang genommen. (Foto: Lefeivre)

Entwicklung der Beißhemmung absolut notwendig. Der Welpe erwartet nun eine Reaktion Ihrerseits. Der Wurfbruder würde ja auch reagieren, indem er seinerseits »zurückschlagen« würde. In diesem Fall unterläuft uns Menschen – bezogen auf den Lernprozess des Welpen – eine Fehlreaktion: Wir entziehen die (schmerzende) Hand ruckartig (nur weg von den spitzen Zähnen), statt sie dem Welpen, der sie festhält, mit etwas Druck fangwärts entgegen zu stoßen. Dazu sagen wir: »Mira, nein!«. Sollte das nicht fruchten, verpassen Sie ihm einen Miniklaps auf die Schnauze, denn genau das würde die Mutterhündin tun, und lassen ihn einfach ohne Kommentar stehen. Er wird das Spielchen noch ein paar Mal versuchen: Handeln Sie jeweils prompt.

Die Befürchtung, der Welpe werde handscheu, wenn man ihn mit der bloßen Hand so straft, muss ich bestreiten. Mit Ihrem schnellen Eingreifen während der »strafbaren Handlung« setzen Sie lediglich ein Tabu. Handscheu wird ein Hund, wenn er zu spät bestraft wird, wenn er also die empfangene Strafe nicht mit seiner Handlung verknüpfen kann. Hier gilt es ganz deutlich zu differenzieren, ein Ministoß im rechten Moment kann Wunder bewirken – ausgeteilte Schläge durch einen wütenden Menschen zum falschen Zeitpunkt richten großen Schaden an, nicht nur vielleicht, sondern ganz bestimmt und das für immer.

Regelmäßigkeit im Tagesablauf

Sie wissen jetzt, der Hund ist ein Gewohnheitstier. Sie erleichtern sich und ihm das Zusammenleben,

wenn Sie von Anfang an Ihren Tagesablauf regelmäßig gestalten. Halten Sie sich an regelmäßige Fütterungszeiten; damit programmieren Sie bereits einen unsichtbaren Stundenplan. Von den Fütterungs-, Schlafens- und Versäuberungszeiten des Welpen ausgehend, wird sich automatisch ein Programm entwickeln, das Sie, je nach Lebenssituation, individuell gestalten können.
Dass man Zeitrituale nicht immer genau einhalten kann, ist für den Hund, wenn es nicht zur Gewohnheit wird, kein Problem.

Leinenlaufen

Je mehr Aufhebens Sie von einer Sache (Sprache und Gestik) machen, je eindrücklicher wird das für den Hund. Wann immer etwas als »selbstverständliche Aktion« erarbeitet werden muss, handeln Sie einfach wortlos. Der Welpe hat von seiner Mutter »Körpersprache entziffern« gelernt.
Im Fall des Leinenlaufens ist es ganz klar: Es wird etwas Selbstverständliches werden, das tagtäglich x-mal vorkommen wird. Die Leine soll, sobald er mit ihr umgehen kann, für den Hund ein Zeichen setzen. Er lernt, sie mit Ausgang, Spaziergängen, Spielen zu verbinden. Damit es bei ihm aber zur Verknüpfung Leine = Aktion kommt, muss er die entsprechenden positiven Erfahrungen machen. Bei den ersten Leinenversuchen hindert ihn ja das unbekannte Ding und schränkt seinen Aktionsradius ein. Die Leine ist für ihn also erst einmal mit einer negativen Erfahrung verbunden. Daher müssen Sie sich auf Versuche, die nur einige Minuten dauern und nicht mehr als zwei, drei Mal pro Tag unternommen werden dürfen, beschränken.
Mit den Gehübungen an der Leine sollten Sie aber erst beginnen, wenn sich der Welpe bereits an das Halsband gewöhnt hat. Hier musste er ja auch zuerst die Erfahrung machen, dass aus »unangenehm« durchaus »normal« werden kann. Wenn er stehen bleibt, locken Sie ihn zu sich, und wenn er zieht, bleiben Sie einfach stehen oder ändern die Richtung.
Nach einigen Stemm- und Ziehkämpfen, *die Sie wortlos ignorieren*, wird er sich, unterstützt durch sein ausgeprägtes Raumgefühl, Ihrem Schritt anpassen. Erst jetzt ist ein großes, dickes Lob fällig. Sie dürfen ihm meinetwegen »um den Hals fallen«, zeigen Sie ihm Ihre Freude!

Türen (Haustüre, Gartentor, Lifttüre)

Von Anfang an sollten Sie Ihren angeleinten Welpen daran gewöhnen, dass Sie prinzipiell immer als Erster durch die Türe gehen, sei das nun die Haustüre oder das Gartentor. Halten Sie vor dem Öffnen an, lassen Sie den Hund verharren und unterstützen Sie ihn gleichzeitig verbal mit: »Mira, warten!«. Dann gehen Sie als Erster durch, halten wieder an, lassen den Hund verharren und quittieren (10 Sekunden warten) sein Verhalten mit dem Lob: »Mira, brav warten!«
Warum Sie das tun sollen? Wenn ein Hund einem neuen Hindernis (hier die geschlossene Türe) zum ersten Mal begegnet, wird er sich den Zusammenhang damit nachhaltig einprägen. Er wird dann in seinem weiteren Leben bevor er in irgendeiner Situation unangeleint weiterrennt, dort kurz verharren, was ihn möglicherweise vor Schaden bewahren wird. Voraussetzung dazu ist, dass dieses Verharren regelmäßig durch seinen Besitzer mit ihm praktiziert wird.
Dieses Verharren kann überall angewendet werden, z. B. auf dem Gehsteig, bevor die Straße überquert wird, beim Ein- und Aussteigen bei Bus, Tram, Eisenbahn, vor Treppen usw.
Dem **Ein- und Aussteigen beim Auto** muss besondere Aufmerksamkeit geschenkt werden. An anderer Stelle habe ich erwähnt, dass Sicherheitssysteme oder Autoboxen den Hund hindern, sich aus dem Auto zu stürzen. Ein im Auto frei gehaltener Hund wird genau das tun und muss daher unbedingt zum Verharren erzogen werden, zu seiner Sicherheit und der anderer Verkehrsteilnehmer.

■ Welpen, die beim Züchter bereits Katzenbekanntschaft gemacht haben, fällt im neuen Zuhause die Integration in einen bestehenden Katzenhaushalt einfacher, und einer jahrelangen Freundschaft steht gewöhnlich nichts im Wege. (Foto: Riederer)

Rolltreppen sind tabu für Vierbeiner. Die Gefahr, dass Ihr Hund sich die Pfoten einklemmt, ist riesengroß und die entstandenen Verletzungen können schlimmste Folgen haben. *Regel:* Wo eine Rolltreppe installiert ist, gibt es in der Nähe meist auch einen Lift oder eine Treppe. Nutzen Sie diese.

Katzen und andere Haustiere

Hund und Katze kann man ohne große Schwierigkeiten zusammenführen, wenn man auf die Verschiedenartigkeit der beiden zukünftigen Partner Rücksicht nimmt und die rassespezifischen Anlagen des Hundes einbezieht.

Sie wissen ja nun, dass der Hund ein Beutegreifer und Bewegungsseher ist, und dass die Katze für ihn grundsätzlich eine Beute ist. Das Gleiche gilt für Hamster, Hasen, Meerschweinchen und Vögel. Die Letzteren kann man in Gehegen oder Volieren verwahren – die Katze nicht.

Die Katze als unabhängiges Tier lebt wohl bei ihren Menschen in ihrem Revier (Wohnung, evtl. Garten), aber nicht unbedingt nur mit ihnen; anders als der Hund, der sich als Meutetier den Menschen anschließt und mit ihnen im Familienverband leben will.

In den meisten Situationen kommt ein Welpe ins Haus, wo sich (möglicherweise schon über Jahre) eine Katze etabliert hat. Meinen Welpenbesitzern rate ich in diesem Fall, dass sie den Welpen auf den Arm nehmen, wenn sie ihn der Katze vorstellen, denn für die Katze kommt jetzt ein Feind und Eindringling daher. Sie könnte ohne weiteres den Kleinen mit Pfotenhieben verletzen (Auge). In den meisten Fällen wird die Katze aber das Weite suchen und sich auf erhöhten

■ Unter den wachsamen Augen des Hofhundes und der Pferdebesitzerin führt der Welpe das Pferd am Zügel auf die Weide. (Foto: Bucher)

Stellen in Sicherheit bringen. Daher ist es wichtig, dass die Katze immer eine Fluchtmöglichkeit hat.

Bis der Welpe sein neues Zuhause etwas besser kennt, trennt man am besten die beiden räumlich von einander, um Konfrontationen zu vermeiden. Für die ersten Tage ist diese Maßnahme sinnvoll, damit Sie und Ihr neuer Hausgenosse diese Zeit optimal nutzen können, um sich einigermaßen kennen zu lernen.

Sobald sich der Welpe heimisch fühlt und sich etwas an die Leine gewöhnt hat, öffnen Sie die Schranken. Sollte sich der angeleinte Kleine auf die sich bewegende Katze stürzen wollen, wird er mit »Mira, nein!« zurückgehalten. Sollte ihm die Katze den »Krieg erklären« wollen und Anstalten zum Angreifen treffen, wird sie mit einem griffbereiten, ungefährlichen Wurfgeschoss in ihre Schranken verwiesen.

Diese Zusammenführübungen müssen immer wieder (ein paar Mal) pro Tag wiederholt werden. Wichtig ist, dass Sie die Futterplätze der beiden Kontrahenten strickt trennen. Die Katze frisst ab sofort irgendwo erhöht, der Hund bleibt auf dem Fußboden. Das Geschirr mit dem Katzenfutter sollte so oder so nicht mehr auf dem Fußboden stehen, es wird sonst garantiert vom Hund leer gefressen.

Mit Pferden sollte man vorsichtig sein. Vielleicht hat Ihr Welpe noch nie ein Pferd gesehen. Man geht hier ähnlich vor wie bei der ersten Begegnung mit der Katze. Nehmen Sie Ihren Welpen auf den Arm und stellen Sie ihn behutsam dem Pferd vor.

Es sollte selbstverständlich sein, dass man den Welpen im Stall oder auf der Weide nicht frei herumlaufen lässt – ein Pferdehuf könnte ihm zum Verhängnis werden.

Das Alleinbleiben

In den ersten zwei Wochen lässt man den Welpen nicht allein. Diese Zeit braucht er mindestens, um sich gut einzuleben. Das Alleinsein wird in kleinsten Schritten in Angriff genommen. Beginnen Sie mit dem Üben, wenn der Welpe müde ist und sich hinlegt. Verlassen Sie den Raum, lassen Sie aber die Türe offen, damit der Welpe Sie noch sehen kann. Beschäftigen Sie sich dort für einige Minuten. Sollte er Ihnen folgen, gehen Sie ohne Kommentar wieder ins Zimmer zurück – er wird Ihnen folgen und bald wieder seinen Platz aufsuchen, um zu schlafen. Diese Sichtübungen machen Sie ein paar Mal pro Tag. Wenn er liegen bleibt, können Sie Ihre Abwesenheit steigern und irgendwann einmal die Türe schließen.

Diese Übungen sollten über eine längere Zeitdauer (einige Tage) langsam ausgedehnt werden (einige Minuten). Wichtig ist, dass er Spielsachen oder Kauartikel während Ihrer Abwesenheit zur Verfügung hat. Zudem muss er die Erfahrung machen, dass Sie zurückkommen, damit er erst gar nicht anfängt zu jaulen und zu kläffen. Sanfte Musikberieselung und Licht haben einen beruhigenden Einfluss.

Wenn man die Hundebox zur Verfügung hat und der Welpe dort schon »zu Hause« ist, wird das Trainieren des Alleinseins etwas einfacher.

Teil VI: Merkblätter (zum Kopieren)

Merkblatt: Verhaltenskunde
(Copyright © by Rosemarie Wild)

Kleine Verhaltenskunde zum Hund

Der Hund ist kein Kind, das nicht sprechen kann, sondern ein von der Natur völlig anders ausgestattetes Wesen als der Mensch. Er ist, wie sein Urahn der Wolf, ein Meutetier, das Gesellschaft liebt und, sich selbst überlassen, mit der Zeit verkümmert. Sein angeborenes Sozialverhalten ermöglicht dem Hund, in seiner Besitzerfamilie eine Ersatzmeute zu finden, in der er seine Rangstufe innerhalb des »Rudels« suchen wird. Damit ist dem Besitzer die Möglichkeit gegeben, ihn in den Familienbereich einzufügen, vorausgesetzt, dass er ihn artgerecht hält und erzieht.

Der Hund gehört in die Kategorie der höher entwickelten Säugetiere. Er besitzt ein vorzügliches Lernvermögen und ein exzellentes Gedächtnis, das nichts vergisst. Dies befähigt ihn, aus angenehmen und unangenehmen Erlebnissen Erfahrungen zu sammeln und sich dann auch entsprechend zu verhalten. Das bedeutet, dass er neben seinen genetischen Anlagen die Umwelterfahrungen im Hirnvorderlappen speichert und jederzeit (wenn der notwendige Impuls von außen erfolgt) abrufen kann. Man nennt dieses Geschehen in der Fachsprache Verschaltungsmuster.

Der Hund vermag jedoch nicht in menschlichen Begriffen zu denken und hat von menschlicher Moral keine Ahnung. Er befindet sich, wie Urs Ochsenbein so trefflich sagte, jenseits von »Gut und Böse«.

Das Hirn des Hundes ist bedeutend einfacher ausgestattet als das des Menschen. Aber er verfügt über genügend Fähigkeiten, um mit dem Menschen in Kontakt zu treten. Um nun ein gutes Team Mensch/Hund zu bilden, müssen beide Partner lernen. Für den Menschen geht es darum zu erkennen, wie er sich verhalten muss, damit der Hund eine Chance hat zu merken, was er von ihm will. Der Hund seinerseits muss sich an die Äußerungen des Menschen (Hör- und Sichtzeichen) gewöhnen und lernen, diese mit den ihnen zugeordneten Handlungen in Verbindung zu bringen.

Merkblatt: Wahrnehmung des Hundes
(Copyright © by Rosemarie Wild)

So erfährt der Hund seine Umwelt

Zur Wahrnehmung seiner Umgebung benutzt der Hund seine Sinnesorgane: Nase, Gehör, Augen, Tast- und Geschmackssinn – diese sind für ihn die Pforten zur Welt.

Nase: In erster Linie verlässt sich der Hund auf seine Nase, denn die Geruchsbilder machen den wichtigsten Teil seiner Umweltwahrnehmung aus. Sein Riechfeld ist viel größer als das des Menschen: Hund 120–170 cm^2, Mensch 5–7 cm^2.

Gehör: Das Gehör des Hundes ist dem menschlichen bei weitem überlegen. Es nimmt Töne und Geräusche in Frequenzbereichen wahr, die der Mensch nicht mehr hört.

Augen: Der Hund ist ein Bewegungsseher, der auf erhebliche Distanz (ca. 500–700 m) etwas erblicken und aufgrund der Bewegungsweise erkennen kann. Ein stillstehendes Objekt kann er wohl über große Distanzen sehen, hat aber nicht wie der Mensch die Fähigkeit, dieses zu erkennen.

Tastsinn: Sein Tastsinn ist hoch entwickelt und kann über die ganze Körperoberfläche verteilt Informationen sammeln. Besonders empfindlich sind der Nasenspiegel, die Lefzen, die Pfoten, die Augenbrauen, die Schnauz- und Barthaare.

Raumempfinden: Der Hund hat ein blitzschnelles Reaktionsvermögen und bewegt sich in einer Welt voller Hindernisse sicher.

Geschmacksinn: Die Neigung, Aas zu verwerten, hat der Hund von seinen Ahnen übernommen. Sein »guter Geschmack« ist für ihn lebenswichtig. Die Grenzen des »Erträglichen« sind daher bei ihm naturgemäß andere als beim Menschen.

Merkblatt: Entwicklungsstufen
(Copyright © by Rosemarie Wild)

Die Entwicklungsstufen des Hundes

1. und 2. Lebenswoche
Hunde sind Nesthocker. Ihr Nervensystem ist bei der Geburt noch nicht vollständig ausgebildet. Von den Sinnesorganen sind nur der Geruchs- und der Tastsinn entwickelt und sein Thermoausgleich funktioniert noch nicht. Der Welpe sieht und hört noch nicht. Mit seiner erstaunlich kräftigen Stimme kann er aber bereits Stimmungen ausdrücken, wie Unbehagen, Hunger oder Zufriedenheit. Seine Aktivitäten vor dem Hintergrund der Geborgenheit, die er bei der Mutterhündin und den Geschwistern in der Wurfkiste findet, beschränken sich auf Sich-Ernähren, Schlafen und Ausscheiden.

3. Lebenswoche
Der Welpe hört. Die Augen öffnen sich. Wackelige erste Gehversuche, Spielversuche und Ansätze von Kampfspielen sind erkennbar. Das Milchgebiss bricht durch. Erste bewusste Kontaktaufnahmen mit der nächsten Umwelt (Muttertier, Geschwister, Züchter) finden statt.

4. bis 16. Lebenswoche
Die intensivste Prägungszeit hat begonnen. Die Wurfkiste wird verlassen, das Welpengehege wird bezogen. Verfolgungsspiele, Kampfspiele, Entwicklung der Beißhemmung beginnen. Die Körperkräfte nehmen rasant zu. Wichtig: Sozialisierung mit Artgenossen, anderen Tieren und Menschen (Erwachsene und Kinder); Eingliederung in unsere hochtechnisierte Welt. Erweitere Umwelterfahrung auch außerhalb des Welpengeheges.

Mit 10 Wochen
Der Welpe hat – je nach Rasse – sein Geburtsgewicht vervielfacht. Beispiel Labradorwelpe: Geburtsgewicht 400 g, mit 10 Wochen 8–10 kg.

Mit 1 1/2 bis 2 Jahren
Der Hund ist ausgewachsen. Bei kleineren Rassen ist das schon mit 12 Monaten der Fall.

Mit 8 Jahren
Der Alterungsprozess setzt ein (bei kleineren Rassen etwas später).

Ab 10 Jahren
Nun spricht man vom alten Hund. Von nun an ist jedes weitere Lebensjahr ein Geschenk.

Merkblatt: Entwicklung im Mutterleib
(Copyright © by Rosemarie Wild)

Die Entwicklung des Welpen im Mutterleib

Nach der Befruchtung beginnt sich die Zelle zu teilen und es entsteht ein Zellhaufen (Morula), der sich langsam Richtung Gebärmutter (Uterus) bewegt. Der Gebärmutterkörper des Hundes besteht aus dem Uterushals und den beiden paarig angelegten Uterushörnern. Die Morula, die sich langsam in eine Keimblase (Blastula) wandelt, nistet sich bis kurz vor der dritten Woche in der Schleimhaut der Gebärmutterhörner ein (Nidation).

Ein geübter Tierarzt kann die zu diesem Zeitpunkt etwa Erbsen- oder Haselnuss-großen Keimlinge ertasten. Sie fühlen sich wie eine Perlenkette an. Dazu ist aber großes Fingerspitzengefühl erforderlich. Bitte, drücken Sie jetzt nicht an Ihrer Hündin herum, streicheln Sie sie nur sanft, vielleicht haben Sie Glück.

Bei jedem Keimling bildet sich aus der Gebärmutterschleimhaut ein Mutterkuchen (Plazenta), der mit feinsten Blutgefäßen gefüllt ist. Jeder Fötus hat einen eigenen Blutkreislauf und ist nicht direkt mit dem Kreislauf der Mutter verbunden. Er ist in eine dünnwandige, mit Flüssigkeit (Fruchtwasser) gefüllte Haut eingepackt (Amnion), die wiederum von einer zweiten Hülle (Chorion) umgeben ist. Die Plazenta umhüllt dieses Gebilde gürtelförmig. Der Zwischenraum der beiden Hüllen (Allantois) füllt sich allmählich mit den vom Keimling ausgeschiedenen Körperflüssigkeiten. Der Welpe »schwimmt« und ist auf diese Weise wunderbar »stoßsicher« eingebetet. Seine Ernährung erfolgt von der Gebärmutterschleimhaut über die Nabelschnur, resp. die Plazenta.

Die Entwicklung des werdenden Hundes geht rasant vorwärts. Bereits in der zweiten, dritten Woche sind die Anlagen von Kopf (Auge, Gehirn), Körper (Rückenmark, Herz, Blutgefäße) und Glieder zu erkennen. Die Knochen sind als Gewebe vorhanden, aber die Verkalkung des Skelettes beginnt erst ab der siebten Trächtigkeitswoche.

Merkblatt: Das Neugeborene
(Copyright © by Rosemarie Wild)

Informationen zum Neugeborenen

Bei seiner Geburt ist der Welpe blind und taub. Einzig sein Geruchs- und Tastsinn und seine Stimme sind vorhanden. Sein Thermoausgleich funktioniert noch nicht zuverlässig. Sein Nervensystem ist erst so weit entwickelt, dass er sich vorerst nur über die Vorhand und mit pendelnder Bewegung des Kopfes robbenartig in Richtung der Mutter vorwärts bewegen kann. Er nimmt sie über ihre Wärmeabstrahlung, seinen Tastsinn und sein Riechorgan wahr. Seine Hinterhand zieht er mehr oder weniger nach. Seine Muskulatur ist ebenfalls noch nicht vollständig entwickelt. Er bewegt sich kreisförmig fort, bis er über seinen Tastsinn an einen Lauf oder an den Kopf des Muttertieres gerät, an dem er sich dann Richtung Nahrungs- und Wärmequelle (Bauchregion der Mutter) vortastet.

Man kann immer wieder beobachten, dass Welpen, kaum sind sie von der Fruchthülle befreit, zielstrebig zur Milchquelle gelangen. Mit der fächerförmigen Zunge umschließen sie die Zitze und saugen sich fest. Unterstützt werden sie dabei von einem gut ausgebildeten, kräftigen Nacken. Mit den Vorderbeinen stemmen sie sich auf Höhe der Zitze und unterstützen mit einem Vorderlauf ihre Pumpbewegung, dem sog. Milchtritt. Mit den Hinterläufen unternehmen sie gleichfalls Stemmversuche. Zum Gehen können sie diese noch nicht einsetzen, da sie das Körpergewicht noch nicht tragen können. Der ganze Fortbewegungsantrieb geschieht über die Vorhand.

Da die Hinterhand vorerst unvollständig enerviert ist, können die Welpen auch noch nicht selbstständig Harn und Kot ausscheiden. Hier kommt die instinktsichere Mutter zum Zuge, welche die Bauch- und Analregion der Welpen kräftig leckt, bis sie sich erleichtern. Diese Ausscheidungen frisst sie immer sofort auf. Unmittelbar nach der Geburt wird sich bei den Welpen die Blase entleeren und aus dem Enddarm wird das sog. Welpenpech ausgeschieden, später dann die verdaute Nahrung.

Das Pflegeverhalten der Mutter ist für die Welpen lebenswichtig, nicht nur um den Darm zu entlasten und aus hygienischen Gründen, sondern weil es Spuren beseitigt, die in freier Wildbahn Feinde auf die Welpen aufmerksam machen könnten.

Das Reinhaltebedürfnis des Lagers machen wir uns später zum Erreichen der Stubenreinheit zu nutze.

Mit dem ersten Hinstreben zur Milchquelle setzt auch schon ein erster Prägungsvorgang ein. Das Suchen nach der Nahrungsquelle und das Erreichen derselben erfordert von unserem Neugeborenen eine große Anstrengung. Die Belohnung erfolgt über die Leben spendende Zitze. Mit diesem Vorgang (Hungergefühl, Suchen der Zitze, Aufnahme der Nahrung, eintretendes Wohlgefühl und anschließende Ruhephase) wird ein lebenswichtiges Bedürfnis gestillt und ein Lernprozess in Gang gebracht, der für die weitere Entwicklung des Welpen von entscheidender Bedeutung ist. »Mit der Geburt wird beim Welpen die Entwicklung der Reifungsvorgänge und der inneren Antriebe, die angeborenen Lehrmeister, **die Lernspirale** in Gang gesetzt. (...) Jeder Welpe unterliegt von Geburt an dem ›Gesetz der Anstrengung‹. Erst durch die eigene Anstrengung wirkt der erreichte Erfolg als

Belohnung. Damit nimmt das ›Lernen am Erfolg‹ und die Gefühlsentwicklung ihren Lauf« (Heinz Weidt, *Der Hund, mit dem wir leben. Verhalten und Wesen*).

Über das **Gesetz der Anstrengung** lernt der Welpe also:

1. Weg zur Zitze = Anstrengung;
2. Erreichen des Ziels = Befriedigung eines Bedürfnisses (Nahrung);
3. Ein Gefühl der Zufriedenheit setzt ein = Belohnung der Anstrengung = Lernen am Erfolg.

Die meisten Welpen erreichen dieses erste Ziel auf Anhieb. Aber man findet immer wieder Spätzünder, welche die Unterstützung des Züchters brauchen und beim zweiten Versuch dann Erfolg haben. Hier sei mit aller Deutlichkeit gesagt, dass wir es bei unseren Hunden unbedingt unterlassen sollen, Vergleiche mit dem Wildverhalten zu ziehen. Durch die Domestikation sind viele Instinkte nicht mehr sehr ausgeprägt vorhanden, d. h. sie sind wohl noch da, aber müssen mit einer kleinen Starthilfe aktiviert werden.
Wir wissen, dass das »innere Milieu« (Gebärmutter) nicht allen Welpen die gleichen Bedingungen bieten kann, d. h. nicht alle Welpen haben »Logenplätze« (Heinz Weidt). Somit sind hie und da der eine oder andere Welpe benachteiligt und benötigt bei seiner Geburt eine kleine Starthilfe. Diese Unterstützung sollte in vernünftiger Weise geschehen und der Welpe sollte sich, sobald sein Defizit aufgehoben wurde, in die Lernspirale integrieren können. Unter Defizit sind äußere Einflüsse innerhalb des Geburtsvorganges zu verstehen und nicht angeborene Mängel und Schäden, die es dem Welpen verunmöglichen, Selbstständigkeit ohne ständige Fürsorge des Züchters zu erlangen. Hier sollte der gesunde Menschenverstand und nicht unser Bequemlichkeitsdenken, eine Begleiterscheinungen unseres Wohlstandes und Konsumdenkens, entscheiden.
Daher wird der gute Züchter seine Hündin und ihre Welpen nicht überfordern, sondern ihnen die bestmögliche Unterstützung gewähren.

Merkblatt: Geburtsvorbereitungen
(Copyright © by Rosemarie Wild)

Die Vorbereitung der Geburt

Nehmen Sie sich genügend Zeit mit den Vorbereitungen, wenn ein Wurf ansteht.

- Zehn Tage vor dem Wurftermin und für die zwei Wochen danach, sollten Sie keine Verpflichtungen annehmen. Der Besuch beim Frisör, notwendige Zahnarzt- oder Arzttermine werden vorverlegt oder auf später verschoben.
- Alle wichtigen Arbeiten in Haus und Garten werden erledigt.
- Tätigen Sie den Großeinkauf rechtzeitig, resp. organisieren Sie zuverlässige Hilfen, denn Sie werden in den ersten zwei Wochen nach der Hundegeburt Ihren Wurf nicht allein lassen wollen.
- Richten Sie das Wurfzimmer ein.
- Installieren Sie die Wurfkiste.
- Alle Betttücher sollten gewaschen und bereitgestellt werden.
- Bereiten Sie den Babykorb, ausgestattet mit Frotteetüchern und einer Wärmeflasche vor.
- Die Waage für die tägliche Gewichtskontrolle der Welpen bereitstellen.

Das Geburts-Set wird bereitgestellt:

- Lassen Sie sich von Ihrem Tierarzt beraten und besorgen Sie entsprechende Medikamente. An homöopathischen Medikamenten haben sich bewährt: *Pulsatilla D6*, das der Hündin eine Woche vor dem errechneten Geburtstermin zweimal täglich verabreicht wird; *Arnica D6* zur Förderung des Heilungsverlaufes, *Caulophyllum D6* und *Secale D6* als Wehen fördernde Substanzen, *Podophyllum D6* gegen Durchfall und Metrovetsan (eine Mischung aus homöopathischen Substanzen, das die Reinigung und Rückbildung der Gebärmutter fördert) oder *Methergin* (Apotheke).
- Muttermilchersatz (Tierarzt), die dazu benötigten Pipetten, Sonden oder Saugflaschen (Tierarzt),
- Respirottropfen (Atemhilfe, Tierarzt) (Cognac oder Whisky gehen zur Not auch),
- das Instrumentarium (Schere, Nagelklipper, Nähfaden, Arterienklemme, verschiedenfarbiges Wachs – aus Drogerie – und Nagellack),
- Entwurmungsmittel für die Welpen (Tierarzt).

Weitere Maßnahmen:

- Das Geburtsprotokoll wird vorbereitet.
- Mit dem Tierarzt (wenn nicht schon geschehen) wird abgeklärt, ob er immer erreichbar sein wird oder wer sein Stellvertreter ist.
- Der Tank des Autos ist gefüllt, denn man wird mitten in der Nacht, wenn es eilt zum Tierarzt zu kommen, keine Zeit haben, zuerst noch zur Tankstelle zu fahren.

Merkblatt: Übergabe des Welpen
(Copyright © by Rosemarie Wild)

Vorbereitungen des Züchters zur Übergabe der Welpen

Veranschlagen Sie für die Übergabe des Welpen an seinen neuen Besitzer mindestens eine Stunde. Es empfiehlt sich, vorher alle Konditionen festzulegen, damit nicht noch in letzter Minute Unklarheiten verbleiben:

- Vereinbaren Sie mit den Welpenbesitzern die genauen Abholzeiten und planen Sie für jeden Welpen individuell genügend Übergabezeit ein. Denken Sie dabei auch an sich, bereiten Sie sich innerlich auf den Abschied von einem entzückenden Lebewesen vor, mit dem Sie jetzt einige Wochen »per Du« waren.
- Der Futterplan und die Anleitungen zur Integration des Welpen im neuen Heim sind dem Besitzer bekannt und/oder ihm bereits zu einem früheren Zeitpunkt ausgehändigt worden oder liegen bereit.
- Die Futterrationen für die nächsten (mindestens 10) Tage sind gerüstet.
- Der Kaufpreis ist klar und die Zahlungsmodalitäten sind geregelt.
- Alle administrativen Formulare (Ahnentafel, Impfpass, Verkaufsvertrag, Mikrochipvertrag) liegen bereit.
- Ein Tuch oder ein Spielzeug, das nach Mutter und Wurfgeschwister riecht, liegt bereit.

Merkblatt: Checkliste zur Abholung des Welpen
(Copyright © by Rosemarie Wild)

Checkliste bevor der Welpe beim Züchter abgeholt wird

Es ist so weit, heute kommt der Welpe ins Haus! Sie haben sicher dieses Prozedere schon oft in Gedanken durchlebt – nun wird es Wirklichkeit. Bevor Sie zum Züchter fahren, sollten Sie folgende Vorkehrungen für den neuen Hausgenossen getroffen haben:

- der Großeinkauf für die Familie ist getätigt
- eine Haftpflichtversicherung für den Hund ist abgeschlossen
- die Adresse eines Tierarztes in Ihrer Nähe notiert
- Sie haben alle wichtigen Termine erledigt oder für zwei Wochen verschoben
- in Bezug auf den Hund ist die Rollenverteilung innerhalb der Familie festgelegt
- der Welpen-Schlafplatz (Box oder Bett) ist eingerichtet
- Halsband und Leine sind gekauft
- ein ausreichender Futtervorrat und Futtergeschirr inkl. Trinknapf sind eingekauft
- Absperrgitter sind wo nötig montiert
- der Versäuberungsplatz ist eingerichtet
- die Begleitperson zum Abholen des Welpen beim Züchter ist bestimmt
- alle elektrischen Kabel (auch Telefonleitungen) sind gesichert (die spitzen Welpenzähne sind mit Perforierzangen zu vergleichen)
- der Welpe ist zur Welpenspielstunde bereits angemeldet
- Sie haben bei der Kommune die Hundesteuer abgeklärt.

Merkblatt: Impftabelle
(Copyright © by Rosemarie Wild)

Tabelle 1: Grundimmunisierung bei normalen Infektionsrisiko (auch als Merkblatt in Teil VI)

Zeitpunkt		
Ab 8.–10. Lebenswoche	1. Kombinationsimpfung	SHP/L
ab 10.–14. Lebenswoche	2. Kombinationsimpfung	SHP/L
ab 20. Lebenswoche	Tollwutimpfung	R

Tabelle 2: Grundimmunisierung für spezielle Impfstoffe besonders gefährdeter Populationen

Ab 2. Lebenswoche	Zwingerhustenkomplex	1 oder 2 Impfungen, je nach Produkt
ab 12. Lebenswoche	Borreliose	2 Impfungen im Abstand von 3–4 Wochen
ab 20. Lebenswoche	Piroplasmose	2 Impfungen im Abstand von 3–4 Wochen

Anhang

Danksagung

Bei der Realisierung dieses Buches haben viele mitgeholfen. Mein herzliches Dankeschön gebührt: Prof. Dr. Bernd Günter (für das Titelfoto); Marika Neimeier-Förster und Hanspeter Ottiger vom Institut für Virologie und Immunprophylaxe, in Ch-3147 Mittelhäusern (für den Beitrag zum Thema »Impfen« und Fotos); Theres Schmid (für den Beitrag zum Thema »Aufzucht mit der Magensonde«); Susanne Kerl (für den Beitrag zum Thema »Labyrinth im Welpengehege« und für die Fotos); Cathérine Büttner und Sylvie Osterwalder (für die Beiträge zum Thema »Ernährung der Hündin nach der Geburt«); Elsbeth Wittwer (für den Beitrag zum Thema »Einzelwelpe« und für die Fotos); Cathérine Grimm (für die Illustrationen); Iren Rohrer (für ihre Fotos und die Bilder zur Geburtsreportage); Jörg-Peter Schweizer (für die Fotos der Zwerghunderassen); Gianlorenzo Ciccozzi (für die Begleitung eines Wurfes Labrador Retriever mit der Fotokamera); Yvonne Jaussi (für die vet. med. Durchsicht des Manuskriptes); Oliver Schwarz für seine Unterstützung und allen anderen, die mir Bildmaterial zur Verfügung gestellt haben.

Wichtige Adressen:

Deutschland
Verband für das Deutsche Hundewesen e.V. (VDH)
Westfalendamm 174
D-44141 Dortmund
Tel.: +49 (0231) 565000
Fax: +49 (0231) 592440
E-Mail: *Info@vdh.de*
Internet: *http://www.vdh.de*

Österreich
Österreichischer Kynologenverband (ÖKV)
Johann Teufel Gasse 8
A-1230 Wien
Tel.: +43 (01) 8887092
Fax: +43 (01) 8892621
E-Mail: *Office@oekv.at*
Internet: *http://www.oekv.at*

Schweiz
Schweizerische Kynologische Gesellschaft (SKG)
Länggassstraße 8
CH-3001 Bern
Tel.: +41 (031) 3066262
Fax: +41 (031) 3066260
E-Mail: *skg@hundeweb.org*
Internet: *http://www.hundeweb.org*

Institut für Viruskrankheiten und Immunprophylaxe (IVI)
Dr. med. vet. Hanspeter Ottiger
Sensemattstraße 293
CH-3147 Mittelhäusern BE
Tel.: +41 (031) 8489211
Fax: +41 (031) 8489222
E-Mail: *hanspeter.ottiger@ivi.admin.ch*
Internet: *http://www.@ivi.admin.ch*

Literaturverzeichnis

- Hansen Inge: »Handbuch der Hundezucht«, Cham
- Kühn Alfred: »Grundriss der allgemeinen Zoologie«, Stuttgart
- Räber Hans, Dr. h.c.: »Brevier neuzeitlicher Hundezucht«, Bern
- Weidt Heinz: »Der Hund mit dem wir leben. Verhalten und Wesen«, Hamburg
- Wiesner Ekkehard, Willer Siegfried: »Lexikon der Genetik der Hundekrankheiten«, Karger, Basel.